IHRE VERBINDUNG ZUM STEUERRECHT

STOTAX
Stollfuß Medien

Das Gehaltsabrechnungsprogramm
und der Lohnbüro-Ratgeber von Stollfuß

Ein unschlagbares Team stellt sich Ihrem Praxistest

Zertifiziertes Gehalts- und Lohnabrechnungsprogramm.

Maßgeschneidert für kleine und mittlere Unternehmen.

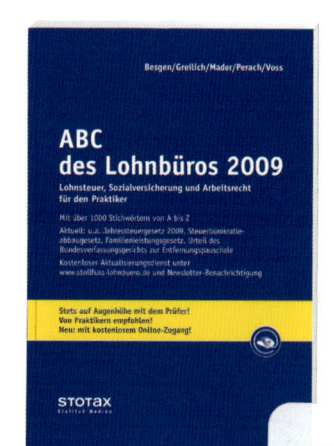

Lohnsteuer, Sozialversicherung und Arbeitsrecht für den Praktiker.

Dieses Buch verwenden Betriebsprüfer.

Sie können jetzt mit beiden Arbeitshilfen ohne inhaltliche Beschränkung **bis Ende des Jahres kostenlos** arbeiten:

✓ **ABC des Lohnbüros 2009:** Registrieren Sie sich jetzt unter **www.stotax-portal.de:**

Benutzername: fachhilfe2009
Passwort: gehaltundlohn

Dort erhalten Sie umgehend Ihren endgültigen Benutzernamen und das personalisierte Passwort.

✓ **Gehalt und Lohn 2009:** Installieren Sie die Vollversion, die auf der beigefügten CD-ROM Stotax PC-Steuertabellen enthalten ist.

Sollten Sie nur über eine Ergänzungstabelle ohne CD-ROM Stotax PC-Steuertabellen verfügen, senden Sie einfach eine E-Mail an **info@stollfuss.de** mit dem Stichwort „Gehalt und Lohn testen".

Stellen Sie unsere beiden Produkte jetzt intensiv auf die Probe!

Perfekte Arbeitshilfen für die Personalpraxis

Das ideale Abrechnungsprogramm für kleine und mittlere Unternehmen

- Inklusive Konjunkturpaket II
- Schnelle und einfache Abrechnungen
- Große Funktionalität mit erstklassiger Qualität
- Ausgezeichnetes Preis-Leistungs-Verhältnis

Stotax Gehalt und Lohn 2009

CD-ROM Einzellizenz,
Preis € 89,80*
ISBN 978-3-08-111039-4
Jahresupdate zz. Preis € 69,80*,
Netzwerklizenz auf Anfrage

Sonderpreis

Als Kunde der Steuertabellen oder des ABC des Lohnbüros erhalten Sie bei Vorbestellung bis zum 31.12.2009 auf den Neupreis von Stotax Gehalt und Lohn 2010 einen Preisnachlass in Höhe von € 20,-. Dazu einfach bei Ihrer Bestellung Ihre Kundennummer mitteilen.

Mit Stotax Gehalt und Lohn können einfach und komfortabel Löhne und Gehälter abgerechnet werden. Neben der Ermittlung der gängigen Steuern und Sozialabgaben werden auch steuerliche und sozialversicherungsrechtliche Besonderheiten automatisch berücksichtigt, z.B. Gleitzonenregelung, Abrechnung von Aushilfen und Geringverdienern, Lohnsteuerpauschalierung, Ermittlung von Sachbezugs- und Durchschnittswerten, steuerliche Freibeträge und Freigrenzen, Altersteilzeit nach Alt- und Neuregelung sowie Kurzarbeit. Die vollständige Funktionsübersicht finden Sie auf www.stollfuss-lohnbuero.de.

Stotax Gehalt und Lohn 2009 ist von den Krankenkassen zertifiziert, so dass Beitragsnachweise, Beitragserhebungen und SV-Meldungen elektronisch versendet werden können.

Außerdem ermöglicht das Programm die von der Finanzverwaltung geforderte elektronische Lohnsteueranmeldung und -bescheinigung über ELSTER.

Zielgruppe

Lohnbuchhaltungen, Personalabteilungen, Steuerberater, Unternehmer, Gewerbetreibende, Wirtschaftsprüfer, vereidigte Buchprüfer, Lohnsteuerhilfevereine, Freiberufler, Unternehmensberater, Finanzverwaltung, Steuerabteilungen, Arbeitnehmer

TREUEANGEBOT noch bis 31.12.2009

Als Kunde der Steuertabellen oder des ABC des Lohnbüros erhalten Sie bei Vorbestellung bis zum 31.12.2009 auf den Neupreis von Stotax Gehalt und Lohn 2010 einen Preisnachlass in Höhe von € 20,-. Dazu einfach bei Ihrer Bestellung Ihre Kundennummer mitteilen.

IHRE VERBINDUNG Z

Das aktuelle Lexikon für jedes Lohnbüro

Etwa 1.000 Stichwörter – in übersichtlicher ABC-Form mit zahlreichen Praxisbeispielen – bieten den schnellen Einstieg zu ausführlichen Erläuterungen rund um Lohnsteuer und Sozialversicherung sowie Arbeits- und Arbeitsförderungsrecht.

Alles auf einer CD
- Superschnell zugänglich durch optimierte Suchfunktion
- Alle Texte können in die eigene

Textverarbeitur
- Der komplette
- Wichtige Funds
- Stotax PC-Steu
  die schnelle Ge

Jährlich aktuali
In der Neuauflage
aktuelle Rechtsä
1.1.2009: u.a. Jah
Sozialversicherun

... die Ergänzung für „kleine" Löhne

BESONDERER TIPP

Die Software Stotax Gehalt und Lohn ist als komplettes Abr
Beachten Sie die vorteilhaften Kombinationsmöglichkeiten

Faxbestellung

BESTELLEN Sie jetzt
bei Ihrer Buchhandlung oder bei Stollfuß Medien
Fax: (0228) 72 49 11 81 | Kundenservice Tel.: (01805) 78 97 77*
E-Mail: bestellung@stollfuss.de
Versandkostenfrei im Internet unter www.stollfuss.de

Vorteilhafte Kombipreise

☐ **ABC des Lohnbüros 2010 Kombi 1**
bestehend aus dem **Print-Ratgeber ABC des Lohnbüros 2010** und der **CD-ROM ABC des Lohnbüros 2010**
ca. Preis € 76,80 • ISBN 978-3-08-017810-4

☐ **ABC des Lohnbüros 2010 Kombi 2**
bestehend aus dem **Print-Ratgeber ABC des Lohnbüros 2010,** der **CD-ROM ABC des Lohnbüros 2010** und **Stotax Gehalt und Lohn 2010 Plus**
ca. Preis € 139,80 • ISBN 978-3-08-027810-1

☐ **ABC des Lohnbüros 2010 Kombi 3**
bestehend aus dem **Print-Ratgeber ABC des Lohnbüros 2010** und **Stotax Gehalt und Lohn 2010 Plus**
ca. Preis € 119,80 • ISBN 978-3-08-037810-8

☐ **ABC des Lohnbüros 2010 Kombi 4**
bestehend aus der **CD-ROM ABC des Lohnbüros 2010** und **Stotax Gehalt und Lohn 2010 Plus**
ca. Preis € 98,- • ISBN 978-3-08-047810-5

Vorteilhafter Kombipreis

☐ **Aushilfslöhne 2010 Kombi**
bestehend aus dem **Ratgeber Aushilfslöhne** und der **CD-ROM Stotax Gehalt und Lohn**
ca. Preis € 106,- • ISBN 978-3-08-017610-0

☐ **Probeabonnement**
Zeitschrift für Betrieb und Personal
Testen Sie uns! Lesen Sie die nächsten **4 Ausgaben kostenlos.**
€ 0,-.

_____
Name

_____
Firma/Institution

_____
Straße

_____
PLZ   Ort

_____
Telefon

_____@_____
E-Mail

Uns übermittelte Daten werden maschinell zur Abwicklung Ihrer Bestellung und zur Information über weitere Produkte aus unserem Haus verarbeitet. Stollfuß Medien unterwirft sich insofern den Bestimmungen der entsprechenden Datenschutzgesetze. Wünschen Sie keine Information über weitere Stollfuß-Produkte, teilen Sie uns dies bitte kurz mit.

☐ Ich bin bereits Kunde eines Stotax-Expertensystems und habe die Kundennummer _____ .

_____ _____ WKN 00496
Datum   Unterschrift

Bei schriftlicher oder telefonischer Bestellung haben Sie das Recht, die Ware innerhalb von 2 Wochen nach Lieferung ohne Begründung an Ihren Lieferanten (Verlagsauslieferung, Buchhändler) zurückzusenden, wobei die rechtzeitige Absendung genügt. Kosten und Gefahr der Rücksendung trägt der Lieferant. Ihre Stollfuß Medien GmbH & Co. KG, Dechenstraße 7, 53115 Bonn.

* Dieser Anruf kostet aus dem Festnetz der Deutschen Telekom 14 ct pro Minute. Bei Anrufen aus anderen Netzen, auch Mobilfunknetzen, gelten möglicherweise abweichende Preise.

IHRE VERBINDUNG ZUM STEUERRECHT

STOTAX
Stollfuß Medien

Die Zeitschrift mit den passenden Antworten

Im
- Arbeitsrecht
- Personalwesen
- Lohnsteuerrecht
- Sozialversicherungsrecht

Zeitschrift für Betrieb und Personal (B+P)

Erscheinungsweise monatlich, DIN A4, ISSN 0341-1044
Bezugspreis halbjährlich € 75,- zzgl. Versandkosten halbjährlich € 7,95
(Auslandsporto auf Anfrage)
Einzelnummer € 14,70
Sammelordner mit Stabmechanik € 18,90

Die Zeitschrift B+P unterrichtet Sie zeitnah über die neuesten Entwicklungen in Gesetzgebung, Rechtsprechung, Verwaltung und Literatur auf den Gebieten der Lohnsteuer und des Sozialversicherungsrechts (einschließlich Arbeitsförderungsrecht), des Arbeitsrechts sowie des Personalwesens. Dies schließt auch die thematische Behandlung der Lohn- und Gehaltsabrechnung ein.

Gesetzgebung, Rechtsprechung, Verwaltung und Literatur praxisgerecht ausgewertet

Die Zeitschrift ist leicht verständlich und zügig lesbar. Sie bringt in jeder Ausgabe Kurzbeiträge zu aktuellen Problemen, Hinweise auf aktuelle Entscheidungen mit erklärenden Anmerkungen sowie komprimierte, mit Beispielen aus der Praxis veranschaulichte Berichte zu Schwerpunktthemen. Im Magazin informiert das „B+P-Telex" über wichtige, vielfach noch nicht veröffentlichte Urteile und Verwaltungsregelungen sowie Gesetzesvorhaben. Das mit jedem Heft ergänzte Stichwortverzeichnis führt Sie direkt zu der benötigten Information.

Stellungnahme zu Zweifelsfragen von Lesern

Als besonderer Abonnentenservice wird im Magazinteil unter „Leserfragen/Aktuelle Fälle" zu Zweifelsfragen aus der betrieblichen Personalarbeit sachkundig und zuverlässig Stellung genommen.

Redaktion:
Dr. Jürgen Schmidt-Troje, Präsident des Finanzgerichts, Christa Schmidt-Troje, Steuerberaterin.

Zielgruppe:
Betriebe (mit Arbeitnehmern), Personalleiter, Leiter Rechnungswesen, Banken u. Sparkassen, Behörden, Steuerberater und Steuerberatungsgesellschaften, seltener: Krankenkassen, Versicherungen

BESONDERER TIPP

Testen Sie uns! Lesen die nächsten vier Ausgaben kostenlos! Bestellen Sie Ihr persönliches Probeabonnement.
Übrigens: Diese Zeitschrift ist auch im Internet-Fachportal Stotax-First integriert.

Lohnpfändung 2009/2010

Monat · Woche · Tag
Ausführliche Erläuterungen mit Gesetzestexten
nach neuestem Stand

Von

Professor Udo Hintzen
Diplom-Rechtspfleger, Berlin

26. Auflage

ISBN 978-3-08-**314009**-2

Stollfuß Medien GmbH & Co. KG, 2009 · Alle Rechte vorbehalten
Satzherstellung: Schröder Media GbR, Dernbach
Druck und Verarbeitung: Bonner Universitäts-Buchdruckerei (bub)

Vorwort

Die Pfändung von Lohn- und Gehaltsansprüchen zählt mit zu den schwierigsten Aufgaben eines Personalbüros. Zugleich erfordert dieser Bereich ein hohes Maß an Sachkenntnis, da es dem Arbeitgeber als Drittschuldner gesetzlich übertragen ist, das pfändbare Einkommen zu ermitteln. Fehler zu Ungunsten von Gläubiger und Schuldner können dabei haftungsrechtliche Konsequenzen nach sich ziehen.

Für die Bewältigung dieser verantwortungsvollen Aufgabe wird der Arbeitgeber zunächst mit dem Gesetzestext alleine gelassen. Der Ratgeber will hierbei eine sachgerechte Hilfe sein. Er beinhaltet umfassende Erläuterungen zur Berechnung des pfändbaren Einkommens und erläutert darüber hinaus ausführlich das gesamte Lohnpfändungsverfahren.

Es werden in übersichtlicher Weise die ab 1. Juli 2005 weiterhin aktuellen und maßgebenden Tabellen der pfändbaren Beträge des Arbeitseinkommens zur Verfügung gestellt (Bekanntmachung vom 15.5.2009, BGBl. I 2009, 1141). Die Pfändbarkeit von Beträgen wird systematisch erläutert, wobei die Vorgehensweise bei Pfändung von Arbeitseinkommen und deren Rechtsgrundlagen in verständlicher Weise dargestellt werden. Der Ratgeber beschränkt sich aber nicht wie andere Kurzdarstellungen auf den Regelfall, sondern stellt gerade auch die für das Lohnbüro so schwer handhabbaren Sonderfälle umfassend dar, z.B.: Welche Wirkung hat die Eröffnung des Insolvenzverfahrens auf die Lohnpfändung? Sind Ansprüche aus einer betrieblichen Altersversorgung pfändbar? Was ist zu tun, wenn Pfändungen von bevorrechtigten und nichtbevorrechtigten Gläubigern zusammentreffen? Wie erfolgt die Verrechnung der abgeführten Beträge auf die Gläubigerforderung?

Das Gesetz zur Änderung des Unterhaltsrechts hat die Rangfolge in § 850d Abs. 2 ZPO zum 1.1.2008 geändert. Für die Vollstreckungspraxis bedeutet dies, dass der bisherige Gleichrang von minderjährigen unverheirateten Kindern mit Ehegatten nicht mehr besteht. Der Ratgeber stellt die Neuregelungen dar und zeigt Schwierigkeiten in der Praxis auf.

Ebenfalls berücksichtigt sind die Änderungen durch die Reform des Kontopfändungsschutzes, wie z.B. die Einrichtung eines P-Kontos.

Zahlreiche Beispiele, Muster, Formulare und die abgedruckten aktuellen Gesetzestexte erleichtern Ihnen dabei die Arbeit. Dank der beigefügten Software können Sie auf den vollständigen Text des Ratgebers und viele Arbeitshilfen bequem auch auf Ihrem Personalcomputer zurückgreifen.

Verzichtet haben wir hingegen auf die Darstellung von wissenschaftlichen Streitfragen und literarischen Auseinandersetzungen. Maßgebend ist für uns allein die Sichtweise der Rechtsprechung, um den praktischen Nutzen für Sie zu steigern.

Dieses Buch ist eine Hilfe für Arbeitgeber, Lohnbuchhaltungen, Personalabteilungen und Gewerbetreibende, kurzum für alle, die mit der Pfändung von Arbeitseinkommen zu tun haben.

Für Kritik und Anregungen sind sowohl Autor als auch Verlag stets dankbar.

Autor und Verlag, Berlin/Bonn im Mai 2009

Inhaltsverzeichnis

	Seite
Vorwort	3
Abkürzungsverzeichnis	9
Literaturverzeichnis	11

Erster Teil
Pfändbare Beträge (Tabellen)

	Seite
Monat	13
Woche	18
Tag	22

Zweiter Teil
Erläuterungen zur Pfändung von Arbeitseinkommen

	Seite
A. Rechtsgrundlagen für die Pfändung von Arbeitseinkommen	27
I. Einleitung	27
II. Pfändungsschutz	27
III. Allgemeine Voraussetzungen der Zwangsvollstreckung	28
1. Übersicht: Voraussetzungen der Zwangsvollstreckung für den Erlass eines Pfändungs- und Überweisungsbeschlusses	28
2. Vollstreckungstitel	28
3. Vollstreckungsklausel	28
4. Zustellung des Titels	29
IV. Besondere Voraussetzungen der Zwangsvollstreckung	29
1. Sicherungsvollstreckung (§ 720a Abs. 1 ZPO)	29
2. Kalendertag (§ 751 Abs. 1 ZPO)	29
3. Sicherheitsleistung (§ 751 Abs. 2 ZPO)	29
4. Zug-um-Zug-Leistung (§ 765 ZPO)	30
V. Vollstreckungshindernisse	30
VI. Insolvenzeröffnung	30
1. Sicherungsmaßnahmen	30
2. Vollstreckungsverbot	31
3. Rückschlagsperre	31
4. Arbeitseinkommen und ähnliche Bezüge	31
5. Restschuldbefreiungsverfahren	31
6. Übersicht: Verfahrensweg zur Restschuldbefreiung	33
B. Pfändungs- und Überweisungsbeschluss	34
I. Verfahren	34
1. Zuständigkeiten (§ 828 ZPO)	34
2. Antrag (mit *Mustervordruck*)	34
3. Inhalt des Pfändungs- und Überweisungsbeschlusses – Erläuterungen zum Vordruck	34
4. Nach Erlass des Pfändungsbeschlusses	35
a) Zustellung an Drittschuldner	35
b) Zustellung an Schuldner	35
c) Zustellung an Gläubiger	35
d) Wirkung der Pfändung	35
5. Überweisungsbeschluss	38
6. Rechtsstellung des Gläubigers	38
7. Rechtsstellung des Schuldners	38
8. Rechtsstellung des Drittschuldners	39
a) Aufhebung des Pfändungsbeschlusses	39
b) Pfändung und Abtretung	39
9. Recht zur Hinterlegung	40
10. Drittschuldnerauskunft	41
a) Aufforderung zur Auskunft	41
b) Zum Auskunftsanspruch	41
c) Kosten	42
d) Folgen bei Nichterfüllung der Auskunftspflicht (mit *Mustervordruck*)	42
11. Auskunftsanspruch gegenüber dem Arbeitnehmer	45
12. Vorpfändung (mit *Mustervordruck*)	45
a) Rückwirkung der Vorpfändung	45
b) Beschränkung bei mehreren Vorpfändungen	46
13. Verzicht des Gläubigers	46
14. Rechtsbehelfe und Rechtsmittel	46
a) Allgemeines	46
b) Gläubiger	47
c) Schuldner	47
d) Drittschuldner	47
e) Fehlende aufschiebende Wirkung (mit *Mustervordruck*)	47
15. Besondere Rechtsbehelfe (mit *Mustervordruck*)	47
16. Arbeitsrechtliche Konsequenzen der Pfändung	50
II. Für die Pfändung maßgebliches Arbeitseinkommen	50
1. Pfändung von Arbeitseinkommen als Dauerpfändung	50
2. Einheitliches Arbeitsverhältnis	50
3. Übernahme eines anderen Amtes	50
4. Saisonbedingte Unterbrechung	50
C. Umfang und Wirkung der Pfändung	51
I. Pfändbares Arbeitseinkommen	51
1. Dienst- und Versorgungsbezüge	51
2. Ruhegelder	51
3. Hinterbliebenenbezüge	51
4. Sonstige Vergütungen	51
5. Karenzentschädigung – Renten	51
II. Unpfändbare Bezüge	51
1. Arbeitnehmersparzulage	51
2. Vermögenswirksame Leistungen	52
3. Sonderbezüge im Sinne des § 850a ZPO	52
a) Mehrarbeit (§ 850a Nr. 1 ZPO)	52
b) Urlaubsgeld (§ 850a Nr. 2 ZPO)	52
c) Aufwandsentschädigung (§ 850a Nr. 3 ZPO)	52

		Seite
	d) Weihnachtsgeld (§ 850a Nr. 4 ZPO)	53
	e) Heirats- und Geburtsbeihilfen (§ 850a Nr. 5 ZPO)	53
	f) Erziehungsgelder (§ 850a Nr. 6 ZPO) ...	53
	g) Sterbe- und Gnadenbezüge (§ 850a Nr. 7 ZPO)	53
	h) Blindenzulagen (§ 850a Nr. 8 ZPO)	53
	4. Altersteilzeit	53
	5. Altersversorgung	54
	a) Betriebliche Altersversorgung durch Entgeltumwandlung	54
	b) Altersvorsorge – Pfändungsschutz	54
III.	Unpfändbare Bezüge bei Unterhaltspfändungen	54
IV.	Bedingt pfändbare Bezüge	55
D.	**Errechnung des pfändbaren Arbeitseinkommens**	56
I.	Netto-Arbeitslohn	56
II.	Pfändungsfreigrenzen bei Pfändung durch einen gewöhnlichen Gläubiger	56
	1. Freibeträge	56
	a) Nettolohn bis 3 020,06 € monatlich	57
	b) Nettolohn über 3 020,06 € monatlich ...	58
	2. Nichtberücksichtigung von unterhaltsberechtigten Personen	58
	a) Unterhaltspflicht	58
	b) Unterhaltsgewährung	58
	c) Nichtberücksichtigung von Unterhaltsberechtigten	58
	d) Gänzliche Nichtberücksichtigung eines Unterhaltsberechtigten	59
	e) Teilweise Nichtberücksichtigung eines Unterhaltsberechtigten	59
	f) Mehrere Pfändungs- und Überweisungsbeschlüsse mit und ohne unterhaltsberechtigte Personen	59
	g) Mehrere getrennte Pfändungen	59
	h) Gleichzeitige Pfändungen	60
III.	Pfändung und Aufrechnung	60
IV.	Pfändung und Abtretung	60
V.	Für die Pfändung maßgeblicher Auszahlungszeitraum	61
	1. Vorzeitige Beendigung des Arbeitsverhältnisses	61
	2. Abschlagszahlungen	61
	3. Lohnrückstände, Lohnnachzahlungen	61
VI.	Pfändungsfreigrenzen bei Pfändung durch einen bevorrechtigten Gläubiger (Unterhaltsgläubiger)	62
	1. Einleitung	62
	2. Notwendiger Unterhaltsbedarf (mit *Mustervordruck*)	62
	3. Unterhaltsrangfolge	62
	a) Bisherige Rechtslage	65
	b) Berechnung durch das Vollstreckungsgericht	65
	c) Rechtslage ab dem 1. 1. 2008 – neue Rangfolge	65
	d) Konsequenzen für andere Pfändungspfandrechtsgläubiger	66

		Seite
	e) Drittschuldner	66
	f) Fazit	66
	4. Unterhaltsrückstände	67
	5. Höchstgrenze des Unterhaltsbedarfs	67
	6. Berechnungsbeispiele zur bevorrechtigten Pfändung	67
	a) Berechnung des Nettoeinkommens bei der Unterhaltspfändung	67
	b) Berechnung des pfändbaren Betrags bei der Unterhaltspfändung	67
	c) Weitere Möglichkeit der Berechnung des pfändbaren Betrags bei Unterhaltspfändungen	67
	d) Berechnung des pfändbaren Betrags bei hohem Einkommen – Vergleich zwischen §§ 850c und 850d ZPO	68
	e) Berechnung des pfändbaren Betrags bei mehreren Unterhaltsberechtigten verschiedener Rangklassen	68
	f) Mehrere Unterhaltspfändungsbeschlüsse	68
	g) Mehrere Unterhaltspfändungsbeschlüsse verschiedener Ranggläubiger	68
VII.	Vorpfändung	69
VIII.	Umfang der Pfändung	69
IX.	Zusammentreffen bevorrechtigter und nicht bevorrechtigter Gläubiger	69
	1. Einleitung	69
	2. Normale Pfändung mit nachfolgend bevorrechtigter Pfändung	69
	3. Bevorrechtigte Pfändung mit nachfolgend normaler Pfändung	70
	4. Verrechnungsantrag	70
E.	**Berücksichtigung mehrerer Einkünfte**	71
I.	Mehrere Arbeitseinkommen	71
	1. Gleichwertige Arbeitseinkommen	71
	2. Arbeitseinkommen und Nebenverdienst ..	71
II.	Arbeitseinkommen und Kindergeld	72
III.	Arbeitseinkommen und Naturalleistungen	72
F.	**Richtige Schuldentilgung durch den Drittschuldner**	73
I.	Nicht bevorrechtigte Pfändung	73
II.	Bevorrechtigte Pfändung	73
G.	**Änderung des unpfändbaren Betrags – Pfändungsschutz nach § 850f ZPO**	74
I.	Einleitung	74
II.	Erhöhter Schuldnerfreibetrag	74
III.	Einschränkung des Schuldnerfreibetrags	75
H.	**Schutz des Gläubigers bei Lohnschiebung oder Lohnverschleierung (§ 850h ZPO)**	76
I.	**Pfändung von einmaligen Bezügen und sonstigen Vergütungen**	77
I.	Einkommen Selbständiger	77

		Seite
II.	Sonstiges Einkommen	77
III.	Heimarbeiter	77
IV.	Gerichtliches Verfahren	77
V.	Sonstige Vorschriften	77
J.	**Pfändungsschutz bei Kontenpfändung**	78
I.	Aktuelle Rechtslage	78
II.	Reform des Kontopfändungsschutzes	78
K.	**Sonstige Bestimmungen**	81
I.	Lohnsteuerjahresausgleich	81
II.	Insolvenzgeld	81

Dritter Teil

Anhang

A.	**Pfändungsrechtliche Vorschriften der Zivilprozessordnung, des Einführungsgesetzes zur Zivilprozessordnung sowie Verkündung zu § 850c Zivilprozessordnung**	83
I.	Zivilprozessordnung (ZPO)	83
II.	Einführungsgesetz zur Zivilprozessordnung (EGZPO)	90
III.	Verkündung zu § 850c der Zivilprozessordnung (ZPO)	91

		Seite
B.	**Sonstige pfändungsrechtliche Bestimmungen**	92
I.	Sozialgesetzbuch (SGB) I (Allgemeiner Teil)	92
II.	Sozialgesetzbuch (SGB) III (Arbeitsförderung)	93
III.	Sozialgesetzbuch (SGB) XII (Sozialhilfe)	93
IV.	Beamtenversorgungsgesetz (BeamtVG)	93
V.	Bundesbesoldungsgesetz (BBesG)	94
VI.	Soldatenversorgungsgesetz (SVG)	94
VII.	Berufliches Rehabilitierungsgesetz (BerRehaG)	94
VIII.	Heimarbeitsgesetz (HAG)	94
IX.	Insolvenzordnung (InsO)	94
X.	Einführungsgesetz zur Insolvenzordnung (EGInsO)	98
XI.	Rechtspflegergesetz (RPflG)	98
XII.	Bürgerliches Gesetzbuch (BGB)	99
XIII.	Abgabenordnung (AO)	100
XIV.	Einkommensteuergesetz (EStG)	101
C.	**Berechnungsbogen zur Lohnpfändung**	102

Stichwortverzeichnis ... 105

Abkürzungsverzeichnis

a. A.	anderer Ansicht	**JBeitrO**	Justizbeitreibungsordnung
Abs.	Absatz	**JurBüro**	Juristisches Büro (Zeitschrift)
a. E.	am Ende	**KG**	Kommanditgesellschaft; Kammergericht
AG	Amtsgericht; Aktiengesellschaft		
ÄndG	Änderungsgesetz	**KiSt**	Kirchensteuer
anl.	anliegend	**KSchG**	Kündigungsschutzgesetz
Anm.	Anmerkung	**KV**	Kostenverzeichnis
AO	Abgabenordnung	**LAG**	Landesarbeitsgericht
ArbGG	Arbeitsgerichtsgesetz	**LG**	Landgericht
Art.	Artikel	**LPartG**	Gesetz zur Beendigung der Diskriminierung gleichgeschlechtlicher Gemeinschaften: Lebenspartnerschaften
Aufl.	Auflage		
ATeilzG	Altersteilzeitgesetz		
AZ/Az.	Aktenzeichen		
BAG	Bundesarbeitsgericht	**LSt**	Lohnsteuer
BayObLG	Bayerisches Oberstes Landesgericht	**lt.**	laut
BayVG	Bayerisches Verwaltungsgericht	**MDR**	Monatsschrift für Deutsches Recht (Zeitschrift)
BB	Betriebsberater (Zeitschrift)		
BetrAVG	Gesetz zur betrieblichen Altersvorsorge	**m. E.**	meines Erachtens
BetrVG	Betriebsverfassungsgesetz	**mtl.**	monatlich
BGB	Bürgerliches Gesetzbuch	**n. F.**	neue Fassung
BGBl.	Bundesgesetzblatt	**NJW**	Neue Juristische Wochenschrift (Zeitschrift)
BGH	Bundesgerichtshof		
BGHZ	Sammlung der Entscheidungen des BGH in Zivilsachen	**NJW-RR**	Neue Juristische Wochenschrift – Rechtsprechungsübersicht (Zeitschrift)
BMJ	Bundesminister(ium) der Justiz	**Nr.**	Nummer
Buchst.	Buchstabe	**NZI**	Neue Zeitschrift für Insolvenzrecht (Zeitschrift)
bzgl.	bezüglich		
bzw.	beziehungsweise	**o. Ä.**	oder Ähnliches
ca.	circa	**OLG**	Oberlandesgericht
DB	Der Betrieb (Zeitschrift)	**OLGR**	OLG-Report (Entscheidungssammlung)
DGVZ	Deutsche Gerichtsvollzieher-Zeitung		
d. h.	das heißt	**Pkw**	Personenkraftwagen
d. J.	des Jahres	**pp.**	und so weiter
EGInsO	Einführungsgesetz zur Insolvenzordnung	**Prozessbev.**	Prozessbevollmächtigter
		RA	Rechtsanwalt
EGZPO	Einführungsgesetz zur Zivilprozessordnung	**Rpfleger**	Der Deutsche Rechtspfleger (Zeitschrift)
EStG	Einkommensteuergesetz	**RPflG**	Rechtspflegergesetz
EzA	Entscheidungssammlung zum Arbeitsrecht (Zeitschrift)	**r+s**	Recht und Schaden (Zeitschrift)
		RVG	Rechtsanwaltsvergütungsgesetz
evtl.	eventuell	**Rz.**	Randziffer
f.	folgende	**s.**	siehe
FamFG	Gesetz über das Verfahren in Familiensachen und in den Angelegenheiten der freiwilligen Gerichtsbarkeit	**S.**	Seite
		SGB	Sozialgesetzbuch
		sog.	so genannte
FamRZ	Zeitschrift für das gesamte Familienrecht	**SolZ**	Solidaritätszuschlag
		Sozialvers.	Sozialversicherung
ff.	fortfolgende	**StVG**	Straßenverkehrsgesetz
Fn.	Fußnote	**u. a.**	unter anderem
GG	Grundgesetz	**USt**	Umsatzsteuer
ggf.	gegebenenfalls	**usw.**	und so weiter
GmbH	Gesellschaft mit beschränkter Haftung	**u. U.**	unter Umständen
		VermBG	Vermögensbildungsgesetz
GKG	Gerichtskostengesetz	**vgl.**	vergleiche
GVG	Gerichtsverfassungsgesetz	**Vorbem.**	Vorbemerkung
GvKostG	Gerichtsvollzieherkostengesetz	**VV**	Vergütungsverzeichnis
Halbs.	Halbsatz	**VwVG**	Verwaltungsvollstreckungsgesetz
HAG	Heimarbeitsgesetz	**WEG**	Wohnungseigentümergemeinschaft
h. M.	herrschende Meinung	**WM**	Zeitschrift für Wirtschafts- und Bankrecht
i. d. R.	in der Regel		
InsO	Insolvenzordnung	**z. B.**	zum Beispiel
i. S. d.	im Sinne des/der	**ZInsO**	Zeitschrift für das gesamte Insolvenzrecht (Zeitschrift)
i. S. v.	im Sinne von		
InVo	Insolvenz und Vollstreckung (Zeitschrift)	**ZPO**	Zivilprozessordnung
i. V. m.	in Verbindung mit	**zzgl.**	zuzüglich

Literaturverzeichnis

Baumbach/Lauterbach/ Albers/Hartmann	Zivilprozessordnung, München, 67. Aufl. 2009 (zit.: Baumbach/Bearbeiter)
Boewer	Handbuch der Lohnpfändung, Frechen 2004
Geißler	Zur Pfändung in Lohnrückstände bei verschleiertem Arbeitsverhältnis, Rpfleger 1987, 5
Henze	Fragen der Lohnpfändung – insbesondere zur nachfolgend strengen Lohnpfändung –, Rpfleger 1980, 456
Hintzen	Forderungspfändung, Münster, 3. Aufl. 2008
Hintzen/Wolf	Zwangsvollstreckung, Zwangsversteigerung, Zwangsverwaltung, Bielefeld 2006
Hohmeister	Ist die Urlaubsvergütung pfändbar?, BB 1995, 2110
Landmann	Die Pfändung wegen überjähriger Unterhaltsrückstände, Rpfleger 2005, 75
Musielak	Zivilprozessordnung, München, 6. Aufl. 2008 (zit.: Musielak/Bearbeiter)
Napierala	Die Berechnung des pfändbaren Arbeitseinkommens, Rpfleger 1992, 49
Palandt	BGB, München, 68. Aufl. 2009 (zit.: Palandt/Bearbeiter)
Schaub	Arbeitsrechts-Handbuch, München, 11. Aufl. 2005
Schielke	Kostentragung bei der Lohnpfändung, BB 2007, 378
Stöber	Forderungspfändung, Bielefeld, 14. Aufl. 2005
Thomas/Putzo	Zivilprozessordnung, München, 29. Aufl. 2009
Zöller	Zivilprozessordnung, Köln, 27. Aufl. 2009 (zit.: Zöller/Bearbeiter)

Erster Teil

Pfändbare Beträge für Monat · Woche · Tag[1)]

gültig ab 1. Juli 2005

Monat Nettolohn € von	bis	Pfändbarer Betrag[1)] in € bei Unterhaltspflicht für					
		0	1	2	3	4	5 und mehr Personen
	989,99	–	–	–	–	–	–
990,00	999,99	3,40	–	–	–	–	–
1 000,00	1 009,99	10,40	–	–	–	–	–
1 010,00	1 019,99	17,40	–	–	–	–	–
1 020,00	1 029,99	24,40	–	–	–	–	–
1 030,00	1 039,99	31,40	–	–	–	–	–
1 040,00	1 049,99	38,40	–	–	–	–	–
1 050,00	1 059,99	45,40	–	–	–	–	–
1 060,00	1 069,99	52,40	–	–	–	–	–
1 070,00	1 079,99	59,40	–	–	–	–	–
1 080,00	1 089,99	66,40	–	–	–	–	–
1 090,00	1 099,99	73,40	–	–	–	–	–
1 100,00	1 109,99	80,40	–	–	–	–	–
1 110,00	1 119,99	87,40	–	–	–	–	–
1 120,00	1 129,99	94,40	–	–	–	–	–
1 130,00	1 139,99	101,40	–	–	–	–	–
1 140,00	1 149,99	108,40	–	–	–	–	–
1 150,00	1 159,99	115,40	–	–	–	–	–
1 160,00	1 169,99	122,40	–	–	–	–	–
1 170,00	1 179,99	129,40	–	–	–	–	–
1 180,00	1 189,99	136,40	–	–	–	–	–
1 190,00	1 199,99	143,40	–	–	–	–	–
1 200,00	1 209,99	150,40	–	–	–	–	–
1 210,00	1 219,99	157,40	–	–	–	–	–
1 220,00	1 229,99	164,40	–	–	–	–	–
1 230,00	1 239,99	171,40	–	–	–	–	–
1 240,00	1 249,99	178,40	–	–	–	–	–
1 250,00	1 259,99	185,40	–	–	–	–	–
1 260,00	1 269,99	192,40	–	–	–	–	–
1 270,00	1 279,99	199,40	–	–	–	–	–
1 280,00	1 289,99	206,40	–	–	–	–	–
1 290,00	1 299,99	213,40	–	–	–	–	–
1 300,00	1 309,99	220,40	–	–	–	–	–
1 310,00	1 319,99	227,40	–	–	–	–	–
1 320,00	1 329,99	234,40	–	–	–	–	–
1 330,00	1 339,99	241,40	–	–	–	–	–
1 340,00	1 349,99	248,40	–	–	–	–	–
1 350,00	1 359,99	255,40	–	–	–	–	–
1 360,00	1 369,99	262,40	2,05	–	–	–	–
1 370,00	1 379,99	269,40	7,05	–	–	–	–
1 380,00	1 389,99	276,40	12,05	–	–	–	–
1 390,00	1 399,99	283,40	17,05	–	–	–	–
1 400,00	1 409,99	290,40	22,05	–	–	–	–
1 410,00	1 419,99	297,40	27,05	–	–	–	–
1 420,00	1 429,99	304,40	32,05	–	–	–	–

1) Die hier abgedruckten Tabellenwerte entsprechen der Bekanntmachung zu § 850c ZPO (Pfändungsfreigrenzenbekanntmachung 2005) vom 25. 2. 2005 (BGBl. I 2005, 493). Bei der Unterhaltspflicht zu berücksichtigen sind Unterhaltsleistungen des Schuldners gegenüber seinem Ehegatten, einem früheren Ehegatten, seinem Lebenspartner, einem früheren Lebenspartner oder einem Verwandten oder dem Elternteil eines nichtehelichen Kindes nach §§ 1615l, 1615n BGB.

Erster Teil: Pfändbare Beträge (Tabellen)

Monat Nettolohn € von	bis	Pfändbarer Betrag in € bei Unterhaltspflicht für 0	1	2	3	4	5 und mehr Personen
1 430,00	1 439,99	311,40	37,05	–	–	–	–
1 440,00	1 449,99	318,40	42,05	–	–	–	–
1 450,00	1 459,99	325,40	47,05	–	–	–	–
1 460,00	1 469,99	332,40	52,05	–	–	–	–
1 470,00	1 479,99	339,40	57,05	–	–	–	–
1 480,00	1 489,99	346,40	62,05	–	–	–	–
1 490,00	1 499,99	353,40	67,05	–	–	–	–
1 500,00	1 509,99	360,40	72,05	–	–	–	–
1 510,00	1 519,99	367,40	77,05	–	–	–	–
1 520,00	1 529,99	374,40	82,05	–	–	–	–
1 530,00	1 539,99	381,40	87,05	–	–	–	–
1 540,00	1 549,99	388,40	92,05	–	–	–	–
1 550,00	1 559,99	395,40	97,05	–	–	–	–
1 560,00	1 569,99	402,40	102,05	–	–	–	–
1 570,00	1 579,99	409,40	107,05	3,01	–	–	–
1 580,00	1 589,99	416,40	112,05	7,01	–	–	–
1 590,00	1 599,99	423,40	117,05	11,01	–	–	–
1 600,00	1 609,99	430,40	122,05	15,01	–	–	–
1 610,00	1 619,99	437,40	127,05	19,01	–	–	–
1 620,00	1 629,99	444,40	132,05	23,01	–	–	–
1 630,00	1 639,99	451,40	137,05	27,01	–	–	–
1 640,00	1 649,99	458,40	142,05	31,01	–	–	–
1 650,00	1 659,99	465,40	147,05	35,01	–	–	–
1 660,00	1 669,99	472,40	152,05	39,01	–	–	–
1 670,00	1 679,99	479,40	157,05	43,01	–	–	–
1 680,00	1 689,99	486,40	162,05	47,01	–	–	–
1 690,00	1 699,99	493,40	167,05	51,01	–	–	–
1 700,00	1 709,99	500,40	172,05	55,01	–	–	–
1 710,00	1 719,99	507,40	177,05	59,01	–	–	–
1 720,00	1 729,99	514,40	182,05	63,01	–	–	–
1 730,00	1 739,99	521,40	187,05	67,01	–	–	–
1 740,00	1 749,99	528,40	192,05	71,01	–	–	–
1 750,00	1 759,99	535,40	197,05	75,01	–	–	–
1 760,00	1 769,99	542,40	202,05	79,01	–	–	–
1 770,00	1 779,99	549,40	207,05	83,01	0,29	–	–
1 780,00	1 789,99	556,40	212,05	87,01	3,29	–	–
1 790,00	1 799,99	563,40	217,05	91,01	6,29	–	–
1 800,00	1 809,99	570,40	222,05	95,01	9,29	–	–
1 810,00	1 819,99	577,40	227,05	99,01	12,29	–	–
1 820,00	1 829,99	584,40	232,05	103,01	15,29	–	–
1 830,00	1 839,99	591,40	237,05	107,01	18,29	–	–
1 840,00	1 849,99	598,40	242,05	111,01	21,29	–	–
1 850,00	1 859,99	605,40	247,05	115,01	24,29	–	–
1 860,00	1 869,99	612,40	252,05	119,01	27,29	–	–
1 870,00	1 879,99	619,40	257,05	123,01	30,29	–	–
1 880,00	1 889,99	626,40	262,05	127,01	33,29	–	–
1 890,00	1 899,99	633,40	267,05	131,01	36,29	–	–
1 900,00	1 909,99	640,40	272,05	135,01	39,29	–	–
1 910,00	1 919,99	647,40	277,05	139,01	42,29	–	–
1 920,00	1 929,99	654,40	282,05	143,01	45,29	–	–
1 930,00	1 939,99	661,40	287,05	147,01	48,29	–	–
1 940,00	1 949,99	668,40	292,05	151,01	51,29	–	–
1 950,00	1 959,99	675,40	297,05	155,01	54,29	–	–
1 960,00	1 969,99	682,40	302,05	159,01	57,29	–	–
1 970,00	1 979,99	689,40	307,05	163,01	60,29	–	–

Monat Nettolohn €		Pfändbarer Betrag in € bei Unterhaltspflicht für					
von	bis	0	1	2	3	4	5 und mehr Personen
1 980,00	1 989,99	696,40	312,05	167,01	63,29	0,88	–
1 990,00	1 999,99	703,40	317,05	171,01	66,29	2,88	–
2 000,00	2 009,99	710,40	322,05	175,01	69,29	4,88	–
2 010,00	2 019,99	717,40	327,05	179,01	72,29	6,88	–
2 020,00	2 029,99	724,40	332,05	183,01	75,29	8,88	–
2 030,00	2 039,99	731,40	337,05	187,01	78,29	10,88	–
2 040,00	2 049,99	738,40	342,05	191,01	81,29	12,88	–
2 050,00	2 059,99	745,40	347,05	195,01	84,29	14,88	–
2 060,00	2 069,99	752,40	352,05	199,01	87,29	16,88	–
2 070,00	2 079,99	759,40	357,05	203,01	90,29	18,88	–
2 080,00	2 089,99	766,40	362,05	207,01	93,29	20,88	–
2 090,00	2 099,99	773,40	367,05	211,01	96,29	22,88	–
2 100,00	2 109,99	780,40	372,05	215,01	99,29	24,88	–
2 110,00	2 119,99	787,40	377,05	219,01	102,29	26,88	–
2 120,00	2 129,99	794,40	382,05	223,01	105,29	28,88	–
2 130,00	2 139,99	801,40	387,05	227,01	108,29	30,88	–
2 140,00	2 149,99	808,40	392,05	231,01	111,29	32,88	–
2 150,00	2 159,99	815,40	397,05	235,01	114,29	34,88	–
2 160,00	2 169,99	822,40	402,05	239,01	117,29	36,88	–
2 170,00	2 179,99	829,40	407,05	243,01	120,29	38,88	–
2 180,00	2 189,99	836,40	412,05	247,01	123,29	40,88	–
2 190,00	2 199,99	843,40	417,05	251,01	126,29	42,88	0,79
2 200,00	2 209,99	850,40	422,05	255,01	129,29	44,88	1,79
2 210,00	2 219,99	857,40	427,05	259,01	132,29	46,88	2,79
2 220,00	2 229,99	864,40	432,05	263,01	135,29	48,88	3,79
2 230,00	2 239,99	871,40	437,05	267,01	138,29	50,88	4,79
2 240,00	2 249,99	878,40	442,05	271,01	141,29	52,88	5,79
2 250,00	2 259,99	885,40	447,05	275,01	144,29	54,88	6,79
2 260,00	2 269,99	892,40	452,05	279,01	147,29	56,88	7,79
2 270,00	2 279,99	899,40	457,05	283,01	150,29	58,88	8,79
2 280,00	2 289,99	906,40	462,05	287,01	153,29	60,88	9,79
2 290,00	2 299,99	913,40	467,05	291,01	156,29	62,88	10,79
2 300,00	2 309,99	920,40	472,05	295,01	159,29	64,88	11,79
2 310,00	2 319,99	927,40	477,05	299,01	162,29	66,88	12,79
2 320,00	2 329,99	934,40	482,05	303,01	165,29	68,88	13,79
2 330,00	2 339,99	941,40	487,05	307,01	168,29	70,88	14,79
2 340,00	2 349,99	948,40	492,05	311,01	171,29	72,88	15,79
2 350,00	2 359,99	955,40	497,05	315,01	174,29	74,88	16,79
2 360,00	2 369,99	962,40	502,05	319,01	177,29	76,88	17,79
2 370,00	2 379,99	969,40	507,05	323,01	180,29	78,88	18,79
2 380,00	2 389,99	976,40	512,05	327,01	183,29	80,88	19,79
2 390,00	2 399,99	983,40	517,05	331,01	186,29	82,88	20,79
2 400,00	2 409,99	990,40	522,05	335,01	189,29	84,88	21,79
2 410,00	2 419,99	997,40	527,05	339,01	192,29	86,88	22,79
2 420,00	2 429,99	1 004,40	532,05	343,01	195,29	88,88	23,79
2 430,00	2 439,99	1 011,40	537,05	347,01	198,29	90,88	24,79
2 440,00	2 449,99	1 018,40	542,05	351,01	201,29	92,88	25,79
2 450,00	2 459,99	1 025,40	547,05	355,01	204,29	94,88	26,79
2 460,00	2 469,99	1 032,40	552,05	359,01	207,29	96,88	27,79
2 470,00	2 479,99	1 039,40	557,05	363,01	210,29	98,88	28,79
2 480,00	2 489,99	1 046,40	562,05	367,01	213,29	100,88	29,79
2 490,00	2 499,99	1 053,40	567,05	371,01	216,29	102,88	30,79
2 500,00	2 509,99	1 060,40	572,05	375,01	219,29	104,88	31,79
2 510,00	2 519,99	1 067,40	577,05	379,01	222,29	106,88	32,79
2 520,00	2 529,99	1 074,40	582,05	383,01	225,29	108,88	33,79

Erster Teil: Pfändbare Beträge (Tabellen)

Monat Nettolohn €		Pfändbarer Betrag in € bei Unterhaltspflicht für					
von	bis	0	1	2	3	4	5 und mehr Personen
2 530,00	2 539,99	1 081,40	587,05	387,01	228,29	110,88	34,79
2 540,00	2 549,99	1 088,40	592,05	391,01	231,29	112,88	35,79
2 550,00	2 559,99	1 095,40	597,05	395,01	234,29	114,88	36,79
2 560,00	2 569,99	1 102,40	602,05	399,01	237,29	116,88	37,79
2 570,00	2 579,99	1 109,40	607,05	403,01	240,29	118,88	38,79
2 580,00	2 589,99	1 116,40	612,05	407,01	243,29	120,88	39,79
2 590,00	2 599,99	1 123,40	617,05	411,01	246,29	122,88	40,79
2 600,00	2 609,99	1 130,40	622,05	415,01	249,29	124,88	41,79
2 610,00	2 619,99	1 137,40	627,05	419,01	252,29	126,88	42,79
2 620,00	2 629,99	1 144,40	632,05	423,01	255,29	128,88	43,79
2 630,00	2 639,99	1 151,40	637,05	427,01	258,29	130,88	44,79
2 640,00	2 649,99	1 158,40	642,05	431,01	261,29	132,88	45,79
2 650,00	2 659,99	1 165,40	647,05	435,01	264,29	134,88	46,79
2 660,00	2 669,99	1 172,40	652,05	439,01	267,29	136,88	47,79
2 670,00	2 679,99	1 179,40	657,05	443,01	270,29	138,88	48,79
2 680,00	2 689,99	1 186,40	662,05	447,01	273,29	140,88	49,79
2 690,00	2 699,99	1 193,40	667,05	451,01	276,29	142,88	50,79
2 700,00	2 709,99	1 200,40	672,05	455,01	279,29	144,88	51,79
2 710,00	2 719,99	1 207,40	677,05	459,01	282,29	146,88	52,79
2 720,00	2 729,99	1 214,40	682,05	463,01	285,29	148,88	53,79
2 730,00	2 739,99	1 221,40	687,05	467,01	288,29	150,88	54,79
2 740,00	2 749,99	1 228,40	692,05	471,01	291,29	152,88	55,79
2 750,00	2 759,99	1 235,40	697,05	475,01	294,29	154,88	56,79
2 760,00	2 769,99	1 242,40	702,05	479,01	297,29	156,88	57,79
2 770,00	2 779,99	1 249,40	707,05	483,01	300,29	158,88	58,79
2 780,00	2 789,99	1 256,40	712,05	487,01	303,29	160,88	59,79
2 790,00	2 799,99	1 263,40	717,05	491,01	306,29	162,88	60,79
2 800,00	2 809,99	1 270,40	722,05	495,01	309,29	164,88	61,79
2 810,00	2 819,99	1 277,40	727,05	499,01	312,29	166,88	62,79
2 820,00	2 829,99	1 284,40	732,05	503,01	315,29	168,88	63,79
2 830,00	2 839,99	1 291,40	737,05	507,01	318,29	170,88	64,79
2 840,00	2 849,99	1 298,40	742,05	511,01	321,29	172,88	65,79
2 850,00	2 859,99	1 305,40	747,05	515,01	324,29	174,88	66,79
2 860,00	2 869,99	1 312,40	752,05	519,01	327,29	176,88	67,79
2 870,00	2 879,99	1 319,40	757,05	523,01	330,29	178,88	68,79
2 880,00	2 889,99	1 326,40	762,05	527,01	333,29	180,88	69,79
2 890,00	2 899,99	1 333,40	767,05	531,01	336,29	182,88	70,79
2 900,00	2 909,99	1 340,40	772,05	535,01	339,29	184,88	71,79
2 910,00	2 919,99	1 347,40	777,05	539,01	342,29	186,88	72,79
2 920,00	2 929,99	1 354,40	782,05	543,01	345,29	188,88	73,79
2 930,00	2 939,99	1 361,40	787,05	547,01	348,29	190,88	74,79
2 940,00	2 949,99	1 368,40	792,05	551,01	351,29	192,88	75,79
2 950,00	2 959,99	1 375,40	797,05	555,01	354,29	194,88	76,79
2 960,00	2 969,99	1 382,40	802,05	559,01	357,29	196,88	77,79
2 970,00	2 979,99	1 389,40	807,05	563,01	360,29	198,88	78,79
2 980,00	2 989,99	1 396,40	812,05	567,01	363,29	200,88	79,79
2 990,00	2 999,99	1 403,40	817,05	571,01	366,29	202,88	80,79
3 000,00	3 009,99	1 410,40	822,05	575,01	369,29	204,88	81,79
3 010,00	3 019,99	1 417,40	827,05	579,01	372,29	206,88	82,79
3 020,00	3 020,06	1 424,40	832,05	583,01	375,29	208,88	83,79

Der Mehrbetrag über 3 020,06 € ist voll pfändbar.

Monat

Bei einem **höheren monatlichen Nettolohn** ist von diesem zunächst der unpfändbare Betrag aus der Nettolohnstufe bis € 3 020,06 unter Berücksichtigung der unterhaltspflichtigen Personen abzuziehen, nämlich bei einer Unterhaltspflicht für

0 Personen	€ 1 595,66
1 Person	€ 2 188,01
2 Personen	€ 2 437,05
3 Personen	€ 2 644,77
4 Personen	€ 2 811,18
5 und mehr Personen	€ 2 936,27.

Der sich hiernach ergebende Restbetrag ist **voll pfändbar**.

Beispiel: Der monatliche Nettolohn eines Arbeitnehmers mit
einer Unterhaltspflicht für 3 Personen beträgt   € 4 000,00
abzuziehen sind   € 2 644,77
mithin sind pfändbar   € 1 355,23

Erster Teil: Pfändbare Beträge (Tabellen)

Woche Nettolohn € von	bis	Pfändbarer Betrag[1] in € bei Unterhaltspflicht für 0	1	2	3	4	5 und mehr Personen
	227,49	–	–	–	–	–	–
227,50	229,99	0,55	–	–	–	–	–
230,00	232,49	2,30	–	–	–	–	–
232,50	234,99	4,05	–	–	–	–	–
235,00	237,49	5,80	–	–	–	–	–
237,50	239,99	7,55	–	–	–	–	–
240,00	242,49	9,30	–	–	–	–	–
242,50	244,99	11,05	–	–	–	–	–
245,00	247,49	12,80	–	–	–	–	–
247,50	249,99	14,55	–	–	–	–	–
250,00	252,49	16,30	–	–	–	–	–
252,50	254,99	18,05	–	–	–	–	–
255,00	257,49	19,80	–	–	–	–	–
257,50	259,99	21,55	–	–	–	–	–
260,00	262,49	23,30	–	–	–	–	–
262,50	264,99	25,05	–	–	–	–	–
265,00	267,49	26,80	–	–	–	–	–
267,50	269,99	28,55	–	–	–	–	–
270,00	272,49	30,30	–	–	–	–	–
272,50	274,99	32,05	–	–	–	–	–
275,00	277,49	33,80	–	–	–	–	–
277,50	279,99	35,55	–	–	–	–	–
280,00	282,49	37,30	–	–	–	–	–
282,50	284,99	39,05	–	–	–	–	–
285,00	287,49	40,80	–	–	–	–	–
287,50	289,99	42,55	–	–	–	–	–
290,00	292,49	44,30	–	–	–	–	–
292,50	294,99	46,05	–	–	–	–	–
295,00	297,49	47,80	–	–	–	–	–
297,50	299,99	49,55	–	–	–	–	–
300,00	302,49	51,30	–	–	–	–	–
302,50	304,99	53,05	–	–	–	–	–
305,00	307,49	54,80	–	–	–	–	–
307,50	309,99	56,55	–	–	–	–	–
310,00	312,49	58,30	–	–	–	–	–
312,50	314,99	60,05	0,23	–	–	–	–
315,00	317,49	61,80	1,48	–	–	–	–
317,50	319,99	63,55	2,73	–	–	–	–
320,00	322,49	65,30	3,98	–	–	–	–
322,50	324,99	67,05	5,23	–	–	–	–
325,00	327,49	68,80	6,48	–	–	–	–
327,50	329,99	70,55	7,73	–	–	–	–
330,00	332,49	72,30	8,98	–	–	–	–
332,50	334,99	74,05	10,23	–	–	–	–
335,00	337,49	75,80	11,48	–	–	–	–
337,50	339,99	77,55	12,73	–	–	–	–
340,00	342,49	79,30	13,98	–	–	–	–
342,50	344,99	81,05	15,23	–	–	–	–
345,00	347,49	82,80	16,48	–	–	–	–
347,50	349,99	84,55	17,73	–	–	–	–

1) Die hier abgedruckten Tabellenwerte entsprechen der Bekanntmachung zu § 850c ZPO (Pfändungsfreigrenzenbekanntmachung 2005) vom 25. 2. 2005 (BGBl. I 2005, 493). Bei der Unterhaltspflicht zu berücksichtigen sind Unterhaltsleistungen des Schuldners gegenüber seinem Ehegatten, einem früheren Ehegatten, seinem Lebenspartner, einem früheren Lebenspartner oder einem Verwandten oder dem Elternteil eines nichtehelichen Kindes nach §§ 1615l, 1615n BGB.

Woche Nettolohn €		Pfändbarer Betrag in € bei Unterhaltspflicht für					
von	bis	0	1	2	3	4	5 und mehr Personen
350,00	352,49	86,30	18,98	–	–	–	–
352,50	354,99	88,05	20,23	–	–	–	–
355,00	357,49	89,80	21,48	–	–	–	–
357,50	359,99	91,55	22,73	–	–	–	–
360,00	362,49	93,30	23,98	0,17	–	–	–
362,50	364,99	95,05	25,23	1,17	–	–	–
365,00	367,49	96,80	26,48	2,17	–	–	–
367,50	369,99	98,55	27,73	3,17	–	–	–
370,00	372,49	100,30	28,98	4,17	–	–	–
372,50	374,99	102,05	30,23	5,17	–	–	–
375,00	377,49	103,80	31,48	6,17	–	–	–
377,50	379,99	105,55	32,73	7,17	–	–	–
380,00	382,49	107,30	33,98	8,17	–	–	–
382,50	384,99	109,05	35,23	9,17	–	–	–
385,00	387,49	110,80	36,48	10,17	–	–	–
387,50	389,99	112,55	37,73	11,17	–	–	–
390,00	392,49	114,30	38,98	12,17	–	–	–
392,50	394,99	116,05	40,23	13,17	–	–	–
395,00	397,49	117,80	41,48	14,17	–	–	–
397,50	399,99	119,55	42,73	15,17	–	–	–
400,00	402,49	121,30	43,98	16,17	–	–	–
402,50	404,99	123,05	45,23	17,17	–	–	–
405,00	407,49	124,80	46,48	18,17	–	–	–
407,50	409,99	126,55	47,73	19,17	0,11	–	–
410,00	412,49	128,30	48,98	20,17	0,86	–	–
412,50	414,99	130,05	50,23	21,17	1,61	–	–
415,00	417,49	131,80	51,48	22,17	2,36	–	–
417,50	419,99	133,55	52,73	23,17	3,11	–	–
420,00	422,49	135,30	53,98	24,17	3,86	–	–
422,50	424,99	137,05	55,23	25,17	4,61	–	–
425,00	427,49	138,80	56,48	26,17	5,36	–	–
427,50	429,99	140,55	57,73	27,17	6,11	–	–
430,00	432,49	142,30	58,98	28,17	6,86	–	–
432,50	434,99	144,05	60,23	29,17	7,61	–	–
435,00	437,49	145,80	61,48	30,17	8,36	–	–
437,50	439,99	147,55	62,73	31,17	9,11	–	–
440,00	442,49	149,30	63,98	32,17	9,86	–	–
442,50	444,99	151,05	65,23	33,17	10,61	–	–
445,00	447,49	152,80	66,48	34,17	11,36	–	–
447,50	449,99	154,55	67,73	35,17	12,11	–	–
450,00	452,49	156,30	68,98	36,17	12,86	–	–
452,50	454,99	158,05	70,23	37,17	13,61	–	–
455,00	457,49	159,80	71,48	38,17	14,36	0,07	–
457,50	459,99	161,55	72,73	39,17	15,11	0,57	–
460,00	462,49	163,30	73,98	40,17	15,86	1,07	–
462,50	464,99	165,05	75,23	41,17	16,61	1,57	–
465,00	467,49	166,80	76,48	42,17	17,36	2,07	–
467,50	469,99	168,55	77,73	43,17	18,11	2,57	–
470,00	472,49	170,30	78,98	44,17	18,86	3,07	–
472,50	474,99	172,05	80,23	45,17	19,61	3,57	–
475,00	477,49	173,80	81,48	46,17	20,36	4,07	–
477,50	479,99	175,55	82,73	47,17	21,11	4,57	–
480,00	482,49	177,30	83,98	48,17	21,86	5,07	–
482,50	484,99	179,05	85,23	49,17	22,61	5,57	–
485,00	487,49	180,80	86,48	50,17	23,36	6,07	–

Erster Teil: Pfändbare Beträge (Tabellen)

Woche Nettolohn € von	bis	Pfändbarer Betrag in € bei Unterhaltspflicht für					
		0	1	2	3	4	5 und mehr Personen
487,50	489,99	182,55	87,73	51,17	24,11	6,57	–
490,00	492,49	184,30	88,98	52,17	24,86	7,07	–
492,50	494,99	186,05	90,23	53,17	25,61	7,57	–
495,00	497,49	187,80	91,48	54,17	26,36	8,07	–
497,50	499,99	189,55	92,73	55,17	27,11	8,57	–
500,00	502,49	191,30	93,98	56,17	27,86	9,07	–
502,50	504,99	193,05	95,23	57,17	28,61	9,57	0,03
505,00	507,49	194,80	96,48	58,17	29,36	10,07	0,28
507,50	509,99	196,55	97,73	59,17	30,11	10,57	0,53
510,00	512,49	198,30	98,98	60,17	30,86	11,07	0,78
512,50	514,99	200,05	100,23	61,17	31,61	11,57	1,03
515,00	517,49	201,80	101,48	62,17	32,36	12,07	1,28
517,50	519,99	203,55	102,73	63,17	33,11	12,57	1,53
520,00	522,49	205,30	103,98	64,17	33,86	13,07	1,78
522,50	524,99	207,05	105,23	65,17	34,61	13,57	2,03
525,00	527,49	208,80	106,48	66,17	35,36	14,07	2,28
527,50	529,99	210,55	107,73	67,17	36,11	14,57	2,53
530,00	532,49	212,30	108,98	68,17	36,86	15,07	2,78
532,50	534,99	214,05	110,23	69,17	37,61	15,57	3,03
535,00	537,49	215,80	111,48	70,17	38,36	16,07	3,28
537,50	539,99	217,55	112,73	71,17	39,11	16,57	3,53
540,00	542,49	219,30	113,98	72,17	39,86	17,07	3,78
542,50	544,99	221,05	115,23	73,17	40,61	17,57	4,03
545,00	547,49	222,80	116,48	74,17	41,36	18,07	4,28
547,50	549,99	224,55	117,73	75,17	42,11	18,57	4,53
550,00	552,49	226,30	118,98	76,17	42,86	19,07	4,78
552,50	554,99	228,05	120,23	77,17	43,61	19,57	5,03
555,00	557,49	229,80	121,48	78,17	44,36	20,07	5,28
557,50	559,99	231,55	122,73	79,17	45,11	20,57	5,53
560,00	562,49	233,30	123,98	80,17	45,86	21,07	5,78
562,50	564,99	235,05	125,23	81,17	46,61	21,57	6,03
565,00	567,49	236,80	126,48	82,17	47,36	22,07	6,28
567,50	569,99	238,55	127,73	83,17	48,11	22,57	6,53
570,00	572,49	240,30	128,98	84,17	48,86	23,07	6,78
572,50	574,99	242,05	130,23	85,17	49,61	23,57	7,03
575,00	577,49	243,80	131,48	86,17	50,36	24,07	7,28
577,50	579,99	245,55	132,73	87,17	51,11	24,57	7,53
580,00	582,49	247,30	133,98	88,17	51,86	25,07	7,78
582,50	584,99	249,05	135,23	89,17	52,61	25,57	8,03
585,00	587,49	250,80	136,48	90,17	53,36	26,07	8,28
587,50	589,99	252,55	137,73	91,17	54,11	26,57	8,53
590,00	592,49	254,30	138,98	92,17	54,86	27,07	8,78
592,50	594,99	256,05	140,23	93,17	55,61	27,57	9,03
595,00	597,49	257,80	141,48	94,17	56,36	28,07	9,28
597,50	599,99	259,55	142,73	95,17	57,11	28,57	9,53
600,00	602,49	261,30	143,98	96,17	57,86	29,07	9,78
602,50	604,99	263,05	145,23	97,17	58,61	29,57	10,03
605,00	607,49	264,80	146,48	98,17	59,36	30,07	10,28
607,50	609,99	266,55	147,73	99,17	60,11	30,57	10,53
610,00	612,49	268,30	148,98	100,17	60,86	31,07	10,78
612,50	614,99	270,05	150,23	101,17	61,61	31,57	11,03
615,00	617,49	271,80	151,48	102,17	62,36	32,07	11,28
617,50	619,99	273,55	152,73	103,17	63,11	32,57	11,53
620,00	622,49	275,30	153,98	104,17	63,86	33,07	11,78
622,50	624,99	277,05	155,23	105,17	64,61	33,57	12,03

Woche

Woche Nettolohn €		Pfändbarer Betrag in € bei Unterhaltspflicht für					
von	bis	0	1	2	3	4	5 und mehr Personen
625,00	627,49	278,80	156,48	106,17	65,36	34,07	12,28
627,50	629,99	280,55	157,73	107,17	66,11	34,57	12,53
630,00	632,49	282,30	158,98	108,17	66,86	35,07	12,78
632,50	634,99	284,05	160,23	109,17	67,61	35,57	13,03
635,00	637,49	285,80	161,48	110,17	68,36	36,07	13,28
637,50	639,99	287,55	162,73	111,17	69,11	36,57	13,53
640,00	642,49	289,30	163,98	112,17	69,86	37,07	13,78
642,50	644,99	291,05	165,23	113,17	70,61	37,57	14,03
645,00	647,49	292,80	166,48	114,17	71,36	38,07	14,28
647,50	649,99	294,55	167,73	115,17	72,11	38,57	14,53
650,00	652,49	296,30	168,98	116,17	72,86	39,07	14,78
652,50	654,99	298,05	170,23	117,17	73,61	39,57	15,03
655,00	657,49	299,80	171,48	118,17	74,36	40,07	15,28
657,50	659,99	301,55	172,73	119,17	75,11	40,57	15,53
660,00	662,49	303,30	173,98	120,17	75,86	41,07	15,78
662,50	664,99	305,05	175,23	121,17	76,61	41,57	16,03
665,00	667,49	306,80	176,48	122,17	77,36	42,07	16,28
667,50	669,99	308,55	177,73	123,17	78,11	42,57	16,53
670,00	672,49	310,30	178,98	124,17	78,86	43,07	16,78
672,50	674,99	312,05	180,23	125,17	79,61	43,57	17,03
675,00	677,49	313,80	181,48	126,17	80,36	44,07	17,28
677,50	679,99	315,55	182,73	127,17	81,11	44,57	17,53
680,00	682,49	317,30	183,98	128,17	81,86	45,07	17,78
682,50	684,99	319,05	185,23	129,17	82,61	45,57	18,03
685,00	687,49	320,80	186,48	130,17	83,36	46,07	18,28
687,50	689,99	322,55	187,73	131,17	84,11	46,57	18,53
690,00	692,49	324,30	188,98	132,17	84,86	47,07	18,78
692,50	694,99	326,05	190,23	133,17	85,61	47,57	19,03
695,00	695,03	327,80	191,48	134,17	86,36	48,07	19,28

Der Mehrbetrag über 695,03 € ist voll pfändbar.

Bei einem **höheren wöchentlichen Nettolohn** ist von diesem zunächst der unpfändbare Betrag aus der Nettolohnstufe bis € 695,03 unter Berücksichtigung der unterhaltspflichtigen Personen abzuziehen, nämlich bei einer Unterhaltspflicht für

0 Personen € 367,23
1 Person € 503,55
2 Personen € 560,86
3 Personen € 608,67
4 Personen € 646,96
5 und mehr Personen € 675,75.

Der sich hiernach ergebende Restbetrag ist **voll pfändbar**.

Beispiel: Der wöchentliche Nettolohn eines Arbeitnehmers mit
einer Unterhaltspflicht für 2 Personen beträgt € 1 000,00
abzuziehen sind € 560,86
mithin sind pfändbar € 439,14

Erster Teil: Pfändbare Beträge (Tabellen)

Tag Nettolohn € von	bis	Pfändbarer Betrag[1]) in € bei Unterhaltspflicht für					
		0	1	2	3	4	5 und mehr Personen
	45,49	–	–	–	–	–	–
45,50	45,99	0,11	–	–	–	–	–
46,00	46,49	0,46	–	–	–	–	–
46,50	46,99	0,81	–	–	–	–	–
47,00	47,49	1,16	–	–	–	–	–
47,50	47,99	1,51	–	–	–	–	–
48,00	48,49	1,86	–	–	–	–	–
48,50	48,99	2,21	–	–	–	–	–
49,00	49,49	2,56	–	–	–	–	–
49,50	49,99	2,91	–	–	–	–	–
50,00	50,49	3,26	–	–	–	–	–
50,50	50,99	3,61	–	–	–	–	–
51,00	51,49	3,96	–	–	–	–	–
51,50	51,99	4,31	–	–	–	–	–
52,00	52,49	4,66	–	–	–	–	–
52,50	52,99	5,01	–	–	–	–	–
53,00	53,49	5,36	–	–	–	–	–
53,50	53,99	5,71	–	–	–	–	–
54,00	54,49	6,06	–	–	–	–	–
54,50	54,99	6,41	–	–	–	–	–
55,00	55,49	6,76	–	–	–	–	–
55,50	55,99	7,11	–	–	–	–	–
56,00	56,49	7,46	–	–	–	–	–
56,50	56,99	7,81	–	–	–	–	–
57,00	57,49	8,16	–	–	–	–	–
57,50	57,99	8,51	–	–	–	–	–
58,00	58,49	8,86	–	–	–	–	–
58,50	58,99	9,21	–	–	–	–	–
59,00	59,49	9,56	–	–	–	–	–
59,50	59,99	9,91	–	–	–	–	–
60,00	60,49	10,26	–	–	–	–	–
60,50	60,99	10,61	–	–	–	–	–
61,00	61,49	10,96	–	–	–	–	–
61,50	61,99	11,31	–	–	–	–	–
62,00	62,49	11,66	–	–	–	–	–
62,50	62,99	12,01	0,05	–	–	–	–
63,00	63,49	12,36	0,30	–	–	–	–
63,50	63,99	12,71	0,55	–	–	–	–
64,00	64,49	13,06	0,80	–	–	–	–
64,50	64,99	13,41	1,05	–	–	–	–
65,00	65,49	13,76	1,30	–	–	–	–
65,50	65,99	14,11	1,55	–	–	–	–
66,00	66,49	14,46	1,80	–	–	–	–
66,50	66,99	14,81	2,05	–	–	–	–
67,00	67,49	15,16	2,30	–	–	–	–
67,50	67,99	15,51	2,55	–	–	–	–
68,00	68,49	15,86	2,80	–	–	–	–
68,50	68,99	16,21	3,05	–	–	–	–
69,00	69,49	16,56	3,30	–	–	–	–
69,50	69,99	16,91	3,55	–	–	–	–

1) Die hier abgedruckten Tabellenwerte entsprechen der Bekanntmachung zu § 850c ZPO (Pfändungsfreigrenzenbekanntmachung 2005) vom 25. 2. 2005 (BGBl. I 2005, 493). Bei der Unterhaltspflicht zu berücksichtigen sind Unterhaltsleistungen des Schuldners gegenüber seinem Ehegatten, einem früheren Ehegatten, seinem Lebenspartner, einem früheren Lebenspartner oder einem Verwandten oder dem Elternteil eines nichtehelichen Kindes nach §§ 1615l, 1615n BGB.

Tag Nettolohn €		Pfändbarer Betrag in € bei Unterhaltspflicht für					
von	bis	0	1	2	3	4	5 und mehr Personen
70,00	70,49	17,26	3,80	–	–	–	–
70,50	70,99	17,61	4,05	–	–	–	–
71,00	71,49	17,96	4,30	–	–	–	–
71,50	71,99	18,31	4,55	–	–	–	–
72,00	72,49	18,66	4,80	0,04	–	–	–
72,50	72,99	19,01	5,05	0,24	–	–	–
73,00	73,49	19,36	5,30	0,44	–	–	–
73,50	73,99	19,71	5,55	0,64	–	–	–
74,00	74,49	20,06	5,80	0,84	–	–	–
74,50	74,99	20,41	6,05	1,04	–	–	–
75,00	75,49	20,76	6,30	1,24	–	–	–
75,50	75,99	21,11	6,55	1,44	–	–	–
76,00	76,49	21,46	6,80	1,64	–	–	–
76,50	76,99	21,81	7,05	1,84	–	–	–
77,00	77,49	22,16	7,30	2,04	–	–	–
77,50	77,99	22,51	7,55	2,24	–	–	–
78,00	78,49	22,86	7,80	2,44	–	–	–
78,50	78,99	23,21	8,05	2,64	–	–	–
79,00	79,49	23,56	8,30	2,84	–	–	–
79,50	79,99	23,91	8,55	3,04	–	–	–
80,00	80,49	24,26	8,80	3,24	–	–	–
80,50	80,99	24,61	9,05	3,44	–	–	–
81,00	81,49	24,96	9,30	3,64	–	–	–
81,50	81,99	25,31	9,55	3,84	0,02	–	–
82,00	82,49	25,66	9,80	4,04	0,17	–	–
82,50	82,99	26,01	10,05	4,24	0,32	–	–
83,00	83,49	26,36	10,30	4,44	0,47	–	–
83,50	83,99	26,71	10,55	4,64	0,62	–	–
84,00	84,49	27,06	10,80	4,84	0,77	–	–
84,50	84,99	27,41	11,05	5,04	0,92	–	–
85,00	85,49	27,76	11,30	5,24	1,07	–	–
85,50	85,99	28,11	11,55	5,44	1,22	–	–
86,00	86,49	28,46	11,80	5,64	1,37	–	–
86,50	86,99	28,81	12,05	5,84	1,52	–	–
87,00	87,49	29,16	12,30	6,04	1,67	–	–
87,50	87,99	29,51	12,55	6,24	1,82	–	–
88,00	88,49	29,86	12,80	6,44	1,97	–	–
88,50	88,99	30,21	13,05	6,64	2,12	–	–
89,00	89,49	30,56	13,30	6,84	2,27	–	–
89,50	89,99	30,91	13,55	7,04	2,42	–	–
90,00	90,49	31,26	13,80	7,24	2,57	–	–
90,50	90,99	31,61	14,05	7,44	2,72	–	–
91,00	91,49	31,96	14,30	7,64	2,87	0,01	–
91,50	91,99	32,31	14,55	7,84	3,02	0,11	–
92,00	92,49	32,66	14,80	8,04	3,17	0,21	–
92,50	92,99	33,01	15,05	8,24	3,32	0,31	–
93,00	93,49	33,36	15,30	8,44	3,47	0,41	–
93,50	93,99	33,71	15,55	8,64	3,62	0,51	–
94,00	94,49	34,06	15,80	8,84	3,77	0,61	–
94,50	94,99	34,41	16,05	9,04	3,92	0,71	–
95,00	95,49	34,76	16,30	9,24	4,07	0,81	–
95,50	95,99	35,11	16,55	9,44	4,22	0,91	–
96,00	96,49	35,46	16,80	9,64	4,37	1,01	–
96,50	96,99	35,81	17,05	9,84	4,52	1,11	–
97,00	97,49	36,16	17,30	10,04	4,67	1,21	–

Erster Teil: Pfändbare Beträge (Tabellen)

Tag Nettolohn € von	bis	Pfändbarer Betrag in € bei Unterhaltspflicht für					
		0	1	2	3	4	5 und mehr Personen
97,50	97,99	36,51	17,55	10,24	4,82	1,31	–
98,00	98,49	36,86	17,80	10,44	4,97	1,41	–
98,50	98,99	37,21	18,05	10,64	5,12	1,51	–
99,00	99,49	37,56	18,30	10,84	5,27	1,61	–
99,50	99,99	37,91	18,55	11,04	5,42	1,71	–
100,00	100,49	38,26	18,80	11,24	5,57	1,81	–
100,50	100,99	38,61	19,05	11,44	5,72	1,91	0,01
101,00	101,49	38,96	19,30	11,64	5,87	2,01	0,06
101,50	101,99	39,31	19,55	11,84	6,02	2,11	0,11
102,00	102,49	39,66	19,80	12,04	6,17	2,21	0,16
102,50	102,99	40,01	20,05	12,24	6,32	2,31	0,21
103,00	103,49	40,36	20,30	12,44	6,47	2,41	0,26
103,50	103,99	40,71	20,55	12,64	6,62	2,51	0,31
104,00	104,49	41,06	20,80	12,84	6,77	2,61	0,36
104,50	104,99	41,41	21,05	13,04	6,92	2,71	0,41
105,00	105,49	41,76	21,30	13,24	7,07	2,81	0,46
105,50	105,99	42,11	21,55	13,44	7,22	2,91	0,51
106,00	106,49	42,46	21,80	13,64	7,37	3,01	0,56
106,50	106,99	42,81	22,05	13,84	7,52	3,11	0,61
107,00	107,49	43,16	22,30	14,04	7,67	3,21	0,66
107,50	107,99	43,51	22,55	14,24	7,82	3,31	0,71
108,00	108,49	43,86	22,80	14,44	7,97	3,41	0,76
108,50	108,99	44,21	23,05	14,64	8,12	3,51	0,81
109,00	109,49	44,56	23,30	14,84	8,27	3,61	0,86
109,50	109,99	44,91	23,55	15,04	8,42	3,71	0,91
110,00	110,49	45,26	23,80	15,24	8,57	3,81	0,96
110,50	110,99	45,61	24,05	15,44	8,72	3,91	1,01
111,00	111,49	45,96	24,30	15,64	8,87	4,01	1,06
111,50	111,99	46,31	24,55	15,84	9,02	4,11	1,11
112,00	112,49	46,66	24,80	16,04	9,17	4,21	1,16
112,50	112,99	47,01	25,05	16,24	9,32	4,31	1,21
113,00	113,49	47,36	25,30	16,44	9,47	4,41	1,26
113,50	113,99	47,71	25,55	16,64	9,62	4,51	1,31
114,00	114,49	48,06	25,80	16,84	9,77	4,61	1,36
114,50	114,99	48,41	26,05	17,04	9,92	4,71	1,41
115,00	115,49	48,76	26,30	17,24	10,07	4,81	1,46
115,50	115,99	49,11	26,55	17,44	10,22	4,91	1,51
116,00	116,49	49,46	26,80	17,64	10,37	5,01	1,56
116,50	116,99	49,81	27,05	17,84	10,52	5,11	1,61
117,00	117,49	50,16	27,30	18,04	10,67	5,21	1,66
117,50	117,99	50,51	27,55	18,24	10,82	5,31	1,71
118,00	118,49	50,86	27,80	18,44	10,97	5,41	1,76
118,50	118,99	51,21	28,05	18,64	11,12	5,51	1,81
119,00	119,49	51,56	28,30	18,84	11,27	5,61	1,86
119,50	119,99	51,91	28,55	19,04	11,42	5,71	1,91
120,00	120,49	52,26	28,80	19,24	11,57	5,81	1,96
120,50	120,99	52,61	29,05	19,44	11,72	5,91	2,01
121,00	121,49	52,96	29,30	19,64	11,87	6,01	2,06
121,50	121,99	53,31	29,55	19,84	12,02	6,11	2,11
122,00	122,49	53,66	29,80	20,04	12,17	6,21	2,16
122,50	122,99	54,01	30,05	20,24	12,32	6,31	2,21
123,00	123,49	54,36	30,30	20,44	12,47	6,41	2,26
123,50	123,99	54,71	30,55	20,64	12,62	6,51	2,31
124,00	124,49	55,06	30,80	20,84	12,77	6,61	2,36
124,50	124,99	55,41	31,05	21,04	12,92	6,71	2,41

Tag

Tag Nettolohn €		Pfändbarer Betrag in € bei Unterhaltspflicht für					
von	bis	0	1	2	3	4	5 und mehr Personen
125,00	125,49	55,76	31,30	21,24	13,07	6,81	2,46
125,50	125,99	56,11	31,55	21,44	13,22	6,91	2,51
126,00	126,49	56,46	31,80	21,64	13,37	7,01	2,56
126,50	126,99	56,81	32,05	21,84	13,52	7,11	2,61
127,00	127,49	57,16	32,30	22,04	13,67	7,21	2,66
127,50	127,99	57,51	32,55	22,24	13,82	7,31	2,71
128,00	128,49	57,86	32,80	22,44	13,97	7,41	2,76
128,50	128,99	58,21	33,05	22,64	14,12	7,51	2,81
129,00	129,49	58,56	33,30	22,84	14,27	7,61	2,86
129,50	129,99	58,91	33,55	23,04	14,42	7,71	2,91
130,00	130,49	59,26	33,80	23,24	14,57	7,81	2,96
130,50	130,99	59,61	34,05	23,44	14,72	7,91	3,01
131,00	131,49	59,96	34,30	23,64	14,87	8,01	3,06
131,50	131,99	60,31	34,55	23,84	15,02	8,11	3,11
132,00	132,49	60,66	34,80	24,04	15,17	8,21	3,16
132,50	132,99	61,01	35,05	24,24	15,32	8,31	3,21
133,00	133,49	61,36	35,30	24,44	15,47	8,41	3,26
133,50	133,99	61,71	35,55	24,64	15,62	8,51	3,31
134,00	134,49	62,06	35,80	24,84	15,77	8,61	3,36
134,50	134,99	62,41	36,05	25,04	15,92	8,71	3,41
135,00	135,49	62,76	36,30	25,24	16,07	8,81	3,46
135,50	135,99	63,11	36,55	25,44	16,22	8,91	3,51
136,00	136,49	63,46	36,80	25,64	16,37	9,01	3,56
136,50	136,99	63,81	37,05	25,84	16,52	9,11	3,61
137,00	137,49	64,16	37,30	26,04	16,67	9,21	3,66
137,50	137,99	64,51	37,55	26,24	16,82	9,31	3,71
138,00	138,49	64,86	37,80	26,44	16,97	9,41	3,76
138,50	138,99	65,21	38,05	26,64	17,12	9,51	3,81
139,00	139,01	65,56	38,30	26,84	17,27	9,61	3,86

Der Mehrbetrag über 139,01 € ist voll pfändbar.

Bei einem **höheren täglichen Nettolohn** ist von diesem zunächst der unpfändbare Betrag aus der Nettolohnstufe bis € 139,01 unter Berücksichtigung der unterhaltspflichtigen Personen abzuziehen, nämlich bei einer Unterhaltspflicht für

0 Personen	€ 73,45
1 Person	€ 100,71
2 Personen	€ 112,17
3 Personen	€ 121,74
4 Personen	€ 129,40
5 und mehr Personen	€ 135,15.

Der sich hiernach ergebende Restbetrag ist **voll pfändbar**.

Beispiel: Der tägliche Nettolohn eines Arbeitnehmers mit einer Unterhaltspflicht für 4 Personen beträgt € 200,00
abzuziehen sind € 129,40
mithin sind pfändbar € 70,60

Zweiter Teil

Erläuterungen zur Pfändung von Arbeitseinkommen

A. Rechtsgrundlagen für die Pfändung von Arbeitseinkommen

I. Einleitung

1 Die Zwangsvollstreckung dient der Realisierung des materiellrechtlichen Anspruchs des Gläubigers gegen den Schuldner. Grundsätzlich gilt das Prinzip der **Einzelzwangsvollstreckung**,[1)] welches im 8. Buch der ZPO geregelt ist. Die dortigen Vorschriften gelten auch kraft Gesetzes für die Vollstreckung aus arbeitsgerichtlichen Titeln (§§ 62 Abs. 2, 85 Abs. 1 Satz 3 ArbGG). Die Zwangsvollstreckung erfordert aber nicht notwendigerweise ein rechtskräftiges oder vorläufig vollstreckbares Endurteil gemäß § 704 ZPO, sondern zur Zwangsvollstreckung geeignet sind auch alle Titel nach § 794 ZPO, z.B. der gerichtliche oder für vollstreckbar erklärte anwaltliche Vergleich, der Kostenfestsetzungsbeschluss, der Vollstreckungsbescheid oder die notarielle Urkunde.

1.1 **Öffentlich-rechtliche Geldforderungen** werden nach dem Verwaltungsvollstreckungsgesetz (VwVG-Bund) vollstreckt, welches für alle Geldforderungen des Bundes und der bundesunmittelbaren juristischen Personen des öffentlichen Rechts maßgeblich ist. Daneben gelten die Verwaltungsvollstreckungsgesetze der einzelnen Bundesländer als Grundlage zur Beitreibung von Geldforderungen der Länder, Gemeinden, Gemeindeverbände sowie der unter Landesaufsicht stehenden juristischen Personen des öffentlichen Rechts. Ansprüche aus Steuern werden nach der Abgabenordnung (AO) vollstreckt. Für Ansprüche der Justizbehörden gilt die Justizbeitreibungsordnung (JBeitrO). Hiervon unabhängig ergibt sich aber für den Drittschuldner keine Änderung hinsichtlich seiner Verpflichtungen nach der Pfändung (Drittschuldnerauskunft) und der Berechnung der pfändbaren Beträge.

2 Die Vollstreckung erfolgt immer unter Zuhilfenahme staatlichen Zwangs durch die **Vollstreckungsorgane**, entweder durch den Gerichtsvollzieher, das Vollstreckungsgericht/Arrestgericht, das Prozessgericht oder das Grundbuchamt. Vorliegend interessant ist nur die Vollstreckung wegen Geldforderungen in das Arbeitseinkommen des Schuldners. Die Vollstreckung erfolgt entweder durch den Gerichtsvollzieher (Sachpfändung) oder durch das Vollstreckungsgericht (Forderungspfändung).

3 Im ersten Fall pfändet der **Gerichtsvollzieher** im Wege der sog. **Taschenpfändung** das beim Schuldner vorgefundene Bargeld. Handelt es sich hierbei um Arbeitseinkommen, muss der Gerichtsvollzieher dem Schuldner den Geldbetrag belassen, der dem der Pfändung nicht unterworfenen Teil der Einkünfte für die Zeit von der Pfändung bis zum nächsten Zahlungstermin entspricht (§ 811 Abs. 1 Nr. 8 ZPO). Er hat also die gleiche Berechnung vorzunehmen, die der Arbeitgeber bei der Arbeitseinkommenspfändung vornimmt. Dieser Zugriff verspricht aber wegen der bekannt raschen Umsetzung des Lohns wenig Erfolg. Der Gläubiger kommt in der Praxis bei den Taschenpfändungen regelmäßig zu spät. Im Übrigen hat diese Art der Vollstreckung in das Arbeitseinkommen ihre Bedeutung fast gänzlich durch die bargeldlose Auszahlung bzw. Überweisung auf das Gehaltskonto verloren.

Anders ist es im zweiten Fall bei der **Forderungspfändung durch das Vollstreckungsgericht**. Hier wird die Forderung des Schuldners gegen den Arbeitgeber auf Zahlung aller Bezüge an Arbeitseinkommen, also auch solcher Forderungen, die noch nicht fällig sind, gepfändet. Das Arbeitseinkommen kann dem Schuldner folglich nicht mehr voll ausgezahlt oder überwiesen werden. 4

II. Pfändungsschutz

Für Gläubiger ist die Pfändung des Arbeitseinkommens häufig die einzige, wenn auch nicht immer die erfolgreichste Vollstreckungsmöglichkeit, um die titulierte Forderung zu realisieren. Das Arbeitseinkommen des Schuldners dient aber auch immer seinem eigenen Unterhalt und der Versorgung der Familie. Der Gesetzgeber musste daher bei der Regelung der Pfändung des Arbeitseinkommens sowohl das Interesse des einzelnen Gläubigers, möglichst viel von dem Einkommen des Schuldners zu erhalten, als auch das Interesse der Allgemeinheit berücksichtigen. Eine „**Kahlpfändung**" des Schuldners würde ihm die häufig einzige Lebensgrundlage entziehen und die Unterhaltsverpflichtung der Allgemeinheit übertragen mit der Folge, dass diese letztlich die Schulden des Schuldners zahlen würde. Nach dem Sozialstaatsprinzip (Art. 20 Abs. 1 GG) muss dem Schuldner soviel belassen werden, dass ihm und seiner Familie ein menschenwürdiges Dasein ermöglicht wird. Dieser Pfändungsschutz ist in den §§ 850–850k ZPO geregelt. Diese Vorschriften regeln zwar einerseits ganz konkrete Pfändungsbeschränkungen, bieten andererseits aber durchaus die Möglichkeit sowohl für den Gläubiger als auch für den Schuldner, auf Grund entsprechender Antragstellung die Pfändungsfreigrenzen zu erhöhen oder zu ermäßigen, z.B. gemäß §§ 850c Abs. 4, 850d, 850f ZPO (→ Rz. 125–130, 144–160 und 185–196). 5

Die Auswirkungen des gesetzlichen Pfändungsschutzes finden aber auch Anwendung bei der Frage der **Abtretbarkeit des Arbeitseinkommens**. Dieses unterliegt nur insoweit der rechtsgeschäftlichen Verfügung, als es abtretbar ist (§§ 1274 Abs. 2, 400 BGB). Soweit das Ar- 6

---

1) Im Gegensatz zur Gesamtvollstreckung, bei der alle Gläubiger möglichst gleichmäßig befriedigt werden sollen.

beitseinkommen somit unpfändbar ist, kann der Schuldner hierüber aber auch nicht durch Abtretung oder Verpfändung verfügen. Ebenso wenig zulässig ist eine darüber hinausgehende Aufrechnung, z.B. durch den Arbeitgeber bei der Rückzahlung eines gewährten Darlehens. Anhand der vorliegenden Lohnpfändungstabelle (→ S. 13 ff.) kann daher stets geprüft werden, inwieweit bei dem Arbeitseinkommen eine Aufrechnung, Abtretung, Verpfändung oder ein Zurückbehaltungsrecht möglich und rechtswirksam ist.

III. Allgemeine Voraussetzungen der Zwangsvollstreckung

1. Übersicht: Voraussetzungen der Zwangsvollstreckung für den Erlass eines Pfändungs- und Überweisungsbeschlusses

6.1 (1) Formgerechter Antrag auf Erlass des Pfändungs- und Überweisungsbeschlusses

(2) Allgemeine Verfahrensvoraussetzungen

    (a) Funktionelle Zuständigkeit: Rechtspfleger (§ 20 Nr. 17 RPflG, § 828 Abs. 1 ZPO)

    (b) Sachliche und örtliche Zuständigkeit: Amtsgericht am Wohnsitz des Schuldners (§§ 828 Abs. 1 und 2, 764 Abs. 1 ZPO)

    (c) Partei- und Prozessfähigkeit, Vollmacht, kein Anwaltszwang usw.

(3) Allgemeine Vollstreckungsvoraussetzungen

    (a) Titel

    (b) Klausel

    (c) Zustellung

(4) Besondere Vollstreckungsvoraussetzungen

    (a) Zustellung (§ 750 Abs. 2 ZPO)

    (b) Fälligkeit/Kalendertag (§ 751 Abs. 1 ZPO)

    (c) Sicherheitsleistung (§ 751 Abs. 2 ZPO)

    (d) Sicherungsvollstreckung (§§ 720a, 750 Abs. 3 ZPO)

    (e) Zug-um-Zug Leistung (§ 765 ZPO)

    (f) Wartefrist (§ 798 ZPO)

(5) Keine Vollstreckungshindernisse (z.B. § 775 ZPO, §§ 89, 21 Abs. 2 InsO)

(6) Schlüssigkeitsprüfung zum gepfändeten Anspruch (pfändbar, überweisbar, hinreichend bestimmt, Anspruch Schuldner gegen Drittschuldner)

2. Vollstreckungstitel

7 Der Vollstreckungstitel bestimmt Inhalt und Umfang der Zwangsvollstreckung. Es wird darin der im Erkenntnisverfahren durchgefochtene Anspruch des Gläubigers festgestellt, der nunmehr im Vollstreckungsverfahren durchgesetzt werden soll. Die wichtigsten Titel sind die auf Zahlung gerichteten **Endurteile** oder **Leistungsurteile** (§ 704 ZPO). Weitere Titel (vgl. § 794 Abs. 1 ZPO) sind

– Prozessvergleiche,

– Kostenfestsetzungsbeschlüsse,

– vereinfachte Unterhaltsfestsetzungsbeschlüsse,

– Vollstreckungsbescheide,

– für vollstreckbar erklärte Vergleiche,

– notarielle Urkunden,

– Arrestbefehle und einstweilige Verfügungen.[1]

Der Vollstreckungstitel muss weiterhin einen **vollstreckungsfähigen Inhalt** haben, d.h., er muss aus sich heraus mit Bestimmtheit Inhalt und Umfang der Vollstreckung erkennen lassen. Außerhalb des Titels liegende Umstände dürfen im Vollstreckungsverfahren nicht berücksichtigt werden.[2] Die Frage, ob ein Vollstreckungstitel einen **vollstreckungsfähigen Inhalt** hat, kann der Schuldner mit der negativen Feststellungsklage klären lassen; er kann nicht auf Rechtsbehelfe im Rahmen der Zwangsvollstreckung verwiesen werden.[3] Im Titel oder in der Klausel müssen der Gläubiger und der Schuldner namentlich bezeichnet sein (§ 750 Abs. 1 ZPO). Bei einer **Änderung** des **Schuldnernamens** ist eine Beischreibung des neuen Namens auf dem Vollstreckungstitel nicht notwendig, wenn die Gläubigerin dem Zwangsvollstreckungsauftrag Unterlagen beifügt, die eine Ablehnung des Auftrags rechtfertigende vernünftige Zweifel an der Schuldneridentität ausräumen. Ist die Identität der Parteien durch das Vollstreckungsorgan zweifelsfrei festzustellen, steht eine Namensänderung des Gläubigers oder des Schuldners der Zwangsvollstreckung nicht entgegen. Eine Ergänzung des Titels oder eine titelumschreibende Klausel ist dann nicht erforderlich.[4] Richtet sich der Titel für und/oder gegen mehrere Personen, so sind diese allesamt namentlich aufzuführen.[5] Bei einer Gesellschaft bürgerlichen Rechts genügt die Angabe der Gesellschaft (Rechtsfähigkeit der Außengesellschaft der GbR),[6] bei einer Wohnungseigentümergemeinschaft die genaue Bezeichnung der Hausanlage (Teilrechtsfähigkeit der WEG).[7]

3. Vollstreckungsklausel

9 Der Gläubiger erhält zur Zwangsvollstreckung eine Ausfertigung des Titels, des Beschlusses oder der notariellen Urkunde. Die Originale bleiben jeweils bei Gericht bzw. dem Notar. Die Ausfertigung muss als **„vollstreckbare Ausfertigung"** vorliegen, d.h., sie muss

---

[1] Ausländische Urteile können im Inland vollstreckt werden, wenn sie durch ein Vollstreckungsurteil nach §§ 722, 723 ZPO für vollstreckbar erklärt worden sind.

[2] Nicht möglich wäre z.B. die Feststellung, dass der Schuldner jeweils einen bestimmten Prozentsatz seines Arbeitseinkommens zahlen müsste. Vollstreckungsfähig ist dagegen das Urteil auf Zahlung von Bruttolohn, vgl. BGH v. 21.4.1966, DB 1966, 1196; OLG Frankfurt v. 29.1.1990, JurBüro 1990, 920; LG Mainz v. 2.7.1998, Rpfleger 1998, 530.
Zulässig ist die Koppelung an den amtlich festgestellten Verbraucherindex, der vom Statistischen Bundesamt festgestellt wird. Zöller/Stöber, § 704 Rz. 4, 6, 7; Thomas/Putzo/Hüßtege, Vorbem. zu § 704 Rz. 16 f.

[3] OLG Karlsruhe v. 23.8.2004, Rpfleger 2005, 95.

[4] LG Hannover v. 14.1.2004, JurBüro 2005, 275.

[5] Die Bezeichnung „Anton Meier und Partner" wäre nicht möglich.

[6] BGH v. 29.1.2001, NJW 2001, 1056 = Rpfleger 2001, 246.

[7] BGH v. 2.6.2005, NJW 2005, 2061 = Rpfleger 2005, 521. Der bisherige Streit der Bezeichnung von Wohnungseigentümergemeinschaften hat sich spätestens mit der Anerkennung der Rechtsfähigkeit durch den Gesetzgeber auf Grund der am 1.7.2007 in Kraft getretenen Änderungen des WEG erledigt. Weder der Verwalter noch die Miteigentümer müssen namentlich genannt werden.

mit der Vollstreckungsklausel versehen werden (§§ 724, 795 ZPO). Die Klausel lautet: „Vorstehende Ausfertigung wird dem (Gläubiger) zum Zwecke der Zwangsvollstreckung erteilt." Die Klausel hat nur formelle Bedeutung, sie bescheinigt die **Vollstreckungsreife** des Titels.

10 Dieser **„einfachen" Vollstreckungsklausel** bedürfen grundsätzlich alle zur Zwangsvollstreckung geeigneten Titel. Ausnahmen hiervon sind der in der Praxis häufig vorkommende Vollstreckungsbescheid (§ 796 ZPO), aber auch Arrestbefehle und einstweilige Verfügungen (§§ 936, 929 Abs. 1 ZPO), sofern nicht für oder gegen andere als im Titel genannte Personen vollstreckt werden soll (titelübertragende Klausel).

11 Neben der „einfachen", die der Urkundsbeamte der Geschäftsstelle des Prozessgerichts auf Antrag erteilt, gibt es noch die **„qualifizierte Klausel"**, für deren Erteilung der Rechtspfleger ausschließlich zuständig ist. Ein Fall der qualifizierten Klausel ist die **titelergänzende Klausel**. Sie ist in den Fällen des § 726 ZPO erforderlich, wenn die Vollstreckungsreife des Titels von einer Bedingung oder einer Befristung abhängt, die der Gläubiger zu beweisen hat.

12 Der andere Fall, die **titelübertragende Klausel** (§§ 727–729 ZPO), ist erforderlich, wenn die Zwangsvollstreckung für oder gegen andere Personen als die im Rubrum des Titels ausgewiesenen stattfinden soll. Eine solche Titelumschreibung auf den Rechtsnachfolger des Gläubigers oder Schuldners kann auf einem Rechtsgeschäft beruhen (Abtretung), kraft Gesetzes eingetreten sein (Erbfolge) oder auf einem Hoheitsakt basieren (Pfändungs- und Überweisungsbeschluss). In all diesen Fällen ist der Rechtsnachfolger in der Klausel namentlich zu benennen und der Grund der Rechtsnachfolge genau zu bezeichnen.

13 Sofern für eine Partei ein Insolvenzverwalter, Testamentsvollstrecker, Nachlassverwalter oder Zwangsverwalter bestellt ist, ist auch hier der Titel auf diese Personen umzuschreiben (§§ 749, 727 ZPO).

4. Zustellung des Titels

14 Grundsätzlich ist vor jeder Vollstreckung, oder zumindest gleichzeitig, der Titel dem Schuldner zuzustellen (§ 750 Abs. 1 ZPO). Bei der hier relevanten Lohnpfändung ist das Vollstreckungsgericht das zuständige Vollstreckungsorgan. Diesem muss vor **Erlass des Pfändungs- und Überweisungsbeschlusses** die Zustellung bereits nachgewiesen werden. Die Zustellung erfolgt entweder von Amts wegen durch das Gericht (bei Urteilen oder Beschlüssen) oder im Parteibetrieb (Vergleiche oder notarielle Urkunden). Eine Zustellung von Anwalt zu Anwalt ist auch zulässig.

15 **Entbehrlich** ist die Zustellung bei der Vorpfändung (§ 845 ZPO; → Rz. 76–78).[1] Auch die Vollstreckung aus einem Arrest oder einer einstweiligen Verfügung kann vor der Zustellung erfolgen, die Zustellung muss aber binnen einer Woche **nachgeholt** werden (§§ 929 Abs. 3, 936 ZPO).

16 Die **Vollstreckungsklausel** muss ebenfalls zugestellt werden, bei der titelergänzenden oder titelübergreifenden Klausel nebst den Urkunden und Nachweisen, auf Grund derer die Klausel erteilt wurde (§ 750 Abs. 2 ZPO). Dem Schuldner soll vor der Vollstreckung nochmals Kenntnis vom Inhalt der Urkunde und der Vollstreckungsreife des Titels gegeben werden.

Weiterhin zu beachten sind bestimmte **Wartefristen** 17 nach der Zustellung und vor Beginn der Vollstreckung:

– zwei Wochen bei einem nicht auf das Urteil gesetzten Kostenfestsetzungsbeschluss, dem vereinfachten Unterhaltsfestsetzungsbeschluss, dem für vollstreckbar erklärten Anwaltsvergleich und der notariellen Urkunde (§ 798 ZPO);

– zwei Wochen bei der Sicherungsvollstreckung (§§ 750 Abs. 3, 720a ZPO; → Rz. 18 und 19).

IV. Besondere Voraussetzungen der Zwangsvollstreckung

1. Sicherungsvollstreckung (§ 720a Abs. 1 ZPO)

Aus Urteilen, die für **vorläufig vollstreckbar gegen** 18 **Sicherheitsleistung** erklärt worden sind, kann nach § 720a Abs. 1 ZPO auch ohne Nachweis der Sicherheitsleistung vollstreckt werden. Zulässig ist hierbei aber nur die Pfändung (Sachpfändung durch den Gerichtsvollzieher oder Pfändungsbeschluss durch das Vollstreckungsgericht) oder die Eintragung einer Zwangssicherungshypothek für die titulierte Forderung auf dem Grundstück des Schuldners im Grundbuch. Die Verwertung (Versteigerung durch den Gerichtsvollzieher oder Überweisungsbeschluss durch das Vollstreckungsgericht) ist nicht zulässig. Diese Art der eingeschränkten Vollstreckung wird als **Sicherungsvollstreckung** bezeichnet.

Hierbei ist weiterhin zu beachten, dass der Titel und 19 die qualifizierte – nicht die einfache – Klausel[2] (auch → Rz. 9 ff.) nach § 750 Abs. 3 ZPO zwei Wochen vor der Vollstreckung dem Schuldner zugestellt sein müssen.

2. Kalendertag (§ 751 Abs. 1 ZPO)

Ist die Zwangsvollstreckung von dem Eintritt eines 20 Kalendertags abhängig, so darf diese erst am nachfolgenden Tag beginnen (z.B.: jeweils fällig am 1. eines Monats oder zwei Wochen nach Zustellung des Urteils).

3. Sicherheitsleistung (§ 751 Abs. 2 ZPO)

Hängt die Vollstreckung von einer dem Gläubiger ob- 21 liegenden Sicherheitsleistung ab, so darf mit der Zwangsvollstreckung erst begonnen werden, wenn die Sicherheitsleistung durch eine öffentliche oder öffentlich beglaubigte Urkunde nachgewiesen und eine Abschrift dieser Urkunde dem Schuldner zugestellt worden ist. In welcher Art oder Höhe die Sicherheit zu leisten ist, ergibt sich aus der Entscheidung des Gerichts (§ 108 Abs. 1 Satz 1 ZPO). Falls das Gericht die Art nicht bestimmt hat, ist § 108 ZPO maßgebend. Die Sicherheitsleistung kann erfolgen durch Hinterlegung von Geld oder Wertpapieren bei der Hinterlegungsstelle des Amtsgerichts. Der Nachweis ist durch die **An-**

---
[1] Zöller/Stöber, § 845 Rz. 2; Thomas/Putzo/Hüßtege, § 845 Rz. 3; LG Frankfurt v. 8. 9. 1982, Rpfleger 1983, 32.
[2] Früher streitig, nach der Entscheidung des BGH v. 5. 7. 2005, Rpfleger 2005, 547 = WM 2005, 1995 jetzt aber eindeutig.

nahmeanordnung der Hinterlegungsstelle zu führen, von der dem Schuldner eine Abschrift zugestellt werden muss.

22 Häufiger wird in der Praxis die Sicherheitsleistung durch Erbringen einer **Bankbürgschaft** vollzogen. In diesem Fall ist die Bürgschaftserklärung der Bank dem Schuldner zuzustellen, wobei mit der Zustellung der Bürgschaftsvertrag wirksam wird. Die Vorlage dieser Zustellungsurkunde mit einer Abschrift des Inhalts der Bürgschaftserklärung ist auch gleichzeitig der formgerechte Nachweis der geforderten Sicherheitsleistung.

4. Zug-um-Zug-Leistung (§ 765 ZPO)

23 Bei Titeln auf Leistung Zug um Zug (... „der Beklagte wird verurteilt, an den Kläger 2 000,- € zu zahlen, Zug um Zug gegen Herausgabe des Gegenstands XY ...") muss dem Vollstreckungsgericht vor Erlass des Pfändungs- und Überweisungsbeschlusses der Nachweis erbracht sein, dass der Gläubiger die dem Schuldner zustehende **Leistung** diesem **angeboten** hat, der Schuldner seinerseits aber nicht leisten will oder kann, er sich somit im Annahmeverzug befindet. Dieser Nachweis ist durch öffentlich beglaubigte Urkunden zu führen, die wiederum vor der Vollstreckung dem Schuldner zugestellt sein müssen. Dieser Zustellung bedarf es nicht, wenn der Gerichtsvollzieher die Zwangsvollstreckung bereits begonnen hat und der erforderliche Beweis durch das Gerichtsvollzieher-Protokoll geführt wird (§§ 756, 765 ZPO). Dies kommt in der Praxis sicherlich häufig vor. Der Gläubiger beauftragt den Gerichtsvollzieher mit der Vollstreckung. Dieser unterbreitet dem Schuldner das wörtliche Angebot (§ 756 Abs. 2 ZPO). Der Schuldner erklärt, er nehme das Angebot nicht an und ist auch nicht bereit oder in der Lage, seinerseits zu leisten. Dies wird der Gerichtsvollzieher in seinem Vollstreckungsprotokoll vermerken. Das Protokoll dient dann als formgerechter Nachweis.

V. Vollstreckungshindernisse

24 Vor jeder Vollstreckung hat das zuständige Vollstreckungsorgan zu prüfen, ob keine Vollstreckungshindernisse vorliegen. Sollte dies aber der Fall sein, ist die Vollstreckung von vornherein unzulässig. Wird ein Vollstreckungshindernis erst später bekannt, ist entweder die eingeleitete Vollstreckungsmaßnahme aufzuheben oder einzustellen. Vollstreckungshindernisse sind alle **Tatbestände nach § 775 ZPO** oder die **Insolvenzeröffnung** (§§ 80, 88, 89, 90, 110, 114 InsO), um nur die wichtigsten zu nennen.

25 Bei dem Katalog des § 775 ZPO ist zu unterscheiden:
– Wird der Schuldtitel oder seine Vollstreckbarkeit durch eine neue vollstreckbare Entscheidung aufgehoben oder die Zwangsvollstreckung für unzulässig erklärt oder ihre Einstellung angeordnet,
– wird der Nachweis der Sicherheitsleistung erbracht, um die Vollstreckung abzuwenden,

so ist in beiden Fällen die eingeleitete **Zwangsvollstreckungsmaßnahme aufzuheben** (§ 776 ZPO). Die Pfändung hat damit ihren Rang verloren und lebt auch nicht wieder auf. Der Gläubiger muss ggf. erneut vollstrecken.[1]

Legt der Schuldner 26
– eine gerichtliche Entscheidung vor, mit der die Zwangsvollstreckung einstweilen eingestellt wird oder nur gegen Sicherheitsleistung fortgesetzt werden darf,
– eine Privaturkunde des Gläubigers vor, wonach dieser bestätigt, befriedigt zu sein oder Stundung bewilligt zu haben,
– einen Einzahlungs- oder Überweisungsnachweis einer Bank oder Sparkasse vor, wonach er den Schuldenbetrag an den Gläubiger überwiesen hat,

so wird die **Zwangsvollstreckung** im jeweiligen Stadium **einstweilen eingestellt**, eine Aufhebung der bereits getroffenen Maßnahmen erfolgt nicht. Bestreitet der Gläubiger die vorgebrachten Tatsachen, so ist die Vollstreckung fortzuführen.[2] Sollte der Schuldner hiermit nicht einverstanden sein, ist er auf den Klageweg zu verweisen.

VI. Insolvenzeröffnung

1. Sicherungsmaßnahmen

Bereits im **Eröffnungsverfahren** (zwischen Antrag und 27 Insolvenzeröffnung) hat das Insolvenzgericht alle Schutzmaßnahmen zu treffen, die im konkreten Fall notwendig und erforderlich erscheinen, um bis zur Entscheidung über den Antrag eine den Gläubigern nachteilige Veränderung der Vermögenslage des Schuldners zu verhindern (§ 21 Abs. 1 InsO). Die in den §§ 21 ff. InsO geregelten Sicherungsmaßnahmen regeln konkret und umfangreich die Möglichkeiten, die das Gericht ergreifen kann.

Das Insolvenzgericht kann **beispielhaft** folgende **Maßnahmen zur Sicherung der Insolvenzmasse** erlassen: 27.1
– einen vorläufigen Insolvenzverwalter bestellen (§ 21 Abs. 2 Nr. 1 InsO);
– ein allgemeines Verfügungsverbot erlassen (§ 21 Abs. 2 Nr. 2 InsO);
– oder einen Zustimmungsvorbehalt anordnen (§ 21 Abs. 2 Nr. 2 InsO);
– ein Vollstreckungsverbot erlassen, indem Maßnahmen der Mobiliarzwangsvollstreckung untersagt oder einstweilen eingestellt werden (§ 21 Abs. 2 Nr. 3 InsO);
– eine vorläufige Postsperre anordnen (§ 21 Abs. 2 Nr. 4 InsO);
– anordnen, dass Gegenstände, die im Falle der Eröffnung des Verfahrens von § 166 InsO erfasst würden oder deren Aussonderung verlangt werden könnte, vom Gläubiger nicht verwertet oder eingezogen werden dürfen und dass solche Gegenstände zur Fortführung des Unternehmens des Schuldners eingesetzt werden können, soweit sie hierfür von erheblicher Bedeutung sind; § 169 Satz 2 und 3 InsO gilt entsprechend; ein durch die Nutzung eingetretener Wertverlust ist durch laufende Zahlungen an den

---
1) Zöller/Stöber, § 776 Rz. 4; Thomas/Putzo/Hüßtege, § 776 Rz. 4; Baumbach/Hartmann, § 776 Rz. 4; OLG Frankfurt v. 5.11.1999, OLGR Frankfurt 2000, 320; für die Pfändung auch OLG Köln v. 17.9.1986, Rpfleger 1986, 488.
2) Zöller/Stöber, § 775 Rz. 12; Thomas/Putzo/Hüßtege, § 775 Rz. 17; OLG Hamm v. 22.3.1973, Rpfleger 1973, 324.

Gläubiger auszugleichen. Die Verpflichtung zu Ausgleichszahlungen besteht nur, soweit der durch die Nutzung entstehende Wertverlust die Sicherung des absonderungsberechtigten Gläubigers beeinträchtigt. Zieht der vorläufige Insolvenzverwalter eine zur Sicherung eines Anspruchs abgetretene Forderung anstelle des Gläubigers ein, so gelten die §§ 170, 171 InsO entsprechend (§ 21 Abs. 2 Nr. 5 InsO).

Wird zugleich mit der Bestellung eines vorläufigen Insolvenzverwalters ein allgemeines Verfügungsverbot erlassen, geht die Verwaltungs- und Verfügungsbefugnis auf den vorläufigen Insolvenzverwalter über (§ 22 Abs. 1 InsO).

Gegen die Anordnung der Maßnahmen steht dem Schuldner gemäß § 21 Abs. 1 Satz 2 InsO die **sofortige Beschwerde** zu.

27.2 Die gerichtlich verfügte Untersagung oder einstweilige Einstellung der Zwangsvollstreckung (§ 21 Abs. 2 Nr. 3 InsO) ist ein Vollstreckungshindernis. Dieses Vollstreckungsverbot umfasst nicht nur das bei seinem Erlass bereits vorhandene Vermögen, sondern auch diejenigen Vermögenswerte, die der Schuldner nachträglich, aber vor der Eröffnung des Insolvenzverfahrens erworben hat. Die Untersagung der Zwangsvollstreckung bedeutet, dass eine Vollstreckungsmaßnahme nicht hätte erfolgen dürfen.

Ein nach dem Verbot erlassener Pfändungs- und Überweisungsbeschluss wäre z.B. nachträglich aufzuheben.

2. Vollstreckungsverbot

27.3 Die Eröffnung des Insolvenzverfahrens bewirkt die **Beschlagnahme** des Vermögens des Insolvenzschuldners (§ 80 InsO). Der Umfang der Beschlagnahme wird bestimmt durch §§ 35, 36 InsO. Gegenstand des Insolvenzverfahrens ist damit grundsätzlich das **gesamte Vermögen** des Insolvenzschuldners, das ihm bei Verfahrenseröffnung gehört und das er während des Verfahrens erwirbt, sog. **Neuerwerb**. Bei einem Verbraucherschuldner gehört somit der pfändbare Teil des Arbeitseinkommens zum Insolvenzvermögen; nach § 36 Abs. 1 Satz 2 InsO kann auch auf **Antrag** ein höherer pfändbarer Betrag bestimmt werden.

27.4 Gleichzeitig mit der Verfahrenseröffnung wirkt das **Vollstreckungsverbot** (§ 89 Abs. 1 InsO). Das Vollstreckungsverbot erfasst nicht nur das zur Insolvenzmasse gehörige, sondern auch das sonstige Vermögen des Schuldners (§ 35 InsO).

Zur Ausnahme beachte auch → Rz. 27.7.

Will der Drittschuldner gegen die Pfändung gerichtlich vorgehen, kann er „**Erinnerung**" einlegen (§ 766 Abs. 1 ZPO), allerdings beim Vollstreckungsgericht, das die Pfändung erlassen hat. Zu beachten ist die Regelung in § 89 Abs. 3 InsO. Nach dieser Vorschrift entscheidet über Einwendungen, die auf Grund der Abs. 1 oder 2 des § 89 InsO (Verbot der Zwangsvollstreckung **nach der Insolvenzeröffnung**) gegen die Zulässigkeit einer Zwangsvollstreckung erhoben werden, das **Insolvenzgericht**.[1] Das Gericht kann vor einer Entscheidung eine einstweilige Anordnung erlassen, insbesondere die Zwangsvollstreckung gegen oder ohne Sicherheitsleistung einstweilen einstellen oder nur gegen Sicherheitsleistung fortsetzen.[2] Für Einwendungen auf Grund der angeordneten Zwangsvollstreckungsuntersagung im **Eröffnungsverfahren** nach § 21 Abs. 2 Nr. 3 InsO dürfte, auch wenn im Insolvenzeröffnungsverfahren keine direkte Vorschrift enthalten ist, die Zuständigkeit zur Entscheidung über eine Erinnerung ebenfalls bereits beim Insolvenzgericht liegen.[3]

3. Rückschlagsperre

27.5 Auf Grund der durch § 88 InsO bestehenden Rückschlagsperre werden **Sicherungen**, die ein Insolvenzgläubiger **im letzten Monat vor dem Antrag** auf Eröffnung des Insolvenzverfahrens (für Unternehmen bzw. Unternehmer) oder nach diesem Antrag **durch Zwangsvollstreckung** an dem zur Insolvenzmasse gehörenden Vermögen des Schuldners erlangt, mit der Eröffnung des Verfahrens unwirksam (z.B. Pfändungsmaßnahmen, Zwangssicherungshypothek). Handelt es sich um ein nach dem 1.1.2002 eröffnetes Verbraucherinsolvenzverfahren, wirkt die Rückschlagsperre nach § 88 InsO bis zu **drei Monate** vor dem Antrag auf Eröffnung zurück (§ 312 Abs. 1 Satz 3 InsO).

4. Arbeitseinkommen und ähnliche Bezüge

27.6 Mit Blick auf das Restschuldbefreiungsverfahren gemäß §§ 286 ff. InsO erweitert § 89 Abs. 2 InsO den Anwendungsbereich des Einzelzwangsvollstreckungsverbots auf künftiges Arbeitseinkommen und Lohnersatzansprüche des Schuldners. Während der Dauer des Verfahrens sind sie dem Vollstreckungszugriff nicht nur der Insolvenzgläubiger, sondern auch sonstiger Gläubiger (insbesondere der Neu-Gläubiger) entzogen.

27.7 Von dem Vollstreckungsverbot ausgenommen ist die Zwangsvollstreckung durch **Unterhalts- und Deliktsgläubiger** (aber nur wegen laufenden Unterhalts und Deliktsansprüchen, die nach Insolvenzeröffnung entstanden sind[4]) in den Teil der Bezüge, der nach den §§ 850d, 850f Abs. 2 ZPO für diese (privilegierten) Gläubiger erweitert pfändbar ist und nicht zur Insolvenzmasse gehört (§ 89 Abs. 2 Satz 2 InsO), sog. **Vorrechtsbereich** (→ Rz. 149, 158, 172).

5. Restschuldbefreiungsverfahren

27.8 Die Insolvenzordnung sieht in den §§ 286 ff. InsO die Möglichkeit der Restschuldbefreiung auf Antrag des Schuldners vor, d.h., der Schuldner wird, sofern die Voraussetzungen erfüllt sind, **von den im Insolvenzverfahren nicht erfüllten Verbindlichkeiten** gegenüber

---

[1] Hierzu BGH v. 27.9.2007, NJW-RR 2008, 294 = Rpfleger 2008, 93; BGH v. 21.9.2006, ZInsO 2006, 1049 und v. 6.5.2004, NZI 2004, 447.
[2] OLG Jena v. 17.12.2001, DGVZ 2002, 90 = NJW-RR 2002, 626 = InVo 2002, 148 = NZI 2002, 156; AG Hamburg v. 29.9.1999, NZI 2000, 96.
[3] Hintzen, ZInsO 1998, 174; AG Göttingen v. 30.6.2000, NZI 2000, 493 = Rpfleger 2001, 45; **a.A.**: LG München I v. 11.4.2000, Rpfleger 2000, 467 mit Anm. Zimmermann; AG Köln v. 23.6.1999, NJW-RR 1999, 1351 = NZI 1999, 381.
[4] BGH v. 15.11.2007, ZInsO 2008, 39 und v. 27.9.2007, NJW-RR 2008, 294 = Rpfleger 2008, 93 = ZInsO 2007, 1226; OLG Zweibrücken v. 14.5.2001, JurBüro 2001, 551 = Rpfleger 2001, 449; LG Heilbronn v. 22.9.2004, Rpfleger 2005, 98.

den Insolvenzgläubigern **befreit**. Die Erfolgsaussicht auf Restschuldbefreiung hängt für den Schuldner entscheidend vom Umfang und der Kontinuität der Teilschuldtilgung aus den abgetretenen Lohn- oder Lohnersatzeinkünften des Schuldners ab.

Bereits im Eröffnungsbeschluss über das Verbraucherinsolvenzverfahren bestellt das Insolvenzgericht einen zugleich für die Aufgaben des Insolvenzverwalters zuständigen **Treuhänder** (§§ 313 Abs. 1, 292 InsO). Der mit dieser Doppelfunktion ausgestattete Treuhänder hat einerseits die Rechtsstellung des Treuhänders im Verfahren der Restschuldbefreiung gemäß § 292 InsO, andererseits gelten für ihn die allgemeinen Vorschriften über den Insolvenzverwalter insbesondere hinsichtlich Bestellung, Entlassung, Haftung, Vergütung, Rechnungslegung und Aufsicht (§§ 313 Abs. 1 Satz 2, 56 – 66 InsO). Zugleich hat der Schuldner eine **Gehaltsabtretung** gemäß § 287 Abs. 2 InsO an den Treuhänder zu erklären. Der Treuhänder teilt seine Bestellung und die Abtretung dem Arbeitgeber des Schuldners mit und fordert diesen auf, den pfändbaren Teil des Arbeitseinkommens auf ein Treuhandkonto zu überweisen (§ 292 Abs. 1 InsO).[1]

Der Gesetzgeber hat weiterhin eine Reihe besonderer, dem Erhalt dieser Befriedigungsmasse dienender Schutzvorschriften geschaffen.

27.9 Vom Schuldner bereits vor Eröffnung des Insolvenzverfahrens getroffene **Vorausabtretungen** und **Verpfändungen künftiger Lohnansprüche** sind für Insolvenzverfahren, die **ab dem 1.1.2002** eröffnet werden, nur noch bis zu zwei Jahren wirksam (§ 114 Abs. 1 Satz 1 InsO).

27.10 Für **ab dem 1.12.2001** eröffnete Insolvenzverfahren gilt: Die Laufzeit der Lohnabtretung beträgt **sechs** Jahre (§ 287 Abs. 2 Satz 1 InsO). Die Frist beginnt hierbei nicht nach Aufhebung des Verfahrens zu laufen, sondern bereits mit der Insolvenzeröffnung. Während der Laufzeit der Lohnabtretungserklärung an den Treuhänder gemäß § 287 Abs. 2 InsO sind Vereinbarungen unwirksam, die diese Abtretung ausschließen oder einschränken und damit ihre Realisierung vereiteln oder beeinträchtigen (§ 287 Abs. 3 InsO).

27.11 **Einzelzwangsvollstreckungen in künftige Lohnansprüche** des Schuldners sind während der Dauer des Insolvenzverfahrens nicht nur für Insolvenzgläubiger verboten (§ 89 Abs. 1 InsO), sondern auch für Nicht-Insolvenzgläubiger (Neu-Gläubiger).

27.12 Zwangsvollstreckungen in künftige Lohnansprüche vor **Verfahrenseröffnung** erfassen nur die Bezüge für den zur Zeit der Eröffnung laufenden Kalendermonat, sofern die Insolvenzeröffnung bis zum 15. des Monats erfolgt (§ 114 Abs. 3 Satz 1 InsO). Erfolgt die Insolvenzeröffnung nach dem 15. des Monats, ist die Pfändungsmaßnahme noch für den nächsten Monat wirksam (§ 114 Abs. 3 Satz 2 InsO).

27.13 Darüber hinaus gilt die generelle **Vollstreckungsrückschlagsperre** gemäß § 88 i.V.m. § 312 InsO auch für diese Lohnpfändungen (§ 114 Abs. 3 Satz 3 1. Halbs. InsO), mit entsprechender Ausnahme für die privilegierten Unterhalts- und Deliktsgläubiger gemäß § 89 Abs. 2 Satz 2 InsO, §§ 850d, 850f Abs. 2 ZPO, § 114 Abs. 3 Satz 3 2. Halbs. InsO.

---

1) Boewer, Rz. 1435.

6. Übersicht: Verfahrensweg zur Restschuldbefreiung

(Verbraucher-) Insolvenz	(Unternehmens-) Insolvenz

27.14

Stufe I:

(Verbraucher-Insolvenz)
- außergerichtlicher Einigungsversuch
- ↓
- gescheitert oder abgebrochen

Stufe II:

(Verbraucher-Insolvenz)
- Antrag auf Insolvenzeröffnung + Restschuldbefreiung
- ↓
- Anträge ruhen

(Unternehmens-Insolvenz)
- Antrag auf Insolvenzeröffnung + Restschuldbefreiung

Zwischenstufe:

(Verbraucher-Insolvenz)
- gerichtlicher Einigungsversuch
- ↓
- gescheitert oder Richter sieht hiervon ab
- ↓
- Entscheidung über Insolvenzantrag

(Unternehmens-Insolvenz)
- Entscheidung über Insolvenzantrag

Stufe III:

(Verbraucher-Insolvenz)
- Vereinfachtes Verfahren eröffnet, Beginn der sechsjährigen Gehaltsabtretung
- ↓
- Verteilung beendet, Aufhebung des Insolvenzverfahrens

(Unternehmens-Insolvenz)
- Verfahren eröffnet, Beginn der sechsjährigen Gehaltsabtretung
- ↓
- Schlusstermin
- ↓
- Aufhebung des Verfahrens

→ Entscheidung über den Antrag auf Restschuldbefreiung
(abgelehnt oder Ankündigung der Restschuldbefreiung)

B. Pfändungs- und Überweisungsbeschluss

I. Verfahren

1. Zuständigkeiten (§ 828 ZPO)

28 Zuständig für den Erlass des Pfändungs- und Überweisungsbeschlusses ist **sachlich und örtlich ausschließlich das Amtsgericht**, in dessen Bezirk der Schuldner seinen allgemeinen Gerichtsstand, also seinen Wohnsitz hat. Nur falls der Schuldner im Ausland wohnt, ist ausnahmsweise das Amtsgericht örtlich zuständig, wo Vermögen des Schuldners vorhanden ist (§ 23 ZPO), also z.B. der Drittschuldner seinen Gerichtsstand hat. Sofern aus einem Arrest oder einer einstweiligen Verfügung vollstreckt wird, ist die Prozessabteilung des Arrestgerichts zuständig, welches den Arrest oder die einstweilige Verfügung erlassen hat.

29 Funktionell zuständig für den Erlass des Pfändungs- und Überweisungsbeschlusses ist der **Rechtspfleger**.

2. Antrag (mit Mustervordruck)

30 Der Pfändungs- und Überweisungsbeschluss wird nur auf Antrag des Gläubigers erlassen. Hierzu bedarf es keiner Hinzuziehung eines Rechtsanwalts. Der Antrag kann schriftlich bei Gericht eingereicht oder zu Protokoll der Geschäftsstelle mündlich erklärt werden.

Im Handel werden regelmäßig **Antragsformulare** angeboten, die in vierfacher Ausfertigung bei Gericht einzureichen sind (Original für das Gericht, je eine Durchschrift für den Gerichtsvollzieher, Schuldner, Drittschuldner).

Ein **Muster eines Pfändungs- und Überweisungsbeschlusses** ist nachfolgend aufgeführt (→ S. 36 und 37).

31 Der Antrag muss **ordnungsgemäß** sein, d.h., die zu pfändende Forderung muss vom Antragsteller nach Gläubiger, Schuldner, Schuldgegenstand, Schuldgrund und Drittschuldner so genau bezeichnet sein, dass die Identität unzweifelhaft auch von einem Dritten festgestellt werden kann.

Bevor der Rechtspfleger des Vollstreckungsgerichts dem Antrag auf Erlass des Pfändungs- und Überweisungsbeschlusses stattgibt, prüft er die in Teil A erwähnten allgemeinen und besonderen Vollstreckungsvoraussetzungen (→ Rz. 6.1–23), außerdem dürfen keine Vollstreckungshindernisse (→ Rz. 24–26) bekannt sein. Sofern eine oder mehrere der Vollstreckungsvoraussetzungen nicht gegeben sind, gibt der Rechtspfleger dem Gläubiger entweder auf, den Mangel zu beheben, oder er weist den Antrag durch Beschluss zurück. Dieser Beschluss ist dem Gläubiger von Amts wegen zuzustellen (§ 329 Abs. 3 ZPO).

32 Der Schuldner darf vor Erlass des Pfändungs- und Überweisungsbeschlusses nicht gehört werden. Dieses **Anhörungsverbot** ist gemäß § 834 ZPO zwingend, da der Schuldner ansonsten durch schnelle Verfügung über den zu pfändenden Anspruch die Vollstreckung vereiteln könnte.

33 Ausnahmen von diesem Anhörungsverbot gibt es lediglich bei der Pfändung von bedingt pfändbaren Ansprüchen (§ 850b Abs. 3 ZPO; → Rz. 111–115).

34 Der Drittschuldner wird in keinem Fall vor der Pfändung gehört.

3. Inhalt des Pfändungs- und Überweisungsbeschlusses – Erläuterungen zum Vordruck (→ Seiten 36 und 37)

35 ❶ Der Antrag ist, wie bereits erwähnt, regelmäßig bei dem **Amtsgericht** einzureichen, an dem der Schuldner seinen Wohnsitz hat.

36 ❷ Der Gläubiger kann durch entsprechendes Ausfüllen des Antragsformulars bestimmen, in welcher Weise der Pfändungs- und Überweisungsbeschluss dem Drittschuldner (Arbeitgeber) zugestellt wird. Die **Zustellung** des Pfändungs- und Überweisungsbeschlusses ist zwingend vorgeschrieben (§ 829 Abs. 2 ZPO). Mit der Zustellung des Beschlusses an den Drittschuldner (Arbeitgeber) ist die Pfändung als bewirkt anzusehen. Wenn der Gläubiger unter Vermittlung des Gerichts zustellen lässt, veranlasst die Geschäftsstelle des Gerichts, das den Pfändungs- und Überweisungsbeschluss erlassen hat, nach Erlass die notwendige Zustellung durch den Gerichtsvollzieher. Vom Gericht erhält der Gläubiger zunächst seine Vollstreckungsunterlagen zurück mit dem Hinweis, dass der Pfändungs- und Überweisungsbeschluss erlassen wurde. Der Gläubiger erhält dann von dem Gerichtsvollzieher eine Ausfertigung des Pfändungs- und Überweisungsbeschlusses mit dem Nachweis der Zustellung per Nachnahme übersandt.

37 Wählt der Gläubiger nicht diesen Weg, so erhält er vom Gericht den Pfändungs- und Überweisungsbeschluss in Ausfertigung mit den vorher eingereichten Abschriften zurück. Der Gläubiger hat dann die Ausfertigung des Beschlusses durch den Gerichtsvollzieher dem Drittschuldner (Arbeitgeber) zustellen zu lassen. Dem Schuldner stellt der Gerichtsvollzieher sofort ohne weiteren Antrag den Pfändungsbeschluss mit Abschrift der Urkunde über die Zustellung an den Drittschuldner zu. Das gehört zu seinen Amtspflichten, kann also von dem Gläubiger nicht verhindert werden. Dieser zweite Weg – Zustellung ohne Vermittlung der Geschäftsstelle – ist also für den Gläubiger etwas komplizierter und wird daher von einem Gläubiger, der nicht anwaltlich vertreten ist, selten beschritten werden.

38 ❸ Der Gläubiger muss dem Antrag auf Erlass des Pfändungs- und Überweisungsbeschlusses den **Schuldtitel**, auf Grund dessen er vollstreckt, **beifügen**. Weiterhin sind die **Unterlagen über** bisherige **Vollstreckungskosten** ebenfalls dem Gericht mit einzureichen, z.B. Kosten einer Einwohnermeldeamtsanfrage, bereits entstandene Gerichtsvollzieherkosten pp. Sämtliche dem Gericht überreichte Unterlagen erhält der Gläubiger nach Erlass des Pfändungs- und Überweisungsbeschlusses zurück.

Ohne Einreichung des Schuldtitels wird ein Pfändungs- und Überweisungsbeschluss vom Gericht nicht erlassen. Der Schuldtitel ist in einer vollstreckbaren Ausfertigung mit dem Nachweis der Zustellung an den Schuldner beizufügen (→ Rz. 6.1–17).

39 ❹ Der Pfändungs- und Überweisungsbeschluss wird nur erlassen, wenn die **Gerichtskosten** (15,– € pro Schuldner) eingezahlt werden. Hiervon ist der Gläubiger nur dann befreit, wenn ihm **Prozesskostenhilfe** bewilligt worden ist. In diesem Fall ist der Beschluss, in dem die Bewilligung der Prozesskostenhilfe ausgesprochen wurde, dem Antrag beizufügen. Diesen Prozesskostenhilfebeschluss erlässt auf Antrag (§ 117 Abs. 1 Satz 1 ZPO) das Vollstreckungsgericht, sofern die entsprechenden Einkommensverhältnisse nicht zu hoch sind. Dies wird anhand einer Tabelle ermittelt (§ 115 ZPO). Weiterhin muss die beantragte Vollstreckung hinreichende Aussicht auf Erfolg bieten und sie darf nicht mutwillig erscheinen (§ 114 ZPO). Dies liegt jedoch regelmäßig vor. Ansonsten empfiehlt es sich zur Beschleunigung des Verfahrens, die 15,– € z.B. mittels eines Gebührenstemplers beizufügen.

40 ❺ Der Antrag ist von dem Gläubiger bzw. seinem Rechtsanwalt oder Rechtsbeistand zu **unterzeichnen**.

41 ❻ Das **Aktenzeichen** des Pfändungs- und Überweisungsbeschlusses wird von dem Gericht eingefügt. Hier ist nicht etwa das Aktenzeichen des vorherigen Gerichtsverfahrens vom Gläubiger anzugeben.

42 ❼ Der Antrag auf Erlass des Pfändungs- und Überweisungsbeschlusses muss die **genaue Bezeichnung des Gläubigers, seines Prozessbevollmächtigten**, soweit dieser die Zwangsvollstreckung betreibt, und des Schuldners enthalten. Einer besonderen Vollmacht bedarf es nicht, da die für den Prozess erteilte Vollmacht auch für die Zwangsvollstreckung fortgilt.

43 ❽ Der Gläubiger hat die **Forderung**, wegen der die Pfändung des Arbeitseinkommens des Schuldners erfolgen soll, unter Angabe des Vollstreckungstitels zu **bezeichnen**. Die Angabe über die Hauptforderung, Zinsen, Mehrwertsteuer aus diesen Zinsen, vorgerichtlichen Kosten, Kosten des Mahnverfahrens bzw. festgesetzten Prozesskosten nebst Zinsen auf diese Kosten müssen mit den Angaben im Vollstreckungstitel übereinstimmen. Die bisherigen Vollstreckungskosten ergeben sich aus den dem Antrag auf Erlass des Pfändungs- und Überweisungsbeschlusses beizulegenden Unterlagen (→ Rz. 38).

44 ❾ Der Pfändungs- und Überweisungsbeschluss ergeht auch wegen der **Kosten, die durch** seinen **Erlass entstehen**. Hierzu gehören
- die dem Gläubiger in diesem Verfahren entstandenen Rechtsanwaltskosten,
- 15,– € Gerichtskosten,
- die Kosten für die Zustellung des Pfändungs- und Überweisungsbeschlusses. Letztere werden in dem Antrag auf Erlass des Pfändungs- und Überweisungsbeschlusses regelmäßig noch nicht aufgenommen, da ihre Höhe erst nach Durchführung der Zustellung genau bestimmt werden kann.

45 ❿ Der Gläubiger braucht dem Gericht das Bestehen eines Anspruchs des Schuldners (Arbeitnehmers) auf Arbeitsvergütung nicht nachzuweisen oder glaubhaft zu machen. Das Gericht, das vor Erlass des Pfändungsbeschlusses den Schuldner nicht hören darf (§ 834 ZPO), pfändet daher auch stets nur die „**angebliche**" **Forderung** des Schuldners. Ein Streit darüber, ob diese Forderung auch wirklich besteht, ist nicht im Vollstreckungsverfahren, sondern im Prozessverfahren auszutragen. Soweit es um Arbeitseinkommen geht, wird dieses Prozessverfahren regelmäßig vor dem Arbeitsgericht durchgeführt.

46 ⓫ Eine genaue **Bezeichnung des Drittschuldners** (Arbeitgebers) im Pfändungsbeschluss ist unbedingt erforderlich, damit über die Person des Arbeitgebers keine Zweifel entstehen und eine Zustellung möglich ist.

47 ⓬ Das **Drittschuldnerverbot** ist für die Pfändung unerlässlich, fehlt es, ist die Pfändung unwirksam. Das **Schuldnerverbot** macht bei Fehlen die Pfändung nicht unwirksam. Der Überweisungsbeschluss wird in der Regel mit der Pfändung zusammen, also gleichzeitig erlassen.

4. Nach Erlass des Pfändungsbeschlusses

a) Zustellung an Drittschuldner

48 Nach Erlass des Pfändungsbeschlusses durch das Vollstreckungsgericht wird im Regelfall im Namen des Gläubigers durch die Geschäftsstelle ein Gerichtsvollzieher mit der Zustellung beauftragt. Die Zustellung im Parteibetrieb selbst ist in der Praxis nicht üblich. Der Gerichtsvollzieher stellt den Beschluss an den Drittschuldner (Arbeitgeber) zu. Mit dieser Zustellung ist die Pfändung bewirkt (§ 829 Abs. 3 ZPO). Über die Zustellung stellt der Gerichtsvollzieher eine Urkunde aus, aus der sich Tag, Zeit und Ort der Übergabe des Beschlusses ergibt. Diese Tatsache ist wichtig für das Rangverhältnis mit konkurrierenden anderen Gläubigern.

b) Zustellung an Schuldner

49 Eine weitere beglaubigte Abschrift des Pfändungsbeschlusses nebst Zustellungsurkunde über die Zustellung an den Drittschuldner muss der Gerichtsvollzieher dem Schuldner zustellen. Diese Zustellung muss der Gerichtsvollzieher **von Amts wegen** vornehmen, auch ohne Antrag des Gläubigers. Ist der Schuldner im Ausland, kann die Zustellung auch durch Aufgabe des zuzustellenden Schriftstücks durch die Post erfolgen (§ 183 Abs. 1 Nr. 1, § 175 ZPO). Sofern eine öffentliche Zustellung in Betracht kommt, z.B. weil der Wohnort des Schuldners unbekannt ist, kann die Zustellung auch unterbleiben, da zur Wirksamkeit der Pfändung nur die Zustellung an den Drittschuldner notwendig ist.

c) Zustellung an Gläubiger

50 Sofern dem Antrag auf Erlass des Pfändungs- und Überweisungsbeschlusses stattgegeben wurde, erhält der Gläubiger hierüber zunächst nur eine Nachricht vom Gericht. Nach Zustellung des Beschlusses durch den Gerichtsvollzieher an den Drittschuldner und Schuldner übersendet der Gerichtsvollzieher die Zustellungsprotokolle per Nachnahme an den Gläubiger bzw. seinen Rechtsanwalt zurück.

d) Wirkung der Pfändung

51 Die Zustellung des Pfändungsbeschlusses an den Drittschuldner bewirkt die Beschlagnahme der gepfändeten Forderung und begründet für den Gläubiger ein **Pfändungspfandrecht**. Das Gericht hat in dem Beschluss dem Drittschuldner zu verbieten, an den Schuldner zu zahlen (Arrestatorium). Zugleich hat das Gericht an den Schuldner das Gebot (Inhibitorium) zu erlassen, sich jeder Verfügung über die gepfändete Forderung,

Zweiter Teil: Erläuterungen zur Pfändung von Arbeitseinkommen

❶ An das Amtsgericht – Vollstreckungsgericht
A-Stadt

❷ Namens des Gläubigers wird beantragt, den nachstehenden Beschluss zu erlassen. Ich – besorge die Zustellung selbst – bitte, die Zustellung durch Vermittlung der Geschäftsstelle zu veranlassen, und zwar an den Drittschuldner mit der Aufforderung nach § 840 ZPO.

❹ Der Gläubiger hat – keine – Prozesskostenhilfe.

❺ ......, den ......
Dr. W. Anwalt, RA

(Ort)

Amtsgericht

......, den ......

❻ Geschäfts-Nr.: ...... – M – ......

Pfändungs- und Überweisungsbeschluss

In der Zwangsvollstreckungssache

❼ des Hans Werner Schulze, Bahnhofstr. 1, A-Stadt – Gläubiger –
Prozessbev.: RA ......
gegen
Karl Müller, Burgstr. 1, A-Stadt – Schuldner –
Prozessbev.: ......

❸ + ❽

Nach der beigefügten vollstreckbaren Ausfertigung des ... (Vollstreckungstitel) ... des Amtsgerichts/Landgerichts A-Stadt vom ... AZ ... und dem Kostenfestsetzungsbeschluss des Amtsgerichts/Landgerichts A-Stadt vom ... AZ ... kann der Gläubiger von dem Schuldner nachfolgende Beträge verlangen:

1 210,– €	Hauptforderung nebst 9 % Zinsen ab dem 18. 6. 2008
397,86 €	festgesetzte Kosten nebst 5 %-Punkte über Basiszins ab dem 18. 6. 2008
154,66 €	bisherige Vollstreckungskosten – s. anl. Aufstellung –
1 762,52 €	Gesamtsumme

❿ Wegen und in Höhe dieser Ansprüche und der Kosten für diesen Beschluss (vgl. unter I.–III.) werden die angeblichen Ansprüche des Schuldners gegen

⓫ Heinz Farbe, Torstr. 1, B-Stadt – Drittschuldner –
aus: Arbeitseinkommen

einschließlich der künftig fällig werdenden Beträge aus dem gleichen Rechtsgrund gepfändet.
Es gelten die weiter unten aufgeführten ergänzenden Bestimmungen zur Pfändung von Arbeitseinkommen.

⓬ Der Drittschuldner darf, soweit die Forderung (Arbeitseinkommen) gepfändet ist, nicht mehr an den Schuldner zahlen.

Der Schuldner hat sich insoweit jeder Verfügung über die Forderung (Arbeitseinkommen) zu enthalten, insbesondere darf er sie nicht mehr einziehen. Die gepfändete Forderung (Arbeitseinkommen) wird dem Gläubiger zur Einziehung überwiesen.

B. Pfändungs- und Überweisungsbeschluss

Ergänzende Bestimmungen bei der Pfändung von Arbeitseinkommen:

Die Pfändung des Arbeitseinkommens erfasst alle Vergütungen – einschließlich des Geldwerts von Sachbezügen –, die dem Schuldner aus dem Arbeits- und Dienstvertrag zustehen, ohne Rücksicht auf ihre Benennung.

Berechnung des pfändbaren Arbeitseinkommens:

Von der Pfändung ausgenommen sind:

– Steuern, öffentliche Abgaben und Beiträge zur gesetzlichen Sozialversicherung, die der Arbeitgeber direkt abführt; diesen Zahlungen stehen Beiträge in üblicher Höhe gleich, die der Schuldner an eine Ersatzkasse, eine private Krankenversicherung oder zur Weiterversicherung zahlt;
– Aufwandsentschädigungen, Auslösungsgelder und andere soziale Zulagen für eine auswärtige Beschäftigung, das Entgelt für selbstgestelltes Arbeitsmaterial, Gefahren-, Schmutz- und Erschwerniszulagen, soweit sie allesamt den Rahmen des Üblichen nicht übersteigen, Urlaubs- und Treuegeld, die Hälfte des Mehrarbeitslohns, Weihnachtsvergütung bis zur Hälfte des monatlichen Bruttoeinkommens, höchstens jedoch 500 €;
– die weiteren Bezüge nach § 850a Nr. 5 bis 8 ZPO.

Die Höhe des pfändbaren Betrags des Arbeitseinkommens ergibt sich aus der Tabelle zu § 850c ZPO – Anlage (in der Fassung der Bekanntmachung vom 25. 2. 2005, BGBl. I 2005, 493).

❹ + ❾

    I. Gerichtskosten für diesen Beschluss:

        Gebühr (KV-Nr. 2110 GKG)   15, – €

❾ II. Anwaltskosten für diesen Beschluss:

        Gebühr §§ 13, 18, 25 RVG VV 3309 (0,3) (Wert: 1 762,52 €)   39,90 €

        Auslagenpauschale RVG VV 7002   7,98 €

        19 % USt RVG VV 7008   ... €

                                                                                        ... €

❾ III. Zustellungskosten

    1. Gebühr für die Zustellung an den Drittschuldner (KV 100 zu § 9 GvKostG)   ... €

                                  an den Schuldner (KV 100 zu § 9 GvKostG)   ... €

    2. Gebühr für Beglaubigung von ... Seiten (KV 102 zu § 9 GvKostG)   ... €

    3. Ablichtungen, ... Seiten (KV 700 zu § 9 GvKostG)   ... €

    4. Pauschale für Vordruckauslagen (KV 713 zu § 9 GvKostG)   ... €

    5. Pauschale für sonstige bare Auslagen (KV 713 zu § 9 GvKostG)   ... €

    6. Wegegelder (kilometerabhängig) (KV 711 zu § 9 GvKostG)   ... €

                                                                                               ... €

Das Amtsgericht

_____

Rechtspfleger

(Dienststempel)

Ausgefertigt

_____

als Urkundsbeamter der Geschäftsstelle

insbesondere ihrer Einziehung, zu enthalten (§ 829 Abs. 1 ZPO). Jede nachträgliche Verfügung über die gepfändete Forderung ist dem Gläubiger gegenüber nunmehr unwirksam (§§ 135, 136 BGB).

5. Überweisungsbeschluss

52 Mit Erlass des Pfändungsbeschlusses und dessen Zustellung ist das gepfändete Arbeitseinkommen zwar beschlagnahmt, aber der Gläubiger kann die Forderung noch nicht einziehen. Dieses Einziehungsrecht gibt ihm erst der Überweisungsbeschluss (§ 835 ZPO). **Regelmäßig** wird dieser Überweisungsbeschluss **mit der Pfändung in einem Beschluss** erlassen. Sollte er nachträglich erlassen werden, wird er wirksam mit Zustellung an den Drittschuldner. Die weiteren Zustellungen erfolgen wie bei dem Pfändungsbeschluss (→ Rz. 49 und 50).

53 Bei der Überweisung hat der Gläubiger zwei **Möglichkeiten**:
- die Überweisung zur Einziehung oder
- die Überweisung an Zahlungs statt.

54 Die **Überweisung an Zahlungs statt** wird in der Praxis fast nie gewählt. In diesem Fall geht die Forderung auf den Gläubiger mit der **Wirkung** über, dass er wegen seiner Forderung gegen den Schuldner als befriedigt gilt (§ 835 Abs. 2 ZPO). Dies bedeutet, dass der Gläubiger seine Forderung gegen den Schuldner aus dem Titel verliert, diese ist erloschen. Dafür steht ihm jetzt nur noch der gepfändete Anspruch des Schuldners gegen dessen Schuldner, den Drittschuldner also, zu, dieser Anspruch ist kraft Gesetzes auf ihn übergegangen. Sollte dieser Anspruch nicht realisierbar sein, geht der Gläubiger leer aus.

55 Im Falle der **Überweisung zur Einziehung** erlischt die titulierte Forderung des Gläubigers erst mit erfolgreicher Einziehung, also mit Eingang des Geldbetrags bei ihm oder seinem Prozessbevollmächtigten.

Der Überweisungsbeschluss hat die **Wirkung**, dass der Gläubiger nunmehr, in Bezug auf die gepfändete Forderung, alle Erklärungen des Schuldners in eigenem Namen geltend machen kann, um diese einzuziehen. Der Gläubiger muss das gepfändete und ihm zur Einziehung überwiesene Arbeitseinkommen möglichst bald einziehen, da er dem Schuldner für den Schaden haftet, der durch eine verzögerte Einziehung entsteht (§ 842 ZPO). Sollte die Verzögerung durch das Verhalten des Arbeitgebers bedingt sein, ist dieser notfalls auf rechtzeitige Zahlung zu verklagen.

Ausnahmen von der Überweisung zur Einziehung sind die Fälle, in denen nur die Pfändung alleine zulässig ist, z. B. bei der Vollstreckung aus einem Arrest, einer einstweiligen Verfügung oder die sog. Sicherungsvollstreckung (→ Rz. 18 und 19).

56 Es kommt in der Praxis vor, dass in dem Pfändungs- und Überweisungsbeschluss der Zusatz aufgenommen ist, dass die Überweisung nur mit der Wirkung ausgesprochen wird, dass der Drittschuldner die gepfändete Forderung zu hinterlegen hat (§ 839 ZPO). Dies ist dann der Fall, wenn ein Urteil vorliegt, in welchem dem Schuldner gestattet ist, die Vollstreckung durch **Sicherheitsleistung oder Hinterlegung** abzuwenden. Der Arbeitgeber hat in diesem Fall den pfändbaren Betrag zu errechnen und bei der Hinterlegungsstelle des Amtsgerichts unter Angabe des Pfändungs- und Überweisungsbeschlusses und der Beteiligten zu hinterlegen. Der Gläubiger kann von vornherein diese eingeschränkte Überweisungsmöglichkeit verhindern, indem er selbst Sicherheitsleistung erbringt oder die Rechtskraft des Urteils abwartet.

6. Rechtsstellung des Gläubigers

Nach Pfändung und Überweisung zur Einziehung der **57** Forderung darf der Gläubiger alle Rechtshandlungen vornehmen, um seinen Anspruch durchzusetzen. Er kann das gepfändete Arbeitseinkommen zunächst in eigenem Namen einziehen, er kann auf Leistung gegen den Drittschuldner an sich klagen oder er kann mit einer eigenen Forderung aufrechnen.

Benötigt der Gläubiger zur Realisierung seiner Forderung **58** **Urkunden**, Quittungen, Belege pp., so kann er diese **herausverlangen** (§ 836 Abs. 3 Satz 1 ZPO). Vollstreckungstitel ist der zugestellte Pfändungs- und Überweisungsbeschluss. Die benötigten Urkunden sind für die Herausgabevollstreckung durch den Gerichtsvollzieher gemäß § 883 Abs. 1 ZPO in dem Pfändungs- und Überweisungsbeschluss genau zu bezeichnen. Hat der Gläubiger das Arbeitseinkommen des Schuldners gepfändet, ist dieser als Folge der Forderungsüberweisung verpflichtet, dem Gläubiger die über die Forderung vorhandenen Urkunden (hier: Gehaltsabrechnung) herauszugeben. Diese Pflicht kann auch durch einen Ergänzungsbeschluss ausgesprochen werden.[1] Er ist verpflichtet, vorhandene Lohnabrechnungen herauszugeben.[2] Hierzu soll sogar der Drittschuldner verpflichtet sein,[3] obwohl diese Auffassung sicherlich zu weit geht, da der Drittschuldner nur im Rahmen des § 840 ZPO verpflichtet ist.[4] Hierzu hat der **BGH**[5] entschieden, dass der Schuldner außer den laufenden Lohnabrechnungen regelmäßig auch die **letzten drei Lohnabrechnungen** aus der Zeit vor Zustellung des Pfändungs- und Überweisungsbeschlusses an den Gläubiger herauszugeben hat.

Weiterhin steht dem Gläubiger der Auskunftsanspruch gemäß § 840 ZPO gegenüber dem Drittschuldner zu (→ Rz. 66–69). Der Gläubiger ist aber auch verpflichtet, die gepfändete Forderung ohne schuldhafte Verzögerung einzuziehen, da er sich ansonsten schadensersatzpflichtig machen kann (§ 842 ZPO).

7. Rechtsstellung des Schuldners

Der Schuldner hat sich nach Erlass des Pfändungs- und **59** Überweisungsbeschlusses jeder Verfügung über die Forderung zu enthalten. Er darf das gepfändete Arbeitseinkommen nicht mehr selbst einziehen, er kann selbst keine Aufrechnung mehr erklären, er kann auch nicht mit seinem Arbeitgeber eine Stundungsabrede

---

1) LG Ravensburg v. 29. 12. 1989, Rpfleger 1990, 266.
2) H.M. LG Köln v. 8. 10. 2002, DGVZ 2002,186; LG Paderborn v. 5. 11. 2001, JurBüro 2002, 159; LG Bochum v. 27. 3. 2000, JurBüro 2000, 437.
3) LG Marburg v. 14. 3. 1994, Rpfleger 1994, 309; LG Bochum v. 28. 6. 1994, DGVZ 1994, 189; LG Verden v. 24. 5. 1994, DGVZ 1994, 189.
4) So auch bereits LG Hildesheim v. 27. 6. 1994, DGVZ 1994, 156.
5) Beschluss des BGH v. 20. 12. 2006, NJW 2007, 606 = Rpfleger 2007, 209.

oder einen Verzicht vereinbaren. Er darf nur die Maßnahmen nicht ergreifen, die das Recht des Gläubigers in irgendeiner Weise beeinträchtigen. Er darf aber z.B. das Arbeitsverhältnis kündigen oder auch unbezahlten Urlaub nehmen, da dies höchstpersönliche Ansprüche sind.

8. Rechtsstellung des Drittschuldners

60 Der Arbeitgeber als Drittschuldner ist sicherlich derjenige, der am wenigsten mit dem Verhältnis Gläubiger – Schuldner zu tun hat, der durch den Pfändungs- und Überweisungsbeschluss jedoch juristisch und wirtschaftlich in das Vollstreckungsverfahren einbezogen wird. Nach Zustellung des Pfändungs- und Überweisungsbeschlusses darf der Arbeitgeber die pfändbaren Arbeitsanteile nicht mehr an den Schuldner zahlen. Ist über das Vermögen eines Arbeitnehmers das Insolvenzverfahren gemäß § 304 InsO eröffnet worden, kann der Insolvenzverwalter vom Arbeitgeber die Abführung des pfändbaren Teils des Arbeitseinkommens zur Insolvenzmasse verlangen. Die Berechnung des dem Schuldner verbleibenden unpfändbaren Arbeitseinkommens richtet sich nach den Pfändungsschutzbestimmungen (§§ 850ff. ZPO).[1] Der Arbeitgeber ist weiterhin **verpflichtet**, dem Auskunftsanspruch des Gläubigers gemäß § 840 ZPO (→ Rz. 66–69) binnen zwei Wochen nachzukommen, ansonsten läuft er Gefahr, vom Gläubiger auf Zahlung des im Pfändungs- und Überweisungsbeschluss vom Schuldner geforderten Betrags verklagt zu werden. Andererseits darf der Drittschuldner als unbeteiligter Dritter durch den Pfändungs- und Überweisungsbeschluss keine Nachteile erleiden. Einwände, die der Drittschuldner bereits vor der Pfändung gegen den Arbeitseinkommensanspruch seines Arbeitnehmers hatte, kann er auch nach der Pfändung dem Gläubiger entgegenhalten (z.B. ist der Drittschuldner nach wie vor berechtigt, die Aufrechnung wegen eines gewährten Arbeitgeberdarlehens zu erklären).[2]

61 Weiterhin kann der Drittschuldner auch auf den Bestand des Pfändungs- und Überweisungsbeschlusses vertrauen, bis ihm eine Änderung oder Aufhebung des Beschlusses zur Kenntnis gebracht wird (§ 836 Abs. 2 ZPO).

61.1 Der Drittschuldner sollte zumindest folgende Punkte beachten und prüfen:

1. Liegt ein Pfändungs- und Überweisungsbeschluss vor oder nur ein Pfändungsbeschluss?

   Soweit nur ein Pfändungsbeschluss vorliegt, ist der pfändbare Betrag zurückzuhalten, Zahlungen an den Gläubiger dürfen erst erfolgen, wenn der Überweisungsbeschluss vorgelegt wird.

2. Wird wegen Unterhaltsansprüchen oder Ansprüchen aus unerlaubter Handlung gepfändet? Ergibt sich aus dem gerichtlichen Pfändungsbeschluss der unpfändbare Betrag für den Schuldner und weitere Unterhaltsverpflichtete?

   Ist dies nicht der Fall, erfolgt die Pfändung in den Grenzen des § 850c ZPO, der pfändbare Betrag kann aus der Lohnpfändungstabelle abgelesen werden.

   Hinweis:

   Bei Unklarheiten sollte beim Vollstreckungsgericht nachgefragt werden.

3. Ist die gepfändete Forderung eindeutig bezeichnet? Ist für den Drittschuldner eindeutig erkennbar, welche Ansprüche gepfändet sind?

   Hinweis:

   Da bei fehlerhafter Bezeichnung der gepfändeten Forderung der Pfändungsbeschluss möglicherweise unwirksam ist, sollte der Drittschuldner beim Vollstreckungsgericht nachfragen oder direkt Erinnerung einlegen.

4. Wurde der Arbeitgeber als Drittschuldner richtig bezeichnet?

   Ist dies nicht der Fall, sollte die Annahme der Zustellung verweigert werden, ggf. kann auch Erinnerung beim Vollstreckungsgericht eingelegt werden.

5. Enthält die Zustellungsurkunde des Gerichtsvollziehers die Aufforderung zur Abgabe der Drittschuldnererklärung?

   Wenn ja, muss der Drittschuldner innerhalb von zwei Wochen seiner Erklärungspflicht gegenüber dem Gläubiger nachkommen. Kann die Frist nicht eingehalten werden, sollte der Gläubiger hierüber unbedingt informiert werden.

a) Aufhebung des Pfändungsbeschlusses

Beispiel: 62

Am 5.6.2009 wird der Pfändungs- und Überweisungsbeschluss des Gläubigers gegen den Schuldner erlassen und dem Drittschuldner am 13.6.2009 zugestellt. Am 2.7.2009 errechnet der Drittschuldner den pfändbaren Lohnanteil des Arbeitseinkommens und überweist ihn an den Gläubiger. Am 4.7.2009 wird dem Drittschuldner ein Aufhebungsbeschluss des Amtsgerichts bzgl. des ihm vorliegenden Pfändungs- und Überweisungsbeschlusses zugestellt.

Kann der Schuldner das überwiesene Einkommen nochmals verlangen?

Ergebnis:

Der Drittschuldner ist mit der Überweisung frei geworden, da er von der Aufhebung des Pfändungs- und Überweisungsbeschlusses keine Kenntnis hatte.

b) Pfändung und Abtretung

Beispiel: 63

Der Schuldner hat sein Arbeitseinkommen an seine Bank am 13.6.2009 abgetreten. Er teilt dies seinem Arbeitgeber aber nicht mit. Am 18.6.2009 erlässt das Vollstreckungsgericht auf Antrag des Gläubigers einen Pfändungs- und Überweisungsbeschluss gegen den Schuldner auf Zahlung seines Arbeitseinkommens. Der Beschluss wird dem Drittschuldner am 22.6.2009 zugestellt. Am 29.6.2009 überweist der Drittschuldner den pfändbaren Lohnanteil des Arbeitseinkommens an den Gläubiger. Am 3.7.2009 legt die Bank dem Drittschuldner die Abtretungserklärung bzgl. des pfändbaren Teils des Arbeitseinkommens vor.

Ist der Drittschuldner mit der Zahlung an den Gläubiger frei geworden?

---

1) LAG Hamm v. 16.8.2006, 2 Sa 385/06, EzA 3/2007, 9.
2) BGH v. 26.1.1983, NJW 1983, 886.

Ergebnis:

Grundsätzlich stand der pfändbare Teil des Arbeitseinkommens bei Wirksamwerden des Pfändungs- und Überweisungsbeschlusses am 22. 6. 2009 nicht mehr dem Schuldner zu (zur Wirkung der Pfändung bei Abtretung → Rz. 136). Da das Vollstreckungsgericht jedoch nur die angebliche Forderung des Schuldners gegen den Drittschuldner pfändet und dieser sich auf den Bestand des Pfändungs- und Überweisungsbeschlusses verlassen kann (→ Rz. 45), hat er am 29. 6. 2009 mit befreiender Wirkung gegenüber der Bank gezahlt.

Bei der nächsten Auszahlung nach dem 3. 7. 2009 hat der Drittschuldner dann die Abtretung zu beachten, da diese dem Pfändungs- und Überweisungsbeschluss vorgeht, und Zahlung an die Bank zu leisten.

63.1 Hinweis:

Hat der Schuldner die gepfändete Forderung bereits vorher wirksam abgetreten, geht die frühere Abtretung der späteren Pfändung vor. Die Pfändung selbst ist ins Leere gegangen, da im Zeitpunkt des Wirksamwerdens der Pfändung der Schuldner nicht Inhaber der Forderung ist. Die Pfändung lebt bei **einmaligen Forderungen** auch dann nicht wieder auf, wenn die abgetretene Forderung an den Schuldner zurück abgetreten wird.[1]

Das gilt zunächst für einmalige Forderungen. Die Tatsache, dass die einmal ins Leere gegangene Pfändung auch nicht wieder auflebt, wird bei der **Lohnpfändung** angezweifelt. Die Pfändung in den Anspruch des Schuldners auf Auszahlung des Arbeitslohns gegenüber dem Drittschuldner erstreckt sich nicht nur auf die nächstfällige Auszahlung, sondern erfasst auch das **zukünftige Arbeitseinkommen** so lange, bis die Gläubigerforderung getilgt ist (§ 832 ZPO). Hieraus wird der Schluss gezogen, dass bei Vorliegen einer wirksamen Abtretung die nachfolgende Pfändung zwar wirksam ist, Zahlungen an den Gläubiger können aber erst dann erfolgen, wenn die Zahlungen auf Grund der vorrangigen Abtretung eingestellt werden.[2] Für die Pfändung von fortlaufendem Arbeitseinkommen hebt das BAG die spezielle Vorschrift § 832 ZPO hervor und führt im Leitsatz der Entscheidung vom 17. 2. 1993 aus: „Werden künftige, fortlaufende Vergütungsansprüche eines Schuldners gegen den Drittschuldner, die voraus abgetreten sind, gepfändet und zur Einziehung überwiesen, so erwächst ein Pfandrecht dann, wenn die Forderungen zurück abgetreten werden. Nach § 832 ZPO genügt für die Pfändung fortlaufender Bezüge, daß deren Entstehungsgrund gesetzt wird." Im Unterschied zu einmalig fälligen Forderungen, bei denen im Zeitpunkt der Zustellung des Pfändungs- und Überweisungsbeschlusses feststellbar ist, ob die Forderung besteht und wem sie zusteht, ist dies bei künftigem Arbeitseinkommen gerade nicht der Fall. Daher verzichtet nach der Auffassung des BAG die Vorschrift des § 832 ZPO auf die Existenz der Forderung im Zeitpunkt der Pfändung. Es reicht aus, wenn der Entstehungstatbestand der Forderung zu diesem Zeitpunkt bereits existiert, eine fällig gewordene Forderung muss in der Person des Schuldners nicht entstanden sein.

Dies hat zur **Folge**, dass die Pfändung des Arbeitseinkommens trotz vorliegender vorrangiger Abtretung als Pfändung der künftigen, in der Person des Schuldners entstehenden Forderung wirksam ist. Die Drittschuldnererklärung muss zunächst nur die vorrangige Abtretung bezeichnen. Sobald allerdings das abgetretene Arbeitseinkommen an den Schuldner zurückfällt, ist die Pfändung vom Arbeitgeber zu beachten und sind die pfändbaren Lohnanteile an den Pfändungsgläubiger abzuführen.

9. Recht zur Hinterlegung

Nach § 853 ZPO ist der Drittschuldner berechtigt, falls **64** das Arbeitseinkommen für **mehrere Gläubiger** gepfändet ist, unter Anzeige der Sachlage und unter Aushändigung der ihm zugestellten Pfändungsbeschlüsse an das Amtsgericht, dessen Beschluss ihm zuerst zugestellt wurde, den pfändbaren Arbeitseinkommensanteil zu hinterlegen. Auf Verlangen eines Gläubigers ist der Drittschuldner hierzu sogar verpflichtet. Diese Fälle tauchen in der Praxis immer wieder auf, ebenso wie der Streit, welcher Gläubiger zuerst befriedigt werden muss. Noch komplizierter sind die Fälle, wenn nach dem Pfändungsbeschluss eines „gewöhnlichen" Gläubigers ein Unterhaltspfändungsbeschluss nach § 850d ZPO vorgelegt wird oder bestehende Beschlüsse durch das Vollstreckungsgericht nachträglich auf Antrag in ihrem Bestand zu Gunsten des Gläubigers oder auch des Schuldners geändert werden.

Der Drittschuldner läuft bei falscher Auszahlung immer Gefahr, doppelt in Anspruch genommen zu werden. Er sollte daher viel mehr von der Möglichkeit der Hinterlegung des pfändbaren Betrags Gebrauch machen. **Mit der Hinterlegung** des Betrags ist der **Drittschuldner frei** geworden. Das Amtsgericht muss nach der Hinterlegung ein Verteilungsverfahren einleiten, an dem alle Gläubiger beteiligt werden. Das Gericht stellt nach der Rangfolge der Gläubiger einen Teilungsplan auf, zu dem die Gläubiger gehört werden, und der dann nach Abhaltung eines Verteilungstermins ausgeführt wird (§§ 872 ff. ZPO).

Um Unklarheiten auszuräumen: Die Hinterlegung nach **65** § 853 ZPO ist nur möglich bei **mehrfacher Pfändung** des Arbeitseinkommens. Trifft eine Pfändung mit rechtsgeschäftlichen Abtretungen des Schuldners zusammen, kann ebenso wenig nach § 853 ZPO hinterlegt werden, wie bereits nach der Vorpfändung, der Sicherungsvollstreckung oder auch nur bei Unklarheiten über die Höhe des pfändbaren Betrags. In diesen Fällen bleibt dem Drittschuldner die Möglichkeit der Hinterlegung bei dem Amtsgericht gemäß § 372 BGB **unter Verzicht auf die Rücknahme**. Hiervon muss der Drittschuldner den Pfändungsgläubiger und/oder den Abtretungsgläubiger unverzüglich unterrichten (§ 374 BGB). Es ist dann Sache der Gläubiger, untereinander freiwillig oder gerichtlich klären zu lassen, wem der hinterlegte Betrag zusteht. Auch von dieser Möglichkeit der Hinterlegung sollte der Drittschuldner durchaus häufiger Gebrauch machen.

---

1) BGH v. 5. 2. 1987, NJW 1987, 1703.
2) BAG v. 17. 2. 1993, NJW 1993, 2699 = Rpfleger 1993, 456.

B. Pfändungs- und Überweisungsbeschluss

65.1 Übersicht:

Hinterlegung nach § 372 BGB	Hinterlegung nach § 853 ZPO
1. Es liegt eine Pfändung und eine oder mehrere Abtretungen vor, es besteht Streit über die Wirksamkeit.	1. Es liegen mehrere Pfändungen vor, das Rangverhältnis ist unklar.
2. Es bestehen Zweifel an der Wirksamkeit der Pfändung.	2. Es liegen eine oder mehrere Pfändungen zusammen mit einer oder mehreren Abtretungen vor, das Rangverhältnis ist unklar.
Vorgehensweise des Drittschuldners	
1. Antragstellung beim Amtsgericht (Hinterlegungsstelle) auf Erlass einer Annahmeanordnung.	1. Antragstellung beim Amtsgericht (Hinterlegungsstelle) auf Erlass einer Annahmeanordnung.
2. Überweisung der pfändbaren bzw. abtretbaren Beträge an die Hinterlegungsstelle.	2. Überweisung der pfändbaren bzw. abtretbaren Beträge an die Hinterlegungsstelle.
3. Anzeige der Hinterlegung an alle Gläubiger und den Schuldner.	3. Anzeige der Hinterlegung an das Vollstreckungsgericht; Abtretungserklärungen bzw. Pfändungs- und Überweisungsbeschlüsse beifügen.
4. Bekanntgabe weiterer Gläubiger an die Hinterlegungsstelle.	4. Bekanntgabe weiterer Gläubiger an die Hinterlegungsstelle.
5. Anzeige der Hinterlegung an die weiteren Gläubiger.	5. Anzeige der Hinterlegung an die weiteren Gläubiger.

10. Drittschuldnerauskunft

a) Aufforderung zur Auskunft

66 Vielfach wird der Gläubiger darüber im Ungewissen sein, welches Arbeitseinkommen der Schuldner bezieht und ob dieses nicht von anderen Gläubigern bereits gepfändet oder an diese abgetreten worden ist oder ob der Drittschuldner selbst ein Recht zur Aufrechnung hat. Um sich die erforderliche Klarheit zu verschaffen, besteht für den Drittschuldner gemäß § 840 ZPO eine **Erklärungspflicht**.[1] Der Drittschuldner ist nicht verpflichtet, dem Gläubiger eine Lohnabrechnung des Schuldners auszuhändigen.[2] In der Praxis üblich, beantragt der Gläubiger den Erlass des Pfändungs- und Überweisungsbeschlusses und bittet um Vermittlung der Zustellung mit der Aufforderung gemäß § 840 ZPO. Dieses Auskunftsverlangen ist in der Zulassungsurkunde an den Drittschuldner aufzunehmen (§ 840 Abs. 2 Satz 1 ZPO). Bis spätestens **zwei Wochen** nach der Zustellung des Beschlusses muss der Drittschuldner dem Gläubiger Auskunft erteilen,

– ob und inwieweit er die gepfändete Forderung als begründet anerkennt und Zahlung zu leisten bereit ist (§ 840 Abs. 1 Nr. 1 ZPO),
– ob und welche Ansprüche andere Personen (Dritte) an das gepfändete Arbeitseinkommen geltend machen (§ 840 Abs. 1 Nr. 2 ZPO),
– ob und wegen welcher Ansprüche das Arbeitseinkommen bereits für andere Gläubiger (Dritte) gepfändet ist (§ 840 Abs. 1 Nr. 3 ZPO).

Diese Auskunft muss der Arbeitgeber nicht unbedingt persönlich erteilen, sie kann auch durch einen Bevollmächtigten, z.B. den Steuerberater, erfolgen. Die Auskunft kann innerhalb der Frist **schriftlich** erteilt werden **oder** auch **direkt bei der Zustellung durch den Gerichtsvollzieher** diesem gegenüber in die Zustellungsurkunde aufgenommen werden. Der Drittschuldner hat die Erklärung im letzten Falle zu unterschreiben.

b) Zum Auskunftsanspruch

Erstens muss der Drittschuldner Angaben dazu machen, ob der Schuldner bei ihm beschäftigt ist, wie hoch der auszuzahlende Lohn ist bzw. welcher Betrag der Pfändung unterliegt und wann mit einer Zahlung zu rechnen ist. 67

Hierzu gehören auch Erklärungen darüber, ob das Arbeitsverhältnis bereits zu einem späteren Zeitpunkt gekündigt ist, oder die Tatsache der Änderung der Pfändungskriterien, die zu einem niedrigeren oder höheren Pfändungsbetrag führen. Keine Angaben sind zu abzugsfähigen Kosten, wie Lohnsteuer oder Sozialversicherungsbeiträgen, zu machen.[3]

Die Anerkennung der Forderung als begründet durch den Drittschuldner bedeutet für diesen kein selbständiges Schuldanerkenntnis gegenüber dem Gläubiger, sondern es handelt sich lediglich um eine Auskunftserteilung.[4] Die bloße Mitteilung des Drittschuldners, er erkenne die Forderung nicht an, ist zu unbestimmt. Hierzu sind zum Grund der Nichtanerkennung weitere Angaben zu machen.

Zweitens hat der Drittschuldner sämtliche rechtsgeschäftlichen Abtretungen, die ihm vorliegen, zugestellte Pfändungs- und Überweisungsbeschlüsse, zugestellte Vorpfändungen und auch eine eigene Aufrechnungsmöglichkeit aus Gehaltsvorschuss oder Darlehen mitzuteilen. Hierbei genügt es nicht, wenn der Drittschuldner die Frage nach Ansprüchen anderer Personen einfach bejaht, vielmehr sind die Ansprüche 68

---
1) Der Pfändungsgläubiger hat keinen einklagbaren Anspruch auf die Drittschuldnererklärung, BGH v. 17.4.1984, NJW 1984, 1901 = Rpfleger 1984, 324.
2) OLG Zweibrücken v. 16.6.1995, Rpfleger 1996, 36.
3) Vgl. Stöber, Rz. 641 f.; Baumbach/Hartmann, § 840 Rz. 9; m.E. jedoch zu empfehlen aus kostenrechtlichen Gründen, vgl. Hintzen, Rz. 200.
4) Stöber, Rz. 646; Boewer, Rz. 242 ff.

nach Gläubiger, Anspruchsgrund und Höhe zu bezeichnen.¹⁾ Ob die geltend gemachten Ansprüche wirksam bestehen oder streitig sind, ist hierbei unerheblich. Diese Frage zu klären ist Aufgabe des Gläubigers. Der Drittschuldner ist nur verpflichtet, dem Gläubiger die notwendigen Auskünfte zu erteilen, damit dieser die Ansprüche prüfen und sich mit den betreffenden Gläubigern in Verbindung setzen kann.

69 **Drittens** sind alle dem Drittschuldner vorliegenden Pfändungen unter Angabe der Behörde und Aktenzeichen dem Gläubiger mitzuteilen. Ebenso ist anzugeben, ob es sich um eine Pfändung nach § 850c ZPO oder eine Unterhaltspfändung nach § 850d ZPO handelt. Weiterhin ist der genaue Zustellungszeitpunkt der vorrangigen Pfändung mitzuteilen, da der Gläubiger nur so prüfen kann, welche Pfändung nach dem Prioritätsprinzip vorgeht. Diese Auskunft gilt auch für die Angabe einer Vorpfändung nach § 845 ZPO.²⁾

c) Kosten

70 Bezüglich der Kosten, die dem Drittschuldner durch die Pfändung entstehen, ist zunächst zu **differenzieren** zwischen den Kosten für die Auskunftserteilung nach § 840 ZPO und den weiteren Kosten für die Bearbeitung und Beachtung der Lohnpfändung.

71 Hierzu werden in Rechtsprechung und Literatur verschiedene Auffassungen vertreten. Die **Kosten für die Auskunftserteilung** hat der Gläubiger dem Drittschuldner regelmäßig nicht zu erstatten. Der Drittschuldner, der nach Zustellung des Pfändungsbeschlusses die gemäß § 840 Abs. 1 ZPO geforderten Angaben nicht macht, hat dem Gläubiger die für ein weiteres Aufforderungsschreiben entstandenen Anwaltskosten nicht zu erstatten. Die von § 840 ZPO geschützten Interessen des Pfändungsgläubigers erfordern keinen im Wege der Klage durchsetzbaren Anspruch auf die im Gesetz vorgesehene Auskunft des Drittschuldners. Ihnen ist durch den Schadensersatzanspruch nach § 840 Abs. 2 Satz 2 ZPO und dem gegen den Schuldner – auf Grund der in § 836 Abs. 3 ZPO getroffenen Regelung – einklagbaren Anspruch auf Auskunft Genüge getan. Unterlässt der Drittschuldner die nach § 840 Abs. 1 ZPO geforderten Angaben, so kann der Gläubiger von der Beitreibbarkeit des gepfändeten Anspruchs ausgehen und diesen ohne Kostenrisiko einklagen. Ergibt die Einlassung des Drittschuldners, dass die geltend gemachte Forderung nicht besteht oder nicht durchsetzbar ist, so kann der Pfändungsgläubiger im selben Prozess gemäß § 263 ZPO auf die Schadensersatzklage übergehen und erreichen, dass auf Grund des § 840 Abs. 2 Satz 2 ZPO der Drittschuldner verurteilt wird, die bisher entstandenen Kosten, insbesondere die des Erkenntnisverfahrens über die gepfändete Forderung, in vollem Umfang zu erstatten.³⁾ Fraglich ist die Erstattung der Kosten nur bzgl. evtl. Rechtsanwaltskosten bei schwieriger Sach- und Rechtslage.⁴⁾ Für den Gläubiger sind diese Kosten ggf. im Wege der Zwangsvollstreckung gegen den Schuldner als notwendige Kosten der Zwangsvollstreckung erstattungsfähig und beitreibbar (§ 788 ZPO). Auf keinen Fall darf der Drittschuldner seine Auskunftsverpflichtung von der Erstattung der Kosten durch den Gläubiger abhängig machen.

72 Die **Kosten für die Bearbeitung des Beschlusses**, insbesondere der Personalaufwand für die Errechnung des Nettoeinkommens und die Überweisung der pfändbaren Beträge an den Gläubiger, kann der Arbeitgeber mangels einer Vereinbarung weder vom Schuldner/Arbeitnehmer noch vom Gläubiger und schon gar nicht vom Staat erstattet verlangen.⁵⁾ Möglich ist nur eine betriebliche Vereinbarung (streitig)⁶⁾ oder eine persönliche Vereinbarung bei der Einstellung des Arbeitnehmers, dass dieser die mit der Bearbeitung entstehenden Kosten zu tragen hat.

Ebenfalls möglich ist auch die Vereinbarung einer Pauschale zur Abgeltung der Kosten.

d) Folgen bei Nichterfüllung der Auskunftspflicht (mit Mustervordruck)

73 Gemäß § 840 Abs. 2 ZPO **haftet** der Drittschuldner dem Gläubiger **für den Schaden** aus der Nichterfüllung seiner Auskunftsverpflichtung. Dies gilt nicht nur, wenn er sich weigert, die Erklärung abzugeben, sondern auch bei nicht rechtzeitiger Erklärung binnen zwei Wochen oder bei mangelhafter Erklärung aller geforderten Angaben.

Der Gläubiger kann den Drittschuldner auf Zahlung des im Pfändungs- und Überweisungsbeschluss vom Schuldner geforderten Betrags verklagen. Hierbei hat der Gläubiger dem Schuldner gerichtlich den Streit zu verkünden (§ 841 ZPO). Kommt der Drittschuldner im Laufe des Prozesses seiner Auskunftspflicht nach, treffen den Drittschuldner in jedem Fall die Prozesskosten. Die Haftung beschränkt sich auf den Schaden des Gläubigers, der durch den Entschluss entstanden ist, die gepfändete Forderung gegen den Drittschuldner geltend zu machen.⁷⁾ Ebenfalls trägt der Drittschuldner die vorgenannten Kosten, falls sich herausstellen sollte, dass ein pfändbarer Betrag nicht vorhanden ist.⁸⁾ Will der Gläubiger die bisher entstandenen Prozesskosten ersetzt erhalten, muss er zur Klage auf Feststellung der Haftung des Drittschuldners für den aus der Nichterfüllung der Auskunftsverpflichtung entstandenen Schaden übergehen.⁹⁾ Ändert der Gläubiger seinen Klageantrag nicht in der eben beschriebenen Weise, ist seine Klage kostenpflichtig abzuweisen.¹⁰⁾

Sofern also die Erklärung aus betrieblichen Gründen nicht innerhalb der Zweiwochenfrist erteilt werden kann, **empfiehlt es sich**, sich sofort mit dem Gläubiger oder seinem Rechtsanwalt in Verbindung zu setzen.

---

1) Zöller/Stöber, § 840 Rz. 6; Baumbach/Hartmann, § 840 Rz. 11; LAG Hannover v. 28. 11. 1973, NJW 1974, 768.
2) Stöber, Rz. 644.
3) BGH v. 4. 5. 2006, NJW-RR 2006, 1566 = Rpfleger 2006, 480.
4) BVerwG v. 8. 12. 1993, Rpfleger 1995, 261; BAG v. 31. 10. 1984, DB 1985, 766 und folgend Boewer, Rz. 248ff. und jetzt auch Stöber, Rz. 647; Zöller/Stöber, § 840 Rz. 11.
5) Zu Kosten eines Kreditinstituts vgl. BGH v. 19. 10. 1999, Rpfleger 2000, 167 = NJW 2000, 651 und v. 18. 5. 1999, BGHZ 141, 380 = Rpfleger 1999, 452.
6) Vom BAG v. 18. 7. 2006, BB 2007, 221 aber **abgelehnt**: Die mit der Bearbeitung von Lohn- oder Gehaltspfändungen verbundenen Kosten des Arbeitgebers fallen diesem selbst zur Last. Er hat weder einen gesetzlichen Erstattungsanspruch gegen den Arbeitnehmer noch kann ein solcher Anspruch durch (freiwillige) Betriebsvereinbarungen begründet werden; hierzu auch Schielke, BB 2007, 378.
7) BGH v. 25. 9. 1986, BGHZ 98, 291.
8) Baumbach/Hartmann, § 840 Rz. 15; BGH v. 28. 1. 1981, NJW 1981, 990; BAG v. 16. 5. 1990, NJW 1990, 2643; AG Geilenkirchen v. 4. 7. 2003, JurBüro 2003, 661; AG Köln v. 25. 1. 2002, JurBüro 2002, 326.
9) OLG Düsseldorf v. 14. 8. 1987, NJW-RR 1988, 574.
10) BGH v. 14. 5. 1979, MDR 1979, 1000.

B. Pfändungs- und Überweisungsbeschluss

....
....
....
(Absender)

An

....
....
....
(Anschrift Gläubiger und Schuldner)

Berechnung des pfändbaren Betrags

Sehr geehrte ....,

uns wurde mit Datum vom .... der Pfändungs- und Überweisungsbeschluss des Amtsgerichts .... vom .... Az.: .... in der Zwangsvollstreckungssache des .... *(Gläubiger)* gegen .... *(Schuldner)* zugestellt.

In der Anlage übersenden wir Ihnen die Berechnung des pfändbaren Betrags auf der Grundlage des zugestellten Pfändungsbeschlusses.

Sollten Sie gegen die Berechnung Einwände erheben, bitten wir um unverzügliche Mitteilung. Sollten wir bis zum .... keine Stellungnahme erhalten, werden wir auf der Basis unserer Berechnungen den pfändbaren Betrag an den Gläubiger auszahlen.

Mit freundlichen Grüßen

....
(Unterschrift)

Vorläufiges Zahlungsverbot

Nach dem vollstreckbaren ...... *(Vollstreckungstitel)* ...... des Amtsgerichts/Landgerichts A-Stadt vom ...... Az. ...... hat

Karl Müller, Burgstr. 1, A-Stadt — Gläubiger —
Prozessbev.: RA ......

gegen

Werner Schulze, Torstr. 1, A-Stadt — Schuldner —
Prozessbev.: RA ......

nachfolgende Zahlungsansprüche:

...... € Hauptforderung nebst ... % Zinsen seit dem ......
...... € (weitere Kosten)

Wegen und in Höhe dieser Ansprüche steht die Pfändung des angeblichen Anspruchs des Schuldners gegen

Heinz Farbe, Bahnhofstr. 3, B-Stadt — Drittschuldner —

aus Arbeitseinkommen

einschließlich der künftig fällig werdenden Beträge aus dem gleichen Rechtsgrund bevor.

Der Schuldner und der Drittschuldner werden hierdurch von der bevorstehenden Pfändung ausdrücklich benachrichtigt.

Der Drittschuldner wird aufgefordert, nicht mehr an den Schuldner zu zahlen. Der Schuldner wird aufgefordert, sich jeder Verfügung über die Forderung (Arbeitseinkommen) zu enthalten, insbesondere diese einzuziehen.

Diese Benachrichtigung wirkt von ihrer Zustellung an wie der Arrest, §§ 845, 930 ZPO, sofern die Pfändung der Forderung (Arbeitseinkommen) innerhalb eines Monats bewirkt wird.

......, den ......

_____
Rechtsanwalt

74 **Keine Verpflichtung zur Auskunft** besteht bei der Vorpfändung nach § 845 ZPO, auch wenn dies in den von den Gläubigern häufig benutzten Vordrucken ausgewiesen ist. Die Erteilung einer freiwilligen Auskunft nach Rücksprache mit dem Schuldner/Arbeitnehmer könnte jedoch weitere Vollstreckungskosten vermeiden helfen.

Zum Muster eines Schreibens an Gläubiger und Schuldner zur Offenlegung der Ermittlung des pfändbaren Betrags durch den Drittschuldner → S. 43.

11. Auskunftsanspruch gegenüber dem Arbeitnehmer

75 Neben dem Drittschuldner (Arbeitgeber) ist auch der Schuldner (Arbeitnehmer) verpflichtet, dem Gläubiger die zur Geltendmachung der gepfändeten Forderung nötige Auskunft (Beweismittel, Zahlungsort und -zeit, Fälligkeit) zu erteilen und ihm die vorhandenen Urkunden (z.B. Abrechnung über die gepfändete Lohnforderung, Kopie einer Lohnabtretungserklärung) herauszugeben (§ 836 Abs. 3 Satz 1 ZPO). Die **Herausgabe der Urkunden** kann vom Gläubiger durch Zwangsvollstreckung erwirkt werden. Da bei der Lohnpfändung immer nur ein Teil des Arbeitseinkommens gepfändet und überwiesen ist, kann der Gläubiger die Urkunden nicht allein und auf Dauer beanspruchen, sondern entweder nur eine beglaubigte Abschrift der Urkunde oder die zeitweise Überlassung, um sich eine Abschrift selbst herzustellen.

75.1 Damit der Auskunftsverpflichtung durch den Schuldner nach § 836 Abs. 3 ZPO mehr Bedeutung zukommt, ist ab dem 1.1.1999 geregelt worden, dass der Schuldner verpflichtet ist, sofern er die Auskunft nicht erteilt, diese **auf Antrag des Gläubigers zu Protokoll** zu geben und seine Angaben an Eides statt zu versichern (§ 836 Abs. 3 Satz 2 ZPO).

75.2 Für die Abnahme der **eidesstattlichen Versicherung** nach § 836 Abs. 3 Satz 2 ZPO ist nach § 899 Abs. 1 ZPO der Gerichtsvollzieher bei dem Amtsgericht zuständig, in dessen Bezirk der Schuldner im Zeitpunkt der Auftragserteilung seinen Wohnsitz bzw. Aufenthaltsort hat. Grundlage dieser eidesstattlichen Versicherung ist der zugestellte Pfändungs- und Überweisungsbeschluss. Dem Antrag ist eine schriftliche Aufforderung zur Auskunftserteilung mit Fristsetzung des Gläubigers an den Schuldner und die Angabe des Gläubigers, dass der Schuldner hierauf nicht geantwortet hat, beizufügen.

12. Vorpfändung (mit Mustervordruck)

76 Der Pfändungs- und Überweisungsbeschluss wird, wie bereits erwähnt, erst mit Zustellung an den Drittschuldner (Arbeitgeber) wirksam. Der Zeitraum, der naturgemäß durch die notwendige Bearbeitung des Antrags zwischen der Antragstellung und der Zustellung des beantragten Pfändungs- und Überweisungsbeschlusses an den Drittschuldner liegt, könnte im Einzelfall zu Nachteilen des Gläubigers führen. So kann z.B. der Schuldner bis zur Zustellung des Pfändungs- und Überweisungsbeschlusses an den Drittschuldner die volle Auszahlung seines Lohns beanspruchen. Außerdem wäre es möglich, dass zwischenzeitlich der Pfändungs- und Überweisungsbeschluss eines anderen Gläubigers dem Drittschuldner zugestellt wird. Im Zwangsvollstreckungsverfahren gilt grundsätzlich das sog. **Prioritätsprinzip**, d.h., aus dem gepfändeten Arbeitslohn wird zunächst nur der Gläubiger befriedigt, dessen Pfändungs- und Überweisungsbeschluss dem Drittschuldner zuerst zugestellt wurde. Erst nach voller Befriedigung dieses Gläubigers kommt der nächste Gläubiger mit seinem Pfändungs- und Überweisungsbeschluss zum Zuge (Ausnahmen gelten hier nur bei Pfändung wegen Unterhaltsansprüchen; → Rz. 144–160). Um eine vorzeitige Beschlagnahme des Arbeitseinkommens zu erreichen, kann der Gläubiger eine sog. Vorpfändung **(vorläufiges Zahlungsverbot)** in eigener Regie erlassen (§ 845 ZPO). Voraussetzung hierfür ist, dass der Gläubiger im Besitz eines vollstreckbaren Schuldtitels gegen den Schuldner ist. Dieser Titel muss noch nicht für vollstreckbar erklärt (mit der Klausel versehen) und auch nicht zugestellt worden sein. Andererseits muss der Titel jedoch vollstreckbar sein, d.h., die besonderen Zwangsvollstreckungsvoraussetzungen (→ Rz. 18–23) müssen erfüllt sein, z.B. Fristablauf gemäß § 751 Abs. 1 ZPO, Annahmeverzug des Schuldners gemäß § 765 ZPO, aber nicht die Sicherheitsleistung gemäß § 751 Abs. 2 ZPO, da die Pfändung im Rahmen der Sicherungsvollstreckung gemäß § 720a ZPO jederzeit zulässig ist. Für die Vorpfändung gelten im Übrigen die gleichen Maßstäbe wie für die Pfändung selbst. Daher muss die gepfändete Forderung wenigstens in allgemeinen Umrissen angegeben werden, damit sie von anderen unterschieden werden kann.[1]

77 Liegen die Voraussetzungen vor, kann der Gläubiger dem Schuldner und Drittschuldner durch den Gerichtsvollzieher die **Benachrichtigung** zustellen lassen, **dass die Pfändung bevorstehe**.

In der Zustellung ist die Aufforderung an den Drittschuldner **aufzunehmen**, nicht mehr an den Schuldner zu zahlen und die Aufforderung an den Schuldner, sich jeder Verfügung über die Forderung, insbesondere ihrer Einziehung, zu enthalten. Selbstverständlich müssen sich aus der Vorpfändungsverfügung Gläubiger, Schuldner, Drittschuldner, Schuldgrund und Forderungshöhe ergeben.

Auf → Seite 44 ist ein **Vordruckbeispiel** aufgeführt.

78 Die Zustellung dieser Vorpfändungsverfügung an den Drittschuldner hat die Wirkung eines Arrestes, sofern die Pfändung der Forderung innerhalb eines Monats erfolgt, d.h., der gerichtliche Pfändungsbeschluss muss innerhalb eines Monats dem Drittschuldner zugestellt werden. Ist dies der Fall, wirkt die Pfändung auf den Zeitpunkt der Zustellung der Vorpfändung zurück.

Auf Grund der Vorpfändung darf der Drittschuldner noch nicht an den Gläubiger zahlen, er muss den pfändbaren Betrag vorerst einbehalten.

a) Rückwirkung der Vorpfändung

Beispiel: **79**

Gläubiger A lässt dem Drittschuldner am 25.6.2009 eine Vorpfändung gegen den Schuldner bzgl. dessen Arbeitseinkommen zustellen. Der Drittschuldner errechnet am 30.6.2009 den pfändbaren Betrag auf 250,- €.

Ebenfalls am 30.6.2009 wird dem Drittschuldner ein Pfändungs- und Überweisungsbeschluss des Gläubigers B gegen den Schuldner bzgl. dessen Arbeitseinkommen zugestellt.

---

1) BGH v. 7.4.2005, Rpfleger 2005, 450 = NJW-RR 2005, 1361 = MDR 2005, 1135 = WM 2005, 1037 = InVo 2005, 363.

Am 18.7.2009 wird dem Drittschuldner der Pfändungs- und Überweisungsbeschluss des Gläubigers A zugestellt.

An wen erfolgt die Zahlung?

Ergebnis:

Infolge der rechtzeitigen Zustellung des Pfändungs- und Überweisungsbeschlusses am 18.7.2009 innerhalb der Monatsfrist nach der Zustellung der Vorpfändung, dem 25.6.2009, wirkt die Beschlagnahme des Arbeitseinkommens zurück auf den 25.6.2009. Folglich ist nach dem Prioritätsprinzip zuerst der Gläubiger A zu befriedigen.

Wird das **Insolvenzverfahren** eröffnet, ist Folgendes zu beachten:

Die Eröffnung des Insolvenzverfahrens wirkt bzgl. Zwangsvollstreckungen bis zu einem Monat vor der Antragstellung auf Eröffnung des Verfahrens zurück, § 88 InsO. Strittig wurde bisher die Frage beantwortet, ob eine schon vor der „kritischen" Zeit ausgebrachte Vorpfändung, der eine Hauptpfändung innerhalb der Monatsfrist des § 845 Abs. 2 ZPO nachfolgt, dazu führt, dass die Hauptpfändung wirksam bleibt. Im Rahmen einer Anfechtungsklage stellt der BGH[1] fest, dass sich die Anfechtung einer Vorpfändung, die früher als drei Monate vor Eingang des Insolvenzantrags ausgebracht wurde, während die Hauptpfändung dagegen in den von § 131 InsO erfassten Bereich fällt, insgesamt nach der Vorschrift des § 131 InsO richtet. Im Rahmen dieser Entscheidung trifft der BGH auch die Aussage, dass die außerhalb der „kritischen" Zeit ausgebrachten Vorpfändungen noch kein nach § 50 Abs. 1 InsO insolvenzgeschütztes Sicherungsrecht begründen, weil sie nur Teil mehraktiger Rechtshandlungen sind und die Erfüllung der letzten Teilakte dieser Rechtshandlungen in die gesetzliche Krise fällt. Eine vor der kritischen Zeit ausgebrachte Vorpfändung kann daher einer nachfolgenden Pfändung nicht zu Wirksamkeit verhelfen.

b) Beschränkung bei mehreren Vorpfändungen

80 Beispiel:

Gläubiger A lässt dem Drittschuldner am 25.6.2009 eine Vorpfändung gegen den Schuldner bzgl. dessen Arbeitseinkommen zustellen. Der Drittschuldner errechnet am 30.6.2009 den pfändbaren Betrag auf 250,– €.

Am 27.6.2009 wird dem Drittschuldner ein Pfändungs- und Überweisungsbeschluss zu Gunsten des Gläubigers B gegen den Schuldner, nach dem dessen Arbeitseinkommen gepfändet wird, zugestellt. Am 18.7.2009 wird dem Drittschuldner abermals eine Vorpfändung des Gläubigers A zugestellt. Erst am 1.8.2009 wird der Pfändungs- und Überweisungsbeschluss zu Gunsten des Gläubigers A dem Drittschuldner zugestellt.

An wen erfolgt die Zahlung?

Ergebnis:

Oftmals kommt es in der Praxis vor, dass die Monatsfrist, gerechnet von der Zustellung der Vorpfändung an, nicht ausreicht, um den nachfolgenden Pfändungs- und Überweisungsbeschluss rechtzeitig zu erhalten und zustellen zu können. Der Gläubiger ist berechtigt, dann erneut eine Vorpfändung zu fertigen und zustellen zu lassen. Die Wirkungen der Vorpfändungen treten ab der jeweiligen Zustellung jeweils erneut ein.[2]

Übertragen auf das vorgenannte Beispiel entfaltet die erste Vorpfändung des Gläubigers A ihre Wirkung ab dem 25.6.2009 bis zum 26.7.2009. Innerhalb dieser Monatsfrist war aber kein Pfändungs- und Überweisungsbeschluss zu Gunsten des Gläubigers A dem Drittschuldner zugestellt worden. Die zweite Vorpfändung, deren Zustellung zwar innerhalb der ersten Monatsfrist erfolgte, verlängert die First nicht nochmals um einen Monat. Diese Fristen sind jeweils getrennt zu beachten, d.h., innerhalb einer späteren Vorpfändungsfrist vorgenommene Pfändungen wirken nur auf den Zeitpunkt der Vornahme der späteren Vorpfändung zurück. Die Zustellung des Pfändungs- und Überweisungsbeschlusses zu Gunsten des Gläubigers A am 1.8.2009 wirkt somit zurück auf die Zustellung der zweiten Vorpfändung am 18.7.2009. Da aber bereits der Pfändungs- und Überweisungsbeschluss des Gläubigers B am 27.6.2009 zugestellt worden ist, ist der pfändbare Lohnanteil nunmehr dem Gläubiger B auszuzahlen.

13. Verzicht des Gläubigers

Oft ist der Gläubiger bereit, selbst dem Schuldner Pfändungserleichterung zu gewähren. Er verzichtet zu diesem Zweck ganz oder teilweise auf das Recht aus der Überweisung zur Einziehung (unter Aufrechterhaltung der Pfändung) oder auf das Recht aus der Pfändung und damit einschließlich auf die Überweisung (§ 843 ZPO). Diese Verzichterklärung hat keinen Einfluss auf den titulierten Anspruch selbst. Die Verzichterklärung erfolgt durch eine dem Schuldner zuzustellende Erklärung. Der Schuldner kann jedoch auf die förmliche Zustellung verzichten und sich mit formloser Mitteilung begnügen.

Mit Zugang der Verzichterklärung an den Schuldner **erlischt** das **Pfändungspfandrecht**. Der Schuldner (auch der Gläubiger oder Drittschuldner) hat das Recht, den Pfändungs- und Überweisungsbeschluss durch das Vollstreckungsgericht förmlich aufheben zu lassen, insbesondere dann, wenn der Drittschuldner nach wie vor auf Grund der Existenz des Beschlusses an den Gläubiger Zahlung leistet. Der Verzicht ist auch dem Drittschuldner zuzustellen (§ 843 Satz 3 ZPO). Diese Zustellung ist zwar für die Frage der Wirksamkeit des Verzichtes ohne Bedeutung, schützt den Drittschuldner jedoch vor einer evtl. doppelten Inanspruchnahme. Solange dem Drittschuldner der Verzicht nicht zur Kenntnis gebracht ist, leistet er mit befreiender Wirkung an den Gläubiger. Nach Kenntnis leistet er mit derselben Wirkung an den Schuldner.[3] Sollte der Verzicht widerrufen werden, muss der Gläubiger neu pfänden.

14. Rechtsbehelfe und Rechtsmittel

a) Allgemeines

Im Pfändungsverfahren ist die **Vollstreckungserinnerung** (§ 766 ZPO) immer dann der richtige Rechtsbehelf, wenn formelle Einwendungen gegen die Art und Weise der Zwangsvollstreckung erhoben werden. Einwendungen gegen den Bestand der titulierten Forderung sind materiellrechtlicher Natur und im Wege der **Vollstreckungsabwehr- oder Vollstreckungsgegen-**

---

1) BGH v. 23.3.2006, Rpfleger 2006, 427 = NJW 2006, 1870 = WM 2006, 921.
2) Zöller/Stöber, § 845 Rz. 6; Thomas/Putzo/Hüßtege, § 845 Rz. 9; Baumbach/Hartmann, § 845 Rz. 16.
3) Zöller/Stöber, § 843 Rz. 3; Baumbach/Hartmann, § 843 Rz. 4f.

klage (§ 767 ZPO) beim Prozessgericht geltend zu machen. Sofern durch die Pfändung in das Vermögen Dritter eingegriffen wird, steht diesen die **Drittwiderspruchsklage** (§ 771 ZPO) zu.

b) Gläubiger

83 Lehnt der Rechtspfleger des Vollstreckungsgerichts den Erlass des Pfändungs- und Überweisungsbeschlusses ab und weist den Antrag des Gläubigers zurück, handelt es sich um eine Entscheidung, gegen die der Gläubiger **binnen zwei Wochen** nach der Zustellung **sofortige Beschwerde** nach § 11 Abs. 1 RPflG, §§ 793, 569 ZPO einlegen kann. Der Rechtspfleger kann der Beschwerde abhelfen. Hilft er nicht ab, legt er die Sache dem Landgericht vor (§§ 572, 568 ZPO, § 72 GVG). Gegen die Entscheidung des Landgerichts kann **binnen eines Monats** (§ 575 ZPO) Rechtsbeschwerde (§ 574 ZPO) erhoben werden, sofern das Beschwerdegericht diese zugelassen hat (§ 574 Abs. 1 Nr. 2 ZPO). Hierüber entscheidet der BGH (§ 133 GVG).

c) Schuldner

84 Wird der Pfändungs- und Überweisungsbeschluss antragsmäßig erlassen, so ist der Schuldner vorher nicht zu hören (§ 834 ZPO). Der Beschluss stellt somit keine Entscheidung dar, sondern es handelt sich um eine **Zwangsvollstreckungsmaßnahme**. Hiergegen kann der Schuldner **Vollstreckungserinnerung** einlegen (§ 766 ZPO) die an keine Frist gebunden ist.[1] Der Rechtspfleger hat das Recht, der Erinnerung abzuhelfen, d.h., er kann nach erneuter Überprüfung der Zwangsvollstreckungsvoraussetzungen den erlassenen Pfändungs- und Überweisungsbeschluss ganz oder teilweise aufheben. Hilft er der Erinnerung nicht ab, legt er sie dem Richter vor, der nunmehr zu entscheiden berufen ist. Gegen die Entscheidung des Richters ist binnen zwei Wochen die **sofortige Beschwerde** zum Landgericht zulässig.

Erlässt der Rechtspfleger den Pfändungs- und Überweisungsbeschluss nach Anhörung des Schuldners, z.B. bei bedingt pfändbaren Bezügen gemäß § 850b ZPO, dann handelt es sich um eine Entscheidung, gegen die wiederum binnen zwei Wochen sofortige Beschwerde eingelegt werden muss. Zum weiteren Verfahren → Rz. 83.

d) Drittschuldner

85 Die **Vollstreckungserinnerung** (§ 766 ZPO) wird auch dem Drittschuldner zugebilligt, sofern dieser nach der Art der gepfändeten Forderung oder infolge von Unklarheiten des Pfändungsbeschlusses ein eigenes Interesse an einer Entscheidung hat. Dieses Interesse ist zu bejahen bei der Pfändung von Arbeitslohn durch die besonderen Rechtsbeziehungen aus dem Arbeitsverhältnis und der allgemeinen Fürsorgepflicht des Arbeitgebers seinem Arbeitnehmer gegenüber.[2] Auch die Sozialleistungsträger haben ein Erinnerungsrecht bei der Pfändung von Sozialleistungsansprüchen, z.B. Kindergeld, Renten pp.

e) Fehlende aufschiebende Wirkung (mit Mustervordruck)

86 Da alle diese Rechtsbehelfe keine aufschiebende Wirkung haben, kann es sich empfehlen, gleichzeitig die **einstweilige Einstellung** der Zwangsvollstreckung zu beantragen, bis über die Erinnerung endgültig entschieden wird.

Die Rechtsbehelfe können **schriftlich** ohne Zuziehung eines Rechtsanwalts bei Gericht eingelegt werden **oder zu Protokoll der Geschäftsstelle** erklärt werden.

Beim **Amtsgericht** besteht kein Anwaltszwang. Sollte das **Landgericht** als Beschwerdegericht eine mündliche Verhandlung anberaumen, muss sich der Beschwerdeführer durch einen Rechtsanwalt vertreten lassen.

Zum Muster → S. 48.

15. Besondere Rechtsbehelfe (mit Mustervordruck)

87 Neben den vorstehend aufgeführten Rechtsbehelfen ist in bestimmten Fällen ein besonderer Rechtsbehelf möglich. Schuldner, Gläubiger oder Dritte, denen der Schuldner kraft Gesetzes Unterhalt zu gewähren hat, können die Abänderung des Pfändungsbeschlusses beantragen, wenn sich die Voraussetzungen für die Bemessung des pfändbaren Teils des Arbeitseinkommens des Schuldners nachträglich geändert haben (§ 850g ZPO), z.B. bei den festgelegten Freigrenzen nach § 850d ZPO und Änderung des Arbeitseinkommens, Veränderungen der Naturalbezüge gemäß § 850e Nr. 3 ZPO. Die Änderung ist sachlich entweder eine teilweise Aufhebung der Pfändung oder eine Erweiterung derselben. Sie erfasst, wenn nicht ausdrücklich Gegenteiliges gesagt ist, auch **nicht ausgezahlten rückständigen Lohn**. Der Drittschuldner kann nach dem Inhalt des früheren Pfändungsbeschlusses mit befreiender Wirkung leisten, bis ihm der Änderungsbeschluss zugestellt wird.

88 Eines gerichtlichen Änderungsbeschlusses bedarf es nicht, wenn bei der Pfändung wegen einer gewöhnlichen Forderung der Pfändungsbeschluss – wie i.d.R. – so allgemein gefasst ist, dass er Änderungen (z.B. Minderung oder Erhöhung des Arbeitseinkommens, Geburt oder Tod eines Unterhaltsberechtigten, Heirat des Schuldners) bedingt Rechnung trägt (sog. Blankettpfändung). Da diese Änderungen auch auf der Lohnsteuerkarte eingetragen werden oder vom Schuldner durch Urkunden belegt werden können, kann der Drittschuldner diese umgehend selbst berücksichtigen.

89 Sofern es jedoch zweifelhaft ist, ob und welche Beträge und auch für welchen Zeitraum von der Pfändung erfasst sind, kann der Drittschuldner beim Vollstreckungsgericht einen Ergänzungs- oder Berichtigungsbeschluss beantragen. Ebenfalls zu empfehlen ist bei unklaren Rechtslagen die Hinterlegung gemäß § 372 BGB unter Verzicht auf die Rücknahme. Nur so kann der Drittschuldner die Gefahr einer doppelten Inanspruchnahme oder sogar einer Klage abwenden.

Zum Muster → S. 49.

---

1) Zöller/Stöber, § 766 Rz. 2; Baumbach/Hartmann, § 766 Rz. 3.
2) OLG München v. 1.7.1982, JurBüro 1982, 1417; Zöller/Stöber, § 766 Rz. 16; Baumbach/Hartmann, § 766 Rz. 20 unter „Drittschuldner".

Zweiter Teil: Erläuterungen zur Pfändung von Arbeitseinkommen

....

....

....
(Absender)

An das
Amtsgericht
– Vollstreckungsgericht –

....

Pfändungs- und Überweisungsbeschluss Az.: ....

Sehr geehrte ....,

uns wurde mit Datum vom .... der Pfändungs- und Überweisungsbeschluss des Amtsgerichts .... vom .... Az.: .... in der Zwangsvollstreckungssache des .... *(Gläubiger)* gegen .... *(Schuldner)* zugestellt.

Gegen diesen Pfändungs- und Überweisungsbeschluss erheben wir „Erinnerung" und beantragen,

    1. den Pfändungs- und Überweisungsbeschluss aufzuheben

    2. vorab die Zwangsvollstreckung bis zur endgültigen Entscheidung einstweilen einzustellen.

Der Pfändungs- und Überweisungsbeschluss ist unwirksam, weil ......
....
(unklare Forderungsbezeichnung, Anspruch nicht pfändbar, Vorliegen eines Vollstreckungsverbots usw.).

Der Pfändungs- und Überweisungsbeschluss ist daher aufzuheben.

Mit freundlichen Grüßen

....
(Unterschrift)

B. Pfändungs- und Überweisungsbeschluss

....
....
....
(Absender)

An das
Amtsgericht
- Vollstreckungsgericht -

....

Pfändungs- und Überweisungsbeschluss Az.: ....

Sehr geehrte ....,

uns wurde mit Datum vom .... der Pfändungs- und Überweisungsbeschluss des Amtsgerichts .... vom .... Az.: .... in der Zwangsvollstreckungssache des .... *(Gläubiger)* gegen .... *(Schuldner)* zugestellt.

Gegen diesen Pfändungs- und Überweisungsbeschluss erheben wir „Erinnerung" und bitten um Klarstellung bzw. Ergänzung.

Wir haben unserem Arbeitnehmer im letzten Monat gezahlt: ....
....
(Urlaubsgeld, Gratifikation aus Anlass seiner zehnjährigen Betriebszugehörigkeit, Gefahrenzulage, Erschwerniszulage usw.). Unser Arbeitnehmer ist der Auffassung, dass dieser Betrag der Pfändung nicht unterliegt.

Es ist unklar, ob der Betrag brutto oder netto der Pfändung zu Grunde zu legen ist.

Mit freundlichen Grüßen

....
(Unterschrift)

16. Arbeitsrechtliche Konsequenzen der Pfändung

90 Aus der Lohnpfändung ergeben sich vielfach für den Arbeitgeber als Drittschuldner erhebliche Unannehmlichkeiten, die er nicht veranlasst und nicht zu vertreten hat.

Der Arbeitgeber wird durch die Bearbeitung von Lohnpfändung und Lohnabtretung personell und kostenmäßig belastet. Aus diesem Grund ist es nicht zu beanstanden, wenn der Arbeitnehmer bereits beim Einstellungsgespräch **Fragen zu** bestehenden **Pfändungen** oder Abtretungen zu beantworten hat. Gleichwohl ist bei Einstellungsgesprächen eine Frage nach Abtretungen oder Lohnpfändungen bei Arbeitern und Angestellten des unteren und mittleren Verantwortungsbereichs nicht zulässig. Das Interesse des Arbeitgebers, Lohnpfändungen zu begegnen, rechtfertigt eine derartige Frage nicht.[1] Lediglich bei leitenden Angestellten und bei besonderer Vertrauensstellung (Filialleiter, Bankkassierer) ist die Frage im Einstellungsgespräch statthaft.

Gelegentlich möchte der Arbeitgeber das Arbeitsverhältnis mit dem Arbeitnehmer wegen der erlassenen Pfändungs- und Überweisungsbeschlüsse fristlos oder fristgerecht kündigen. Pfändungen oder Abtretungen reichen grundsätzlich jedoch nicht aus, um eine **Kündigung** zu rechtfertigen.[2] Dies wäre nur dann ausnahmsweise möglich, wenn der Arbeitnehmer im Betrieb eine besondere Vertrauensstellung genießt, die durch die Pfändung erschüttert wird (z.B. Kassierer in einer Firma, leitender Bankangestellter) oder im Einzelfall durch die Pfändung der Ruf des Unternehmens auf dem Spiele steht oder der betriebliche Organisationsablauf in erheblichem Maße beeinträchtigt wird.

Bezüglich der Kosten für die Bearbeitung der Lohnpfändung oder -abtretung → Rz. 70–72.

II. Für die Pfändung maßgebliches Arbeitseinkommen

1. Pfändung von Arbeitseinkommen als Dauerpfändung

91 Auch die Pfändung einer **künftig fällig werdenden Forderung** ist grundsätzlich zulässig. Die künftigen Forderungen werden jedoch nur dann gepfändet, wenn diese im Pfändungsbeschluss ausdrücklich erwähnt sind. Bei der Pfändung von Arbeitseinkommen oder der Ansprüche mit Lohnersatzfunktion erfasst das Pfandrecht jedoch bereits kraft Gesetzes auch das künftig fällig werdende Arbeitseinkommen (§§ 832, 833 ZPO). Hierdurch soll eine Vielzahl von Einzelpfändungen vermieden werden.[3]

2. Einheitliches Arbeitsverhältnis

91.1 Die Pfändung beschränkt sich aber nicht nur auf das Arbeitsverhältnis, welches zur Zeit der Zustellung des Pfändungsbeschlusses besteht. Sie umfasst auch die Ansprüche aus dem gesamten künftigen Arbeitsverhältnis mit demselben Arbeitgeber oder dessen Rechtsnachfolger. Hierbei ist es unerheblich, ob sich bereits im Zeitpunkt der Zustellung des Pfändungsbeschlusses pfändbare Beträge ergeben oder nicht. Eine Kündigung oder Wiedereinstellung bei demselben Arbeitgeber beeinträchtigt die Pfändung nicht, sofern es sich nach wie vor um ein einheitliches Arbeitsverhältnis handelt. Unschädlich ist daher eine **kurzfristige Unterbrechung** des Arbeitsverhältnisses wegen Arbeitsmangels oder eine saisonbedingte Unterbrechung. Liegt jedoch ein neues Arbeitsverhältnis vor, dann muss der Gläubiger erneut pfänden, z.B. bei Wiedereinstellung mit geänderten Arbeitsbedingungen.

3. Übernahme eines anderen Amtes

91.2 Durch die Pfändung eines Diensteinkommens wird auch das Einkommen betroffen, das der Schuldner infolge der Versetzung in ein anderes Amt, der Übertragung eines neuen Amtes oder einer Gehaltserhöhung zu beziehen hat (§ 833 Abs. 1 Satz 1 ZPO). Hier hat sich nicht der Dienstherr, sondern nur die Gehaltshöhe geändert. § 833 Abs. 1 Satz 1 ZPO ist auf den Fall der Änderung des Dienstherrn allerdings nicht anzuwenden (§ 833 Abs. 1 Satz 2 ZPO), da hier ein Wechsel in der Drittschuldnerschaft vorliegt.

4. Saisonbedingte Unterbrechung

91.3 Die Lohnpfändung endet, wenn das Arbeitsverhältnis des Schuldners mit dem Drittschuldner beendet ist. Die Pfändungswirkungen leben auch dann nicht wieder auf, wenn später ein neues Arbeitsverhältnis zwischen Schuldner und Drittschuldner begründet wird. In der Praxis sind solche saisonbedingten Unterbrechungen jedoch häufig anzutreffen, z.B. im Baugewerbe, in Gaststätten- und Ferienbetrieben. Seit dem 1.1.1999 gilt die Neuregelung, dass, wenn das Arbeits- oder Dienstverhältnis endet und Schuldner und Drittschuldner innerhalb von neun Monaten ein solches neu begründen, sich die Pfändung auf die Forderung aus dem neuen Arbeits- oder Dienstverhältnis erstreckt (§ 833 Abs. 2 ZPO). Durch die Neuregelung wird erreicht, dass bei einer zeitlichen Unterbrechung bis zu neun Monaten die Fortgeltung der Pfändung gegenüber dem Drittschuldner ausgesprochen wird. Die Regelung bezieht sich ausdrücklich nur auf Arbeits- oder Dienstverhältnisse und somit nicht auf Sozialleistungen mit Lohnersatzfunktion.

Nimmt der Schuldner nach bis zu neun Monaten das Arbeitsverhältnis bei seinem früheren Arbeitgeber wieder auf, können sich bei der Fortgeltung der Lohnpfändung Schwierigkeiten dadurch ergeben, dass Bestand und Höhe der Forderung sich geändert haben. Der Drittschuldner wird daher sicherlich das Recht haben, vom Gläubiger eine erneute Forderungsaufstellung zu verlangen.

---

[1] Vgl. hierzu Boewer, Rz. 117 mit Fn. 7 unter Hinweis z.B. auf BAG v. 15.10.1992, EzA § 1 KSchG Verhaltensbedingte Kündigung Nr. 45.
[2] Stöber, Rz. 934; BAG v. 4.11.1981, NJW 1982, 1062 = DB 1982, 556; und insgesamt zur Pfändung Geißler, Rpfleger 1987, 5.
[3] BAG v. 22.3.1956, NJW 1957, 439; BAG v. 17.2.1993, BAGE 72, 238 = NJW 1993, 2699.

C. Umfang und Wirkung der Pfändung

I. Pfändbares Arbeitseinkommen

1. Dienst- und Versorgungsbezüge

92 Der Gesetzgeber hat den Begriff Arbeitseinkommen beispielhaft definiert (§ 850 Abs. 2 ZPO). In § 850 Abs. 4 ZPO wird weiter klargestellt, dass die Pfändung des Arbeitseinkommens **alle Vergütungen** umfasst, **die dem Schuldner aus der Arbeits- oder Dienstleistung zustehen**, ohne Rücksicht auf ihre Benennung. Nach § 832 ZPO umfasst die Pfändung nicht nur das bei der Zustellung des Pfändungs- und Überweisungsbeschlusses fällige Arbeitseinkommen, sondern die Pfändung wirkt auf alle späteren Fälligkeiten fort, bis die titulierte Forderung des Gläubigers beglichen ist.

Zu den Dienst- und Versorgungsbezügen gehören somit die Bezüge der Minister, Staatssekretäre, Richter, Geistlichen, Soldaten und Beamten. Das BayVG Ansbach[1] musste sich mit der Frage der Pfändbarkeit von **Aufwandsentschädigungen** eines ehrenamtlichen Bürgermeisters beschäftigen. Aufwandsentschädigungen eines ehrenamtlichen Bürgermeisters sind jedenfalls dann nicht unpfändbar nach § 850a Nr. 3 ZPO, wenn sie Vergütungen für Dienstleistungen darstellen, die dem Lebensunterhalt des Berechtigten dienen, insbesondere wenn es sich hierbei um eine Vollzeittätigkeit handelt, in diesem Fall handelt es sich um Arbeitseinkommen. Bei den Arbeits- und Dienstlöhnen erfasst die Pfändung sämtliche Bezüge aus nichtselbständiger Arbeit der Arbeiter, Angestellten oder Auszubildenden. Das Entgelt der Heimarbeiter ist dem Arbeitseinkommen ausdrücklich gleichgestellt (§ 27 HAG). Zu den Dienstlöhnen zählen z.B. Abfindungen nach § 10 KSchG, Akkordlöhne, Fixum und Provision der Versicherungsvertreter, Gehälter der Vorstandsmitglieder einer AG, die Vergütung eines Arbeitnehmers im Aufsichtsrat, das Gehalt eines GmbH-Geschäftsführers, Tantiemen, Akkordlöhne und nicht zuletzt Lohnnachzahlungen. Hierzu gehört auch das Altersentgelt für eine Arbeit in Altersteilzeit.

Auch ein **freier Mitarbeiter** genießt den Pfändungsschutz nach §§ 850 ff. ZPO, sofern es sich um eine wirtschaftlich unselbständige Tätigkeit handelt, das Einkommen nicht gering ist und er durch seine Tätigkeit überwiegend seinen Lebensunterhalt bestreitet.

Nicht dazu gehören die Trinkgelder, z.B. des Kellners oder Frisörs, die der Gast oder Kunde diesem persönlich übergibt.[2] Ebenfalls nicht unter § 850 ZPO fallen Renten auf Grund Versicherungsvertrags für **freiberuflich** tätige Personen.[3]

2. Ruhegelder

93 Unter Ruhegelder fallen die Ansprüche aus der **betrieblichen Altersversorgung** nach dem Ausscheiden des Arbeitnehmers aus dem Betrieb. Das Ruhegeld wird entweder vom Arbeitgeber als Drittschuldner gewährt oder von einer Pensionskasse, die dann Drittschuldner ist. Pfändbar ist ebenfalls das **Vorruhestandsgeld**. Zum Arbeitseinkommen zählt auch die durch eine sog. Direktversicherung begründete Rente, die auf Grund einer vom Arbeitgeber auf das Leben des Arbeitnehmers abgeschlossenen Lebensversicherung gezahlt wird.[4]

3. Hinterbliebenenbezüge

94 Hinterbliebenenbezüge sind die Zahlungen, die der Witwe und/oder den Kindern des verstorbenen Arbeitnehmers zustehen. Die Zahlung erfolgt entweder durch den Arbeitgeber, eine Pensionskasse oder einen Versicherungsträger.

4. Sonstige Vergütungen

95 Hierunter sind die Entgelte für Dienstleistungen der freien Berufe zu verstehen, wie z.B. Rechtsanwälte, Notare, Steuerberater, Ärzte[5], Architekten pp., oder auch der Anspruch eines selbständigen Handelsvertreters auf monatliche Fixprovision, wenn es sich um dessen einzige Tätigkeit handelt.[6]

5. Karenzentschädigung – Renten

96 Ausdrücklich in § 850 Abs. 3 Buchst. a ZPO erwähnt, und damit Arbeitseinkommen, sind die **Karenzentschädigungen**, die der Arbeitnehmer zum Ausgleich für Wettbewerbsbeschränkungen für die Zeit nach Beendigung seines Dienstverhältnisses beanspruchen kann.

In § 850 Abs. 3 Buchst. b ZPO sind gewisse **Renten** ausdrücklich aufgeführt. Die Ruhegelder (→ Rz. 93) können und werden häufig ersetzt durch Versorgungsrenten auf Grund von Versicherungsverträgen. Auch diese Versicherungsleistungen sind pfändbares Arbeitseinkommen.

II. Unpfändbare Bezüge

1. Arbeitnehmersparzulage

97 Nach § 13 Abs. 3 des 5. VermBG[7] gilt die Arbeitnehmersparzulage für ab dem 1.1.1994 angelegte vermögenswirksame Leistungen weder als steuerpflichtige Einnahme i.S.d. Einkommensteuergesetzes noch als Einkommen, Verdienst oder Entgelt (Arbeitsentgelt) i.S.d. Sozialversicherung und des Dritten Buches Sozialgesetzbuch; sie gilt arbeitsrechtlich nicht als Bestandteil des Lohns oder Gehalts. Der Anspruch auf Arbeitnehmersparzulage ist nicht übertragbar und damit auch nicht pfändbar.[8]

---

1) BayVG Ansbach v. 30.3.2006, Rpfleger 2006, 419.
2) Vgl. OLG Stuttgart v. 3.7.2001, JurBüro 2001, 656 = MDR 2002, 294 = Rpfleger 2001, 608.
3) LG Braunschweig v. 8.10.1997, Rpfleger 1998, 78.
4) Zöller/Stöber, § 850 Rz. 8a.
5) Ansprüche von Ärzten gegen die Kassenärztliche Vereinigung auf **Abschlagszahlungen für ärztliche Leistungen** unterliegen dem Pfändungsschutz für „Arbeitseinkommen" nach § 850 ZPO. Solche monatlichen Abschlagszahlungen stellen „fortlaufende Bezüge" i.S.d. § 832 ZPO dar, OLG Nürnberg v. 30.4.2002, JurBüro 2002, 603.
6) BayObLG v. 6.3.2003, NJW 2003, 2181 = NStZ 2003, 665.
7) BGBl. I 1994, 406; zuletzt geändert durch Art. 5, Gesetz vom 20.12.2008, BGBl. I 2008, 2850.
8) So auch Zöller/Stöber, § 851 Rz. 2; a.A. Baumbach/Hartmann, Vor § 704 Rz. 111.

2. Vermögenswirksame Leistungen

98 Vereinbarte vermögenswirksame Leistungen, die der Arbeitgeber zur Vermögensbildung durch den Arbeitnehmer zusätzlich zu dem sonstigen Arbeitseinkommen erbringt, sind ebenso wie die vermögenswirksame Anlage von Teilen des Arbeitseinkommens, also ohne zusätzliche Leistungen des Arbeitgebers, zweckgebunden nach Maßgabe der §§ 2, 10 und 11 des 5. VermBG und gemäß § 2 Abs. 7 des 5. VermBG nicht übertragbar und damit unpfändbar (§ 851 ZPO). Daher sind diese Leistungen bei der Berechnung des pfändbaren Arbeitseinkommens von dem Bruttoeinkommen mit abzuziehen.

Etwas anderes gilt nur, wenn die Abführung der vermögenswirksamen Leistungen erst nach der Zustellung der Pfändung zwischen Arbeitgeber und Arbeitnehmer vereinbart wird. Dann sind diese Leistungen dem Arbeitseinkommen hinzuzurechnen, da der Schuldner nach der Pfändung keine den Gläubiger beeinträchtigenden Erklärungen mehr abgeben darf.

3. Sonderbezüge im Sinne des § 850a ZPO

99 Gewisse Sonderbezüge sind grundsätzlich unpfändbar gemäß § 850a ZPO. Diese **Unpfändbarkeit** besteht **kraft Gesetzes** und ist vom Drittschuldner immer zu beachten, auch wenn diese Vorschrift ganz oder zum Teil im Pfändungsbeschluss nicht mit abgedruckt ist; viele Vordrucke sehen dies auch nicht vor.

a) Mehrarbeit (§ 850a Nr. 1 ZPO)

100 Unpfändbar ist die Hälfte der für die Leistung von Mehrarbeitsstunden gezahlten Teile des Arbeitseinkommens. Hierzu zählen auch Sonn- und Feiertagszuschläge oder Mehrvergütung für Nachtarbeit.[1] Unpfändbar sind in diesem Rahmen sowohl der Überstundenzuschlag als auch der Grundlohn für die Mehrarbeitsstunden. Mehrarbeitsstunden sind nur Arbeitsstunden, die der Arbeitnehmer **in seiner gewöhnlichen Freizeit** leistet. Sieht der Arbeitsplan Sonntags- oder Nachtarbeit als normale, jedoch höher vergütete Arbeitszeit vor, so fällt der hierfür gezahlte Arbeitslohn nicht in den Rahmen der unpfändbaren Bezüge.

Streitig ist, ob die **Hälfte der Gesamt-Netto- oder Bruttovergütungen unpfändbar** ist.[2] Meines Erachtens ist von der Bruttovergütung auszugehen (Beispiel unter → Rz. 105), so dass der Drittschuldner diesen hälftigen Betrag bei der Berechnung des Nettolohns überhaupt nicht berücksichtigt. Weiterhin zu beachten ist die Tatsache, dass Nebenverdienste des Schuldners nach seiner täglichen Arbeit bei einem anderen Arbeitgeber nur im Rahmen des § 850a Nr. 1 ZPO pfändbar sind, d.h., die Hälfte der Neben-/Mehreinnahmen ist unpfändbar. Erforderlich ist jedoch pfändungsrechtlich ein Zusammenrechnungsbeschluss des Vollstreckungsgerichts gemäß § 850e Nr. 2 ZPO bzgl. beider Einkommen (→ Rz. 176–181).

b) Urlaubsgeld (§ 850a Nr. 2 ZPO)

101 Unpfändbar sind für die Dauer eines Urlaubs über das Arbeitseinkommen hinaus gewährten Bezüge, Zuwendungen aus Anlass eines besonderen Betriebsereignisses und Treuegelder, soweit sie den Rahmen des Üblichen nicht übersteigen.

101.1 Unter Urlaubsgeld ist nur der Betrag zu verstehen, den der Arbeitgeber dem Arbeitnehmer **aus Anlass des Urlaubs** (für die evtl. Mehrausgaben im Urlaub) auszahlt. Früher wurde streitig beantwortet, ob darunter auch das Entgelt fällt, das der Arbeitnehmer für nicht genommenen Urlaub erhält (sog. **Urlaubsabgeltungsanspruch**). Überwiegend wurde die Auffassung vertreten, dass es sich hierbei um einen höchstpersönlichen oder zweckgebundenen Anspruch handelt, der nach § 851 Abs. 1 ZPO nicht übertragbar und somit auch nicht pfändbar ist.[3] Nach der Entscheidung des BAG vom 28. 8. 2001[4] dürfte sich die Frage geklärt haben. Das BAG hat entschieden, dass das Urlaubsentgelt schlicht Arbeitsentgelt ist, das der Arbeitnehmer für die Zeit des Urlaubs fortzahlt. Es ist ebenso wie anderes Arbeitsentgelt pfändbar. Das gilt auch für das Entgelt, das der Arbeitgeber bei Beendigung des Arbeitsverhältnisses als Abgeltung zahlt.

Sollte es aber hierüber nach wie vor Streit geben, ist dem Drittschuldner **zu empfehlen**, sich mit dem Vollstreckungsgericht in Verbindung zu setzen, eine Einigung zwischen Gläubiger und Schuldner herbeizuführen oder den streitigen Betrag zu hinterlegen (§ 372 BGB; → Rz. 65f.).

102 Unter den **Zuwendungen aus Anlass eines Betriebsereignisses** sind z.B. solche anlässlich von Firmenjubiläen zu verstehen und **Treuegelder** z.B. aus Anlass eines Arbeitsjubiläums. Was als „üblich" anzusehen ist, ergibt sich aus der vergleichbaren Betriebspraxis anderer Unternehmen.

c) Aufwandsentschädigung (§ 850a Nr. 3 ZPO)

103 Unpfändbar sind Aufwandsentschädigungen, Auslösungsgelder und sonstige soziale Zulagen für auswärtige Beschäftigung, das Entgelt für selbst gestelltes Arbeitsmaterial, Gefahren-, Schmutz- und Erschwerniszulagen, soweit diese Bezüge den Rahmen des Üblichen nicht übersteigen.

103.1 Zu den **Aufwandsentschädigungen** gehören insbesondere Reisekosten, Trennungsentschädigungen, Tagegelder, Übernachtungsgeld und Umzugskostenvergütung. Diese Spesenkosten müssen zusätzlich zum Arbeitseinkommen gezahlt werden und dürfen nicht im Lohn oder Gehalt enthalten sein, da sie dann als solche nicht nachzuvollziehen sind. Dem Schuldner bleibt dann nur der Weg, das Vollstreckungsgericht anzurufen und einen entsprechenden Beschluss über die Unpfändbarkeit der Bezüge herbeizuführen.

104 **Auslösungsgelder** und **sonstige Zulagen** werden vom Drittschuldner für auswärtige Beschäftigung gewährt. Diese bestehen regelmäßig ebenfalls aus den zuvor genannten Spesenkosten. Ebenfalls Kilometergeld

---

1) Musielak/Becker, § 850a Rz. 2.
2) **Brutto**: vgl. LAG Berlin v. 14. 1. 2000, InVo 2000, 393 zum Urlaubsgeld; Zöller/Stöber, § 850a Rz. 2; Musielak/Becker, § 850a Rz. 2; **netto**: Thomas/Putzo/Hüßtege, § 850a Rz. 1.
3) BAG v. 31. 7. 1967, NJW 1967, 2376; Thomas/Putzo/Hüßtege, § 850a Rz. 3; **a.A.**: Baumbach/Hartmann, § 850a Rz. 4; vgl. auch Hohmeister, BB 1995, 2110.
4) BAG v. 28. 8. 2001, NZA 2002, 323 = BB 2001, 2378 = MDR 2002, 280 = DB 2002, 327 = InVo 2002, 155.

oder -pauschalen fallen hierunter. Auch hier darf der Rahmen des Üblichen nicht überschritten werden, wobei dieser Rahmen auf Grund von Tarifverträgen feststehen kann oder branchentypisch ist oder sich in den Grenzen der steuerfrei anerkannten Sätze bewegt.

d) Weihnachtsgeld (§ 850a Nr. 4 ZPO)

105 Unpfändbar ist auch das Weihnachtsgeld bis zur Hälfte des monatlichen Arbeitseinkommens, höchstens aber bis 500,- €. Unter dem Begriff Weihnachtsgeld ist durchweg das sog. 13. Monatsgehalt zu verstehen. In manchen Branchen werden jedoch 13½, 14 oder sogar noch mehr Monatsgehälter gezahlt. Ausschlaggebend ist die Zahlung **aus Anlass des bevorstehenden Weihnachtsfestes**, unabhängig davon, ob die Zahlung unbedingt im Monat Dezember erfolgt oder schon früher.[1]

Auch hier ist wie bei den unter → Rz. 100 genannten Bezügen streitig, ob vom **Brutto- oder Nettoverdienst** auszugehen ist.[2] Meines Erachtens ist wie bei der Mehrarbeitsvergütung der unpfändbare Betrag als Bruttobetrag vom Einkommen abzuziehen.

Beispiel:
Im Monat November beträgt das Arbeitseinkommen des Arbeitnehmers 1 400,- €. Der Arbeitgeber gewährt ein volles 13. Monatsgehalt als Weihnachtsgeld. Somit stehen am 15. November 2 800,- € zur Auszahlung an.

Berechnung:
Der Drittschuldner berechnet zunächst von dem monatlichen Arbeitseinkommen über 1 400,- € den Nettobetrag (– fiktive – Abzüge von 400,- €) über 1 000,- €. Von dem Weihnachtsgeld über 1 400,- € ist zunächst der unpfändbare Brutto-Betrag über 500,- € abzuziehen, somit verbleiben 900,- €; hiervon ist jetzt ebenfalls der Nettobetrag zu ermitteln (– fiktive – Abzüge von 400,- €) mit 500,- €. Insgesamt ergibt sich somit für die Ermittlung des pfändbaren Betrags ein Gesamt-Nettoeinkommen über 1 500,- €. Der pfändbare Betrag kann aus der Lohnpfändungstabelle abgelesen werden.

Für die Auszahlung des Nettogehalts an den Schuldner nach steuerrechtlichen Grundsätzen muss der Drittschuldner selbstverständlich von dem Gesamt-Bruttoeinkommen über 2 800,- € ausgehen.

e) Heirats- und Geburtsbeihilfen (§ 850a Nr. 5 ZPO)

106 Unpfändbar sind Heirats- und Geburtsbeihilfen, die der Drittschuldner dem Arbeitnehmer zusätzlich zum Arbeitseinkommen gewährt. Hierbei gibt es keine Beschränkung in der Höhe. Ausnahmsweise können diese Ansprüche nur von Gläubigern gepfändet werden, die gerade wegen dieser Ereignisse einen Anspruch gegen den Arbeitnehmer haben, z. B. das Krankenhaus für die Entbindungskosten, das Kaufhaus für die nicht bezahlte Säuglingsausstattung oder auch das Bekleidungsgeschäft und das Möbelhaus für die Kosten des Hochzeitskleids/-anzugs und der Wohnungseinrichtung aus Anlass der Heirat.

f) Erziehungsgelder (§ 850a Nr. 6 ZPO)

107 Erziehungsgelder, Studienbeihilfen und ähnliche Bezüge sind unpfändbar. Ein vom Träger der Jugendhilfe als Teil des **Pflegegeldes** an die Pflegeeltern für ein in deren Haushalt aufgenommenes Kind ausgezahlter „Anerkennungsbetrag" ist ebenfalls unpfändbar.[3]

g) Sterbe- und Gnadenbezüge (§ 850a Nr. 7 ZPO)

Unpfändbar sind Sterbe- und Gnadenbezüge aus Arbeits- und Dienstverhältnissen. **108**

Hierunter sind die Zahlungen an die Hinterbliebenen des verstorbenen Arbeitnehmers zu verstehen oder Zahlungen auf Grund Invalidität. Nicht hierunter fällt das bis zum Ende des Sterbemonats weitergezahlte Arbeitseinkommen.

h) Blindenzulagen (§ 850a Nr. 8 ZPO)

Letztlich ebenfalls unpfändbar sind die Blindenzulagen. **109**

4. Altersteilzeit

Durch das Altersteilzeitgesetz vom 23. 7. 1996 (BGBl. I **109.1** 1996, 1078, zuletzt geändert durch Art. 2, Gesetz vom 21. 12. 2008, BGBl. I 2008, 2940) soll älteren Arbeitnehmern ein gleitender **Übergang vom Erwerbsleben in die Altersrente ermöglicht** werden. Die Bundesagentur für Arbeit (Bundesagentur) fördert durch Leistungen nach diesem Gesetz die Teilzeitarbeit älterer Arbeitnehmer, die ihre Arbeitszeit ab Vollendung des 55. Lebensjahres spätestens ab 31. 12. 2009 vermindern und damit die Einstellung eines sonst arbeitslosen Arbeitnehmers ermöglichen. Der Anspruch auf die Leistungen nach § 4 ATeilzG setzt u. a. voraus, dass der Arbeitgeber auf Grund eines Tarifvertrages, einer Regelung der Kirchen und der öffentlich-rechtlichen Religionsgesellschaften, einer Betriebsvereinbarung oder einer Vereinbarung mit dem Arbeitnehmer das Regelarbeitsentgelt für die Altersteilzeitarbeit um mindestens 20 % aufgestockt hat (Aufstockungsbetrag) und für den Arbeitnehmer zusätzlich Beiträge zur gesetzlichen Rentenversicherung mindestens in Höhe des Beitrags entrichtet hat, der auf 80 % des Regelarbeitsentgelts für die Altersteilzeitarbeit, begrenzt auf den Unterschiedsbetrag zwischen 90 % der monatlichen Beitragsbemessungsgrenze und dem Regelarbeitsentgelt, entfällt, höchstens bis zur Beitragsbemessungsgrenze (§ 3 Abs. 1 Nr. 1 ATeilzG). Der Aufstockungsbetrag wird dem normalen Arbeitseinkommen hinzugerechnet und gilt somit als Arbeitseinkommen i. S. v. § 850 ZPO. Wird der Aufstockungsbetrag von einer Ausgleichskasse oder einer sonstigen Einrichtung gezahlt, können Arbeitseinkommen und Aufstockungsbetrag auf Antrag zusammengerechnet werden (§ 850e Nr. 2 ZPO).[4] Das insoweit erhöhte Arbeitseinkommen wird von der Pfändung nach Maßgabe der §§ 850a ff. ZPO erfasst.

Wird der Aufstockungsbetrag dem Arbeitseinkommen nicht unmittelbar zugerechnet, sondern auf Grund einer Vereinbarung zwischen Arbeitgeber und Arbeitnehmer auf einem **Arbeitszeitkonto** eingezahlt und angespart, um hieraus später die Arbeitsfreistellung zu finanzieren, gehört der Aufstockungsbetrag zunächst nicht zum Arbeitseinkommen und wird auch nicht von

---
1) Stöber, Rz. 999: „alle Zahlungen zwischen dem 15. 11. und 15. 1.".
2) Vgl. Fn. 2 zu Rz. 100.
3) BGH v. 4. 10. 2005, Rpfleger 2006, 24 = NJW-RR 2006, 5 = WM 2006, 238 = ZVI 2005, 588.
4) Stöber, Rz. 881a.

einer Pfändung erfasst. Wird das eingezahlte Guthaben später zur Auszahlung frei, handelt es sich um eine sonstige Vergütung nach § 850i ZPO, der Schuldner muss dann zur Freistellung des Betrags einen **Pfändungsschutzantrag** stellen.

5. Altersversorgung

a) Betriebliche Altersversorgung durch Entgeltumwandlung

109.2 Der Arbeitnehmer kann vom Arbeitgeber verlangen, dass von seinen künftigen Entgeltansprüchen bis zu 4 % der jeweiligen Beitragsbemessungsgrenze in der allgemeinen Rentenversicherung durch Entgeltumwandlung für seine betriebliche Altersversorgung verwendet werden. Die Durchführung des Anspruchs des Arbeitnehmers wird durch Vereinbarung geregelt (§ 1a BetrAVG). Ist der Arbeitgeber zu einer Durchführung über einen Pensionsfonds oder eine Pensionskasse (§ 1b Abs. 3 BetrAVG) bereit, ist die betriebliche Altersversorgung dort durchzuführen; andernfalls kann der Arbeitnehmer verlangen, dass der Arbeitgeber für ihn eine Entgeltumwandlung (§ 1b Abs. 2 BetrAVG) abschließt. Soweit der Anspruch geltend gemacht wird, muss der Arbeitnehmer jährlich einen Betrag in Höhe von mindestens einem Hundertsechzigstel der Bezugsgröße nach § 18 Abs. 1 SGB IV für seine betriebliche Altersversorgung verwenden. Soweit der Arbeitnehmer Teile seines regelmäßigen Entgelts für betriebliche Altersversorgung verwendet, kann der Arbeitgeber verlangen, dass während eines laufenden Kalenderjahres gleich bleibende monatliche Beträge verwendet werden.

Da es sich bei einer solchen Vereinbarung um eine Entgeltumwandlung handelt, sind die jeweiligen Beträge **nicht mehr** als **Arbeitseinkommen** zu definieren, der Arbeitnehmer verzichtet insoweit auf sein Arbeitsentgelt, um sich einen entsprechenden Versorgungsanspruch zu sichern. Das nach § 10a EStG oder Abschnitt XI des Einkommensteuergesetzes geförderte Altersvorsorgevermögen einschließlich seiner Erträge, die geförderten laufenden Altersvorsorgebeiträge und der Anspruch auf die Zulage sind nicht übertragbar (§ 97 EStG) und unterliegen somit auch nicht der Pfändung. Eine solche Entgeltumwandlung kann auch dann vorgenommen werden, wenn das Arbeitseinkommen bereits gepfändet ist, der Pfändungsgläubiger kann sich nicht darauf berufen, dass die Vereinbarung ihm gegenüber unwirksam ist.[1]

Schließt der Arbeitgeber eine sog. **Direktversicherung** (§ 1b Abs. 2 BetrAVG) zur Erfüllung des Versorgungsversprechens ab, ist Versicherungsnehmer nicht der Schuldner (= Arbeitnehmer) sondern der Arbeitgeber, der Schuldner ist der Bezugsberechtigte, dem bei Eintritt des Versicherungsfalls die Leistungen zustehen. Mindert sich das Arbeitseinkommen des Schuldners infolge der Zahlung des Arbeitgebers auf die Versicherung, muss der Pfändungsgläubiger dies hinnehmen, da das **Arbeitseinkommen** durch die Zahlungen **entsprechend niedriger geschuldet** ist.

b) Altersvorsorge – Pfändungsschutz

109.3 Durch das Gesetz zum Pfändungsschutz der Altersvorsorge vom 26.3.2007 (BGBl. I 2007, 368) wurden die §§ 851c und 851d ZPO neu ins Gesetz aufgenommen. Ziel des Gesetzgebers ist, die **Absicherung der Altersvorsorge selbständiger Personen** zu regeln und gleichen Schutz wie bei abhängig Beschäftigten zu gewähren. Ansprüche auf Leistungen, die auf Grund von Verträgen gewährt werden, dürfen nur wie Arbeitseinkommen gepfändet werden, wenn die Leistung in regelmäßigen Zeitabständen lebenslang und nicht vor Vollendung des 60. Lebensjahres oder nur bei Eintritt der Berufsunfähigkeit gewährt wird, über die Ansprüche aus dem Vertrag nicht verfügt werden darf, die Bestimmung von Dritten mit Ausnahme von Hinterbliebenen als Berechtigte ausgeschlossen ist und die Zahlung einer Kapitalleistung, ausgenommen eine Zahlung für den Todesfall, nicht vereinbart wurde (§ 851c Abs. 1 ZPO). Neben den Rentenleistungen wird aber auch der Kapitalstock abgesichert, aus dem die Rente erwirtschaftet wird; die entsprechenden Beträge ergeben sich aus § 851c Abs. 2 ZPO.

Der Gesetzgeber wählte bewusst den Begriff „Ansprüche auf Leistungen", um so klarzustellen, dass nicht nur Lebensversicherungsverträge oder private Rentenversicherungsverträge geschützt sind, sondern jedes Produkt, das eine Vorsorge im Alter gewährleistet. Voraussetzung für den Pfändungsschutz ist nur, dass es sich um einen Altersvorsorgevertrag handelt, der die Anforderungen nach § 851c Abs. 1 ZPO erfüllt. Der Pfändungsschutz wird auch dann gewährleistet, wenn Hinterbliebene als Berechtigte in dem Vertrag eingeschlossen werden (§ 851c Abs. 1 Nr. 3 ZPO).

Um sicherzustellen, dass die steuerliche Förderung des Altersvorsorgevermögens auch tatsächlich den angestrebten Förderzweck erreicht, wird durch § 851d ZPO sichergestellt, dass die erwirtschaftete Rente bzw. das geförderte Kapital nur nach Maßgabe der Pfändungsschutzvorschriften über Arbeitseinkommen pfändbar sind.

III. Unpfändbare Bezüge bei Unterhaltspfändungen

Bei der Zwangsvollstreckung wegen eines gesetzlichen Unterhaltsanspruchs werden die Bezüge nach § 850a Nr. 1, 2 und 4 ZPO um die Hälfte zu Lasten des Arbeitnehmers beschränkt oder umgekehrt: Bis zur Höhe der Hälfte der unpfändbaren Beträge sind diese nunmehr zu Gunsten des unterhaltsberechtigten Gläubigers pfändbar (§ 850d Abs. 1 Satz 2 a.E. ZPO). 110

Damit sind unpfändbar

– zu ¼ die Leistungen für Mehrarbeitsstunden,

– zu ½ Urlaubsgeld, Treueprämien oder Zuwendungen für Betriebsereignisse und

– das Weihnachtsgeld bis zu ¼ des Monatslohns, höchstens 250,– €.

Diese **verschärften Freigrenzen** für unpfändbare Bezüge muss der Drittschuldner **„von Amts wegen"** berücksichtigen, auch wenn diese nicht ausdrücklich in dem Vordruck für den Pfändungs- und Überweisungsbeschluss aufgeführt sind (Beispiel unter → Rz. 152).

---

1) Boewer, Rz. 460, 461; Stöber, Forderungspfändung, Rz. 919.

IV. Bedingt pfändbare Bezüge

111 Die in § 850b ZPO genannten Bezüge sind grundsätzlich unpfändbar. Es handelt sich hierbei um **Renten** wegen Körperverletzung oder **ähnliche Bezüge**, die kein Arbeitseinkommen sind. Andererseits sind sie aber ebenso wie Arbeitseinkommen dazu bestimmt, den Lebensunterhalt des Schuldners zu sichern. In Abs. 2 der vorgenannten Vorschrift ist daher normiert, dass diese Bezüge dann gepfändet werden können, wenn die Vollstreckung in das sonstige Vermögen des Schuldners nicht zu einer vollständigen Befriedigung des Gläubigers geführt hat oder voraussichtlich nicht führen wird und wenn nach den Umständen des Falls, insbesondere nach der Art des beizutreibenden Anspruchs und der Höhe der Bezüge, die Pfändung der Billigkeit entspricht. Soweit diese Voraussetzungen vorliegen, erfolgt die Pfändung nach den für Arbeitseinkommen geltenden Vorschriften, d. h., sämtliche Lohnpfändungsvorschriften finden Anwendung. Um die Voraussetzungen überhaupt prüfen zu können, soll das Vollstreckungsgericht die an der Pfändung Beteiligten vor seiner Entscheidung anhören (§ 850b Abs. 3 ZPO), **Ausnahme zum Anhörungsverbot** gemäß § 834 ZPO. Beteiligter ist hierbei auch der Drittschuldner. Aus diesem Grunde soll hier zumindest kurz auf die einzelnen Ansprüche eingegangen werden:

112 – **Renten**, die wegen einer Verletzung des Körpers oder der Gesundheit zu entrichten sind

Hierunter fallen in erster Linie die **Erwerbsunfähigkeitsrenten**[1] nach § 843 BGB oder § 13 StVG. Nicht hierunter fallen jedoch Kapitalabfindungen, die anstelle der Renten gewährt werden.

113 – **Unterhaltsrenten** auf Grund gesetzlicher Vorschriften

Nicht hierunter fallen Kapitalabfindungen, die anstelle des Unterhalts gezahlt werden. Der Arbeitgeber kann unter Umständen auch mit der Pfändung eines **Taschengeldanspruchs**[2] eines Ehegatten/Lebenspartners konfrontiert werden, wenn das Vollstreckungsgericht die Zusammenrechnung mit dem Arbeitseinkommen angeordnet hat. Der Taschengeldanspruch alleine wird regelmäßig wegen der nicht ausreichenden Höhe bzw. wegen der für Arbeitseinkommen geltenden Freibeträge nicht pfändbar sein. Wenn er für pfändbar gehalten wird, wird regelmäßig ein Betrag von 5–7 % des Nettoeinkommens als angemessen angesehen.

114 – Bezüge aus **Stiftungen** oder **Altenteil**, sofern sie fortlaufend gezahlt werden, nicht Einmahlzahlungen

Bei den Zahlungen auf Grund von Fürsorge und Freigiebigkeit darf keine irgendwie geartete Entgeltlichkeit für geleistete Dienste o. Ä. vorliegen. Altenteilsleistungen werden im Rahmen eines Grundstücksübertragungsvertrags oder auf Grund letztwilliger Verfügung zugewendet und dienen der Versorgung und Verpflegung des Begünstigten. Sie bestehen meistens in Form der Gewährung eines Wohnrechts, Naturalien und/oder Geldleistungen.

115 – **Bezüge aus Witwen-, Waisen-, Hilfs- und Krankenkassen und Lebensversicherungen**, sofern sie zu Unterstützungszwecken gewährt werden[3]

Dabei ist es unerheblich, ob es sich um fortlaufende oder einmalige Zahlungen handelt, z. B. Zahlungen der Kasse für Heilmittel, Arztkosten u. a. Bei den **Lebensversicherungen** ist zu beachten, dass sie nur dann bedingt pfändbar sind, wenn sie erstens nur auf den Todesfall abgeschlossen sind und zweitens die Höhe von 3 579,– € nicht überschreiten. Pfändbar sind somit alle gemischten Versicherungen, die sowohl auf den Todesfall als auch auf den Erlebensfall (bestimmter Fälligkeitszeitpunkt) abgeschlossen sind. Ist die Todesfallversicherung über 3 579,– € abgeschlossen, so ist sie voll pfändbar, auch der Betrag bis 3 579,– €. Mehrere Versicherungen sind zusammenzurechnen.[4]

---

1) Einkünfte aus einer Berufsunfähigkeits-Zusatzrente sind regelmäßig unpfändbar, LG Halle v. 23. 2. 2000, r+s 2000, 396. Zur Berufsunfähigkeitszusatzversicherung OLG Oldenburg v. 23. 6. 1993, MDR 1994, 257; zum Beihilfeanspruch LG Münster v. 21. 2. 1994, Rpfleger 1994, 473.
2) Heute überwiegend für pfändbar angesehen, vgl. Stöber, Rz. 1015 Fn. 34; mit neuer Rechtsprechung vgl. Hintzen, Rz. 292.
3) Vgl. OLG Celle v. 1. 4. 1999, MDR 1999, 108 = InVo 1999, 289.
4) Zöller/Stöber, § 850b Rz. 10; Baumbach/Hartmann, § 850b Rz. 14.

D. Errechnung des pfändbaren Arbeitseinkommens

I. Netto-Arbeitslohn

116 Bei jeder Pfändung ist zunächst der Nettolohn des Arbeitnehmers zu ermitteln. Maßgebende Vorschrift hierzu ist § 850e Nr. 1 ZPO.

Von dem Brutto-Arbeitseinkommen sind zunächst die nach § 850a ZPO der Pfändung entzogenen Bezüge abzuziehen (→ Rz. 99–109).[1] Danach sind die Beträge, die unmittelbar auf Grund steuerrechtlicher oder sozialrechtlicher Vorschriften zur Erfüllung gesetzlicher Verpflichtungen des Schuldners abzuführen sind, in Abzug zu bringen. Diesen Beträgen stehen gleich die auf den Auszahlungszeitraum entfallenden Beträge, die der Schuldner

– nach den Vorschriften des Sozialversicherungsgesetzes zur Weiterversicherung entrichtet oder

– an eine Ersatzkasse oder an ein Unternehmen der privaten Krankenversicherung leistet, soweit sie den Rahmen des Üblichen nicht übersteigen.

Der Arbeitgeber hat also in erster Linie die Lohnsteuer für die Lohnzahlungsperiode abzuziehen. Ebenfalls abzuziehen sind die Kirchensteuer und der Solidaritätszuschlag. Weiterhin in Abzug zu bringen sind die vom Arbeitnehmer zu zahlenden anteilsmäßigen Beträge zu Krankenversicherung, Rentenversicherung, Arbeitslosenversicherung und Pflegeversicherung. Diesen Beträgen stehen ausdrücklich gleich die Beträge, die der Schuldner nach dem Sozialversicherungsgesetz zur Weiterversicherung entrichtet oder die er an eine Ersatzkasse oder an eine private Krankenversicherung leistet.[2] Zur Höhe dieser Beträge ist ein Vergleich mit den Beitragssätzen der gesetzlichen Krankenversicherung vorzunehmen.[3]

Sollte hierüber Streit bestehen, kann der Drittschuldner einen **Klarstellungsbeschluss** des Vollstreckungsgerichts beantragen.

Sofern ein Angestellter von der Versicherungspflicht befreit ist und für sich und seine Hinterbliebenen eine Lebensversicherung abgeschlossen hat, ist diese ebenfalls vom Bruttoeinkommen abzuziehen. Zur Höhe ist auch hier ein Vergleich mit den gesetzlichen Beiträgen vorzunehmen.

Ebenfalls abzuziehen ist der Teil, der als vermögenswirksame Leistung des Arbeitnehmers bestimmt ist (→ Rz. 98).

116.1 Hinweis zur Wahl der Steuerklasse:

In der Praxis zeigt sich für den Gläubiger häufiger das Problem, dass der Schuldner eine für ihn zunächst ungünstige Steuerklasse wählt, um so das Nettoeinkommen niedriger ausfallen zu lassen. Der Erstattungsanspruch regelt sich dann über die Lohn- bzw. Einkommensteuererstattung zu Beginn des folgenden Jahres beim Finanzamt. Für den pfändenden Gläubiger ist diese Situation insoweit misslich, als sich zunächst bei der Lohnpfändung kein oder ein geringerer pfändbarer Betrag ergibt und ungewiss bleibt, ob sein Rang bei der Pfändung des Erstattungsanspruchs gegenüber dem Finanzamt derselbe ist wie bei der Lohnpfändung, da er dann mit weiteren Pfändungsgläubigern erneut in Konkurrenz tritt. Weiterhin ungewiss ist, ob der Schuldner überhaupt einen Erstattungsanspruch gegenüber dem Finanzamt stellt, denn nur dann entfaltet die ausgebrachte Pfändung Wirkung. Es ist Sache des Gläubigers zu prüfen, ob die Wahl der Steuerklasse nicht bewusst zu Ungunsten des pfändenden Gläubigers getroffen wurde. Bei einem verheirateten Schuldner, der sich ohne sachlichen Grund in die Steuerklasse V einstufen lässt, kann im Lohnpfändungsverfahren angeordnet werden, dass er so zu behandeln ist, als ob er sein Einkommen nach der Steuerklasse IV versteuern müsste.[4] Dagegen muss der Gläubiger eine vor der Pfändung getroffene Wahl der Steuerklasse durch den Schuldner und dessen Ehegatten (für das laufende Jahr) gegen sich gelten lassen.[5] Mit seiner Entscheidung vom 4. 10. 2005 stellt der **BGH**[6] fest, dass die Wahl des Schuldners in eine für ihn ungünstigere Lohnsteuerklasse vor der Pfändung **regelmäßig in Gläubigerbenachteiligungsabsicht** getroffen wird mit der Folge, dass der Schuldner bei der Berechnung des pfändungsfreien Betrags schon im Jahre der Pfändung so zu behandeln ist, als sei sein Arbeitseinkommen gemäß der günstigeren Lohnsteuerklasse zu versteuern. Wählt der Schuldner hingegen erst nach der Pfändung eine ungünstigere Lohnsteuerklasse oder behält er diese für das folgende Kalenderjahr bei, so gilt dies auch ohne Gläubigerbenachteiligungsabsicht schon dann, wenn für diese Wahl objektiv kein sachlich rechtfertigender Grund gegeben ist. Fehlt es an einem Nachweis der Gläubigerbenachteiligungsabsicht, hat der Gläubiger bezüglich des laufenden Kalenderjahres die vor der Pfändung getroffene Wahl der Steuerklasse des Schuldners allerdings hinzunehmen.

In keinem Falle aber darf eine Korrektur durch den Drittschuldner erfolgen.

117 Ein **Beispiel** zur Errechnung des Nettolohns befindet sich unter → Rz. 119.

II. Pfändungsfreigrenzen bei Pfändung durch einen gewöhnlichen Gläubiger

1. Freibeträge

118 Nach Errechnung des Nettolohns hat der Drittschuldner die Unterhaltsberechtigten und die **Freibeträge**

---

1) **Nicht umgekehrt** erst die gesetzlichen Abzüge von dem Gesamtbruttoeinkommen vornehmen und dann von dem so errechneten Nettoeinkommen die unpfändbaren Bezüge nach § 850a ZPO abziehen; vgl. Zöller/Stöber, § 850e Rz. 1, 1a; Musielak/Becker, § 850e Rz. 3.
2) Nicht zu berücksichtigen sind bei einem Beamten freiwillige Leistungen zu einer Versicherung bei einer Ersatzkasse, LG Hannover v. 7. 10. 1986, JurBüro 1987, 464.
3) LG Berlin v. 30. 3. 1994, Rpfleger 1994, 426.
4) OLG Köln v. 3. 1 2000, MDR 2000, 1032 = JurBüro 2000, 217 = Rpfleger 2000, 223 = InVo 2000, 140 = FamRZ 2000, 1590; OLG Schleswig v. 9.12. 1999, InVo 2000, 142; LG Koblenz v. 5. 3. 2002, InVo 2002, 193 = JurBüro 2002, 324; LG Lübeck v. 1. 11. 1999, InVo 2000, 142; AG Bochum v. 15. 3. 1999, DGVZ 2000, 40.
5) OLG Köln v. 3. 1. 2000, MDR 2000, 1032 = JurBüro 2000, 217 = Rpfleger 2000, 223 = InVo 2000, 140 = FamRZ 2000, 1590; **a.A.** LG Stuttgart v. 16. 8. 2000, JurBüro 2001, 111.
6) BGH v. 4. 10. 2005, Rpfleger 2006, 25 = NZI 2006, 114 = FamRZ 2006, 37 = WM 2005, 2324.

festzustellen. Hierbei wird sich der Drittschuldner in erster Linie auf die in der Lohnsteuerkarte enthaltenen Merkmale stützen können.

Veränderungen durch Heirat, Lebenspartnerschaft, Geburt, Tod oder Scheidung kann der Drittschuldner aber auch nach Vorlage der entsprechenden amtlichen Urkunden berücksichtigen.

Auf der Lohnsteuerkarte ist seit dem 1. 1. 1990 nur noch das Merkmal des steuerlichen Kinderfreibetrags aufgeführt.

Sollte der Schuldner z. B. zwei Kinder haben, die auch in seinem Haushalt leben, so ist auf der Steuerkarte „2" vermerkt. Lebt aber ein Kind bei der Frau aus erster Ehe und teilen die beiden Elternteile sich den Kinderfreibetrag, so ist auf der Steuerkarte „1,5" vermerkt. Sollten sogar beide Kinder bei der früheren Ehefrau leben, ist möglicherweise nur „1" vermerkt.

Die Eintragung auf der Lohnsteuerkarte ist daher für den Drittschuldner kein geeignetes Merkmal mehr, um die Zahl der zu berücksichtigenden unterhaltsberechtigten Kinder zu ermitteln. Der Drittschuldner muss in jedem Falle anhand der **persönlichen Unterlagen** seines Arbeitnehmers die tatsächliche Anzahl der Kinder feststellen, denen Unterhalt gewährt wird. Im Zweifel empfiehlt es sich, einen Klarstellungsbeschluss des Vollstreckungsgerichts herbeizuführen und/oder den pfändbaren Betrag unter Verzicht auf die Rücknahme zu hinterlegen. Die Feststellung, ob überhaupt Unterhalt gewährt wird, ist nicht Aufgabe des Drittschuldners. Der Gläubiger muss ggf. beim Vollstreckungsgericht eine Änderung des Pfändungs- und Überweisungsbeschlusses herbeiführen. Den pfändbaren Betrag ermittelt der Drittschuldner nunmehr anhand der amtlichen Lohnpfändungstabelle. Der in dieser Tabelle eingearbeitete unpfändbare Betrag setzt sich aus dem Grundfreibetrag und dem Mehrbetrag zusammen. Einer Berechnung des pfändbaren Teils des Arbeitseinkommens bedarf es nicht mehr, jedenfalls nicht bis zu Einkommenshöhen von monatlich 3 020,06 € (wöchentlich 695,03 €, täglich 139,01 €).

118.1 Hinweis:

Gemäß § 850c Abs. 2a ZPO ändern sich die unpfändbaren Beträge jeweils zum 1. Juli eines jeden zweiten Jahres, erstmalig zum 1. 7. 2003 (so der Wortlaut des Gesetzes). Eine Änderung zum 1. 7. 2003 erfolgte jedoch nicht, sondern erstmals zum 1. 7. 2005.[1] Zum 1. 7. 2007 erfolgte keine Erhöhung. Das Gesetz zur Sicherung von Beschäftigung und Stabilität in Deutschland (sog. Konjunkturpaket II)[2] hat § 32a Abs. 1 EStG mit Wirkung vom Tag nach der Verkündung, somit zum 6. 3. 2009 geändert. Obwohl sich steuerrechtlich eine Rückwirkung zum 1. 1. 2009 ergibt (Wirkung der allgemeinen materiell-rechtlichen Anwendungsregel des § 52 Abs. 1 EStG), erlaubt dies nicht ohne Weiteres, den Wortlaut des § 850c Abs. 2a ZPO zu überwinden, der auf das Einkommensteuergesetz in der am 1. Januar geltenden Fassung abstellt. Somit erfolgte zum 1. 7. 2009 erneut keine Anhebung der Pfändungsfreigrenzen.[3] Die Änderung erfolgt entsprechend der im Vergleich zum jeweiligen Vorjahreszeitraum sich ergebenden prozentualen Entwicklung des Grundfreibetrags nach § 32a Abs. 1 Nr. 1 EStG; der Berechnung ist die am 1. Januar des jeweiligen Jahres geltende Fassung des § 32a Abs. 1 Nr. 1 EStG zu Grunde zu legen. Das Bundesministerium der Justiz gibt die maßgebenden Beträge rechtzeitig im Bundesgesetzblatt bekannt. Mit Beschluss vom 24. 1. 2006 hat der BGH[4] die umstrittene Frage der Wirksamkeit der Anhebung der Pfändungsfreigrenzen zum 1. 7. 2005 positiv entschieden. Der in § 850c Abs. 2a Satz 1 Halbs. 1 ZPO bezeichnete Vergleichszeitraum („Vorjahreszeitraum") umfasst die zwei Jahre, die seit dem letzten Zeitpunkt der Anpassung der Pfändungsfreigrenzen vergangen sind. Die vom Bundesministerium der Justiz am 25. 2. 2005 im Bundesgesetzblatt bekanntgemachte Erhöhung der Pfändungsfreigrenzen für Arbeitseinkommen zum 1. 7. 2005 ist rechtswirksam. Weiter führt der BGH aus, dass über den Antrag des Gläubigers auf Klarstellung eines in Form eines Blankettbeschlusses ergangenen Pfändungs- und Überweisungsbeschlusses das Vollstreckungsgericht durch den Rechtspfleger entscheidet. Die bis dahin ergangenen unterschiedlichen Entscheidungen sind überholt.[5] Das gleiche Problem dürfte jetzt eher keine Streitigkeiten mehr auslösen.

Der **Drittschuldner** muss sich über die jeweils geltenden Beträge **rechtzeitig informieren**.

a) Nettolohn bis 3 020,06 € monatlich

Beispiel: 119

Der Schuldner ist verheiratet und hat zwei Kinder. Der Gläubiger hat das Arbeitseinkommen des Schuldners gepfändet. Der Pfändungs- und Überweisungsbeschluss wird dem Drittschuldner im Juli 2009 zugestellt. Das Arbeitseinkommen wird jeweils zum Monatsende gezahlt. Für den Monat Juli gewährt der Arbeitgeber dem Schuldner ein Urlaubsgeld von 400,– €. Das Arbeitseinkommen (fiktiv mit Zulagen) setzt sich somit wie folgt zusammen:

Bruttolohn	3 000,– €
Lohn für Überstunden (brutto)	250,– €
Urlaubsgeld	400,– €
Gefahrenzulage	80,– €
insgesamt	3 730,– €

Berechnung des Nettoeinkommens für die Pfändung:

Der Pfändung entzogene Beträge gemäß § 850a ZPO:

a) ½ der Überstundenvergütung	125,– €
b) Urlaubsgeld	400,– €
c) Gefahrenzulage	80,– €
insgesamt	605,– €
Bruttoeinkommen für die Pfändung	3 730,– €
abzüglich a)–c)	605,– €
	3 125,– €
abzüglich LSt, SolZ, KiSt, Sozialvers. aus dem Bruttobetrag von 3 730,– € – fiktiv –	695,– €
Nettoeinkommen für die Pfändung	2 430,– €

Aus der Lohnpfändungstabelle ergibt sich bei einem Nettoeinkommen von 2 430,– € und bei drei unterhaltsberechtigten Personen ein pfändbarer Betrag von 198,29 € monatlich. Dieser Betrag ist an den Gläubiger auszuzahlen.

Der an den Schuldner auszuzahlende Betrag errechnet sich aus dem Gesamt-Bruttolohn von 3 730,– € abzüglich LSt, SolZ, KiSt, Sozialvers. hieraus und abzüglich des pfändbaren Betrags von 198,29 €.

---

1) Bekanntmachung v. 25. 2. 2003, BGBl. I 2003, 276.
2) Vom 2. 3. 2009, BGBl. I 2009, 416.
3) Bekanntmachung v. 15. 5. 2009, BGBl. I 2009, 1141.
4) BGH v. 24. 1. 2006, Rpfleger 2006, 202 = NJW 2006, 777.
5) Beispielhaft LG Bamberg, LG Leipzig, LG Gießen alle Rpfleger 2006, 87.

120 **Kindergeld** ist bei der Pfändung nicht zu berücksichtigen, da hierzu ein ausdrücklicher Beschluss des Vollstreckungsgerichts zur Pfändbarkeit vorliegen muss. Kindergeld steht nur für pfändende weitere unterhaltsberechtigte Kinder zur Verfügung. Nimmt der Schuldner statt des Kindergelds die Kinderfreibeträge in Anspruch und „erhöht" sich somit sein Nettoeinkommen, ist dies für die Berechnung der pfändbaren Beträge unbeachtlich.

b) Nettolohn über 3 020,06 € monatlich

121 Beispiel:

Ausgehend vom vorherigen Beispiel verdient der Schuldner nunmehr 4 800,- € brutto monatlich. Der Schuldner hat somit im Monat Juli folgendes Einkommen:

Bruttoeinkommen	4 800,- €
Überstunden (brutto)	250,- €
Urlaubsgeld	400,- €
Gefahrenzulage	80,- €
Insgesamt	5 530,- €

Berechnung des Nettoeinkommens für die Pfändung:

Bruttoeinkommen	5 530,- €
abzüglich der Pfändung entzogene Beträge a)–c) (→ Rz. 119)	605,- €
	4 925,- €
abzüglich LSt, SolZ, KiSt, Sozialvers. aus dem Bruttobetrag von 5 530,- € – fiktiv –	1 395,- €
Nettoeinkommen für die Pfändung	3 530,- €

Aus der Tabelle ergibt sich bei einem Nettoeinkommen bis zu 3 020,06 € monatlich unter Berücksichtigung von drei unterhaltsberechtigten Personen ein pfändbarer Betrag von 375,29 €. Der über 3 020,06 € hinausgehende Betrag ist voll pfändbar, so dass an den Gläubiger auszuzahlen sind:

	3 530,- €
abzüglich	3 020,06 €
	509,94 €
zuzüglich	375,29 €
insgesamt	885,23 €

2. Nichtberücksichtigung von unterhaltsberechtigten Personen

122 Die Berücksichtigung der Pfändungsbeträge für unterhaltsberechtigte Personen setzt voraus,

- dass der Schuldner zu Unterhaltsleistungen gesetzlich verpflichtet ist,
- dass der unterhaltsberechtigten Person auch tatsächlich Unterhalt gewährt wird.

a) Unterhaltspflicht

123 Die Unterhaltspflicht ergibt sich aus dem BGB. Nach § 1360 BGB sind die **Ehegatten** einander verpflichtet, durch ihre Arbeit und mit ihrem Vermögen die Familie angemessen zu unterhalten. Jeder Ehegatte ist gegenüber dem anderen stets zugleich unterhaltsverpflichtet und unterhaltsberechtigt, und zwar ohne dass für diese gegenseitigen Unterhaltsansprüche Bedürftigkeit bestehen muss. Dies gilt auch für Lebenspartner (§ 5 LPartG i.V.m. §§ 1360a, 1360b BGB). Gemäß § 1361 BGB besteht diese Unterhaltspflicht auch zwischen getrennt lebenden Ehegatten. Eine gleichlautende Regelung gilt für getrennt lebende Lebenspartner nach § 12 LPartG. Die Unterhaltspflicht geschiedener Ehegatten setzt voraus, dass ein Ehegatte bedürftig ist und ihm eine Erwerbstätigkeit nicht zugemutet werden kann oder er nicht in der Lage ist, durch diese Erwerbstätigkeit seinen Unterhalt zu sichern. Eine für den Fall der Aufhebung der Lebenspartnerschaft (§ 15 LPartG) entsprechende Regelung findet sich in § 16 LPartG.

Neben Ehegatten und geschiedenen Ehegatten oder Lebenspartnern und solchen, deren Lebenspartnerschaft aufgehoben ist, sind **Verwandte** in gerader Linie (also nicht z.B. Geschwister) einander unterhaltsverpflichtet. Neben den Verwandten ist auch die nicht verheiratete **Mutter eines Kindes** gegenüber dem Vater dieses Kindes unterhaltsberechtigt. Gemäß § 1615l Abs. 1 BGB besteht dieser Anspruch grundsätzlich für die Dauer von sechs Wochen vor und acht Wochen nach der Geburt des Kindes. Die Unterhaltspflicht kann sich unter bestimmten Voraussetzungen auch auf den Zeitraum von vier Monaten vor und drei Jahren nach der Entbindung erstrecken. Nach § 1615n BGB besteht der Unterhaltsanspruch auch dann, wenn das Kind tot geboren ist oder die Mutter eine Fehlgeburt hatte.

Unterhaltsberechtigt ist jedoch nur, wer außer Stande ist, sich selbst zu unterhalten (§ 1602 Abs. 1 BGB).

b) Unterhaltsgewährung

Für die zweite Voraussetzung, nämlich die **tatsächliche** **124** **Gewährung von Unterhalt**, ist es unerheblich, in welcher Form der Schuldner Unterhalt gewährt, ob es sich also um Unterhalt in Form von Natural-, Geld- oder Dienstleistungen handelt. Ebenso sind Höhe und Umfang der Unterhaltsleistungen ohne Belang. Selbst wenn der im Einzelfall vom Schuldner geleistete Unterhaltsbeitrag den durch die Berücksichtigung der Unterhaltspflicht erlangten Freibetrag für diese Person nicht erreicht, hat der Schuldner Anspruch auf den Freibetrag.

c) Nichtberücksichtigung von Unterhaltsberechtigten

Hat eine Person, der der Schuldner auf Grund gesetz- **125** licher Verpflichtung Unterhalt gewährt, eigene Einkünfte, so kann das Vollstreckungsgericht (ggf. das Insolvenzgericht, § 36 Abs. 4 InsO) **auf Antrag** des Gläubigers nach billigem Ermessen bestimmen, dass diese Person bei der Berechnung des unpfändbaren Teils des Arbeitseinkommens ganz oder teilweise unberücksichtigt bleibt (§ 850c Abs. 4 ZPO). Mit den hierfür entscheidungserheblichen Kriterien hat sich der BGH im Anschluss an seine Entscheidung vom 5. 4. 2005[1] erneut am 4. 10. 2005[2] beschäftigt. Der BGH stellt noch einmal klar, dass die Höhe des eigenen Einkommens für die Entscheidung einer Nichtberücksichtigung sich nicht schematisch am Grundfreibetrag des § 850c Abs. 1 ZPO orientieren darf, sondern grundsätzlich individuell jeweils im Einzelfall zu entscheiden ist. Das schließt nicht aus, sich in diesem Rahmen an bestimmten Berechnungsmodellen orientieren zu dürfen. Ermessensfehlerhaft ist es lediglich, dieselbe Berech-

---
[1] BGH v. 5. 4. 2005, Rpfleger 2005, 371 = FamRZ 2005, 1085 = NJW-RR 2005, 1239.
[2] BGH v. 4. 10. 2005, Rpfleger 2006, 142 = FamRZ 2006, 203 = WM 2006, 239.

nungsformel unterschiedslos auf verschiedenartige Fallgestaltungen anzuwenden.[1]

126 Aus dem Wortlaut des § 850c Abs. 4 ZPO, der durch das Vierte Gesetz zur Änderung der Pfändungsfreigrenzen vom 28. 2. 1978[2] eingeführt worden ist, kann geschlossen werden, dass der Drittschuldner (Arbeitgeber) einen Unterhaltsberechtigten, dem der Schuldner Unterhalt gewährt, immer zu berücksichtigen hat. Der Arbeitgeber hat also nicht zu prüfen, ob der Unterhaltsberechtigte, dem der Schuldner Unterhalt leistet, über eigene Einkünfte verfügt. Nur auf Antrag des Gläubigers (bzw. des Insolvenzverwalters, § 36 Abs. 4 Satz 2 InsO) kann das Gericht hierzu eine Entscheidung treffen. (Sollte das Arbeitseinkommen abgetreten sein, kann das Gericht keine Entscheidung treffen, diese setzt eine Pfändung voraus.) Bei der Feststellung der Zahl der Personen, denen der Arbeitnehmer Unterhalt leistet, kann der Arbeitgeber grundsätzlich davon ausgehen, dass der Schuldner den in der Lohnsteuerkarte genannten bzw. sich aus den Personalunterlagen ergebenden oder auf Rückfrage mitgeteilten Personen auch tatsächlich Unterhalt zahlt (auch → Rz. 118).

d) Gänzliche Nichtberücksichtigung eines Unterhaltsberechtigten

127 Wenn das Gericht beschließt, dass der Unterhaltsberechtigte **vollständig** nicht zu berücksichtigen sei, so ergibt sich der Pfändungsfreibetrag aus der Tabelle auf → Seite 13 ff. Die unterhaltsberechtigte Person, die über eigenes Einkommen verfügt, wird bei der Berechnung des Pfändungsfreibetrags nicht berücksichtigt.

Beispiel:

Beschließt das Gericht, eine unterhaltsberechtigte Person völlig unberücksichtigt zu lassen, z. B. falls die Ehefrau über eigenes hohes Einkommen verfügt, so muss dies im Pfändungs- und Überweisungsbeschluss zum Ausdruck kommen: „... bei der Berechnung des pfändbaren Betrags ist die unterhaltsberechtigte Ehefrau unberücksichtigt zu lassen ..."

Nach der Ermittlung des Nettoeinkommens kann der Drittschuldner dann den pfändbaren Betrag wieder anhand der Lohnpfändungstabelle ermitteln. Im Beispiel unter → Rz. 119 wäre der pfändbare Betrag bei einem Nettoeinkommen von 2 430,- € und jetzt nur zwei unterhaltsberechtigten Personen 347,01 € monatlich.

e) Teilweise Nichtberücksichtigung eines Unterhaltsberechtigten

128 Kommt das Gericht zu der Auffassung, dass die unterhaltsberechtigte Person nur **teilweise** nicht zu berücksichtigen sei, so ist der Pfändungsfreibetrag des Schuldners vom Gericht zu bestimmen. Der Arbeitgeber braucht also nur den vom Gericht bestimmten Pfändungsfreibetrag von dem Nettoeinkommen des Schuldners abzuziehen, um den Betrag zu erhalten, den er an den Gläubiger abzuführen hat.

Beispiel:

Die Ehefrau des Schuldners ist halbtags beschäftigt und verfügt über ein geringes Einkommen. Das Vollstreckungsgericht hat in etwa beschlossen: „... bei der Berechnung des pfändbaren Betrags ist die unterhaltsberechtigte Ehefrau zu ½ unberücksichtigt zu lassen ..."

Ausgehend vom Beispiel unter → Rz. 119 berechnet der Drittschuldner nach Ermittlung des Nettoeinkommens den pfändbaren Betrag wie folgt:

Nettoeinkommen	2 430,- €
pfändbar bei zwei Unterhaltsberechtigten (Kinder)	347,01 €
pfändbar bei drei Unterhaltsberechtigten (Kinder + Ehefrau)	198,29 €
von der Differenz über	148,72 €
ist ½ (Ehefrau) nicht zu berücksichtigen, gleich	74,36 €
so dass pfändbar sind	198,29 €
zuzüglich	74,36 €
monatlich	272,65 €

f) Mehrere Pfändungs- und Überweisungsbeschlüsse mit und ohne unterhaltsberechtigte Personen

Beispiel: **129**

Dem Drittschuldner wird zuerst ein Pfändungs- und Überweisungsbeschluss des Gläubigers A zugestellt. Der Schuldner ist verheiratet, hat zwei Kinder und verdient monatlich 2 430,- € netto. Der Drittschuldner errechnet nach der Lohnpfändungstabelle einen monatlich pfändbaren Betrag von 198,29 €, der an jedem Zahltag so lange an den Gläubiger A zu überweisen ist, bis die titulierte Forderung gezahlt ist.

Zeitlich später wird dem Drittschuldner ein weiterer Pfändungs- und Überweisungsbeschluss des Gläubigers B zugestellt, in dem es heißt, dass die Ehefrau bei der Berechnung des pfändbaren Betrags unberücksichtigt zu lassen ist. Hiernach errechnet der Drittschuldner den pfändbaren Betrag nach der Lohnpfändungstabelle auf 347,01 € monatlich.

Auszahlung:

Nach dem Prioritätsprinzip erhält der Gläubiger A als der Erstpfändende immer den Betrag von 198,29 €. Der Gläubiger B erhält als nachrangiger Gläubiger nur den darüber hinausgehenden Betrag von 347,01 € ./. 198,29 € = 148,72 € monatlich.

Beispiel: **130**

Abwandlung des Beispiels unter → Rz. 129: Nunmehr stellt Gläubiger A ebenfalls den Antrag beim Vollstreckungsgericht, auch für ihn die mitverdienende Ehefrau des Schuldners unberücksichtigt zu lassen. Das Vollstreckungsgericht erlässt einen entsprechenden Beschluss. Der Drittschuldner hat nunmehr nach Zustellung des Änderungsbeschlusses am nächsten Zahlungstermin den gesamten pfändbaren Betrag von 347,01 € dem Gläubiger A auszuzahlen. Gläubiger B ist jetzt in vollem Umfang nachrangig.

Der Beschluss nach § 850c Abs. 4 ZPO stellt lediglich eine **Ergänzung** des bereits erlassenen Pfändungsbeschlusses dar und berührt nicht das einmal entstandene Pfandrecht.[3] Erst wenn die Forderung des Gläubigers A befriedigt ist, erhält Gläubiger B die pfändbaren Lohnanteile.

g) Mehrere getrennte Pfändungen

Werden die Arbeitseinkommen mehrerer Familienangehöriger gepfändet, z. B. außer dem Arbeitseinkommen des Mannes auch das der Ehefrau, so gilt vollstreckungsrechtlich nichts Besonderes gegenüber dem Fall, dass nur ein Arbeitseinkommen gepfändet ist. **Jeder Schuldner ist pfändungsrechtlich für sich zu betrachten.** Der Drittschuldner darf daher nicht beide Einkommen zusammenrechnen und auch nicht den **131**

---

1) BGH v. 21. 12. 2004, Rpfleger 2005, 201 = NJW-RR 2005, 795 = FamRZ 2005, 438 = JurBüro 2005, 270 = MDR 2005, 774 = WM 2005, 293 = InVo 2005, 233.
2) BGBl. I 1978, 333.
3) BAG v. 26. 11. 1986, NJW 1987, 1573; Baumbach/Hartmann, § 850c Rz. 11.

mitverdienenden Ehegatten jeweils bei dem anderen Ehegatten bei der Berechnung des pfändbaren Betrags unberücksichtigt lassen. Jeder Schuldner genießt den vollen Pfändungsschutz. Eine Änderung muss das Vollstreckungsgericht auf Antrag durch Beschluss aussprechen.

h) Gleichzeitige Pfändungen

132 Beispiel:

Gläubiger A pfändet das Arbeitseinkommen des Schuldners wegen einer Forderung von 3 000,– €. Gläubiger B pfändet ebenfalls das Arbeitseinkommen wegen einer Forderung von 1 000,– €. Beide Pfändungs- und Überweisungsbeschlüsse werden durch den Gerichtsvollzieher am selben Tag zur selben Zeit dem Drittschuldner zugestellt. Der Schuldner ist verheiratet, hat zwei Kinder und verdient monatlich 2 430,– € netto.

Berechnung des Drittschuldners:

Der Drittschuldner errechnet bei einem Nettoeinkommen von 2 430,– € nach der Lohnpfändungstabelle einen monatlich pfändbaren Betrag von 198,29 €.

Da beide Pfändungen gleichzeitig erfolgten, ist auch an beide Gläubiger ein entsprechender Pfändungsbetrag auszuzahlen. Die **Aufteilung** erfolgt im Verhältnis der geltend gemachten Forderungen von 3 000,– € zu 1 000,– € gleich 3:1. Der Drittschuldner hat daher von dem Betrag über 198,29 € an den Gläubiger A 148,72 € und an den Gläubiger B 49,57 € monatlich auszuzahlen.

III. Pfändung und Aufrechnung

133 Soweit der Arbeitgeber dem Arbeitnehmer einen Lohnvorschuss als Vorauszahlung gewährt hat oder auch ein Arbeitgeberdarlehen, z. B. für die Wohnungseinrichtung aus Anlass der Heirat oder für den Hausbau, müssen beide, Arbeitgeber und Arbeitnehmer, **klare Absprachen über die Rückzahlungsmodalitäten treffen**.

134 Es **empfiehlt sich**, zum Schutz vor möglichen späteren Pfändungen den übertragbaren Lohnanteil an den Arbeitgeber abzutreten oder fixe monatliche Rückzahlungsansprüche festzulegen. In diesem Fall geht die Abtretung den später pfändenden Gläubigern vor bzw. der Arbeitgeber kann zunächst mit seinem eigenen Anspruch gegen den Lohnanspruch des Arbeitnehmers aufrechnen. Der Arbeitgeber ist praktisch wie ein vorrangiger Gläubiger zu behandeln.[1]

135 Beispiel:

Der Arbeitgeber gewährt seinem Arbeitnehmer ein Darlehen von 5 000,– €. Sie vereinbaren, dass der Arbeitnehmer diesen Betrag mit monatlich 100,– € zurückzahlt. Dieser Betrag soll im Wege der Aufrechnung direkt vom Monatslohn einbehalten werden. Später wird der Pfändungs- und Überweisungsbeschluss des Gläubigers dem Drittschuldner zugestellt, nach dem das Arbeitseinkommen des Schuldners gepfändet ist. Der Schuldner ist verheiratet, hat zwei Kinder und verdient monatlich 2 430,– € netto.

Berechnung des Drittschuldners:

Nettolohn	2 430,– €
monatlich pfändbarer Betrag	198,29 €
infolge der vorrangigen Aufrechnung mit	100,– €
sind nur noch	98,29 €

an den pfändenden Gläubiger monatlich auszuzahlen, bis das Darlehen insgesamt zurückgezahlt ist. Danach erhält der Gläubiger den pfändbaren Betrag von 198,29 € monatlich.

IV. Pfändung und Abtretung

Der Schuldner kann jederzeit den vollen oder einen **136** geringeren als den der Pfändung unterworfenen Lohnanteil abtreten oder verpfänden (Berechnungsbeispiel unter → Rz. 135). Sehr häufig werden diese Lohnanteile abgetreten an Banken, Versicherungen oder Bausparkassen zu Sicherungszwecken bei Vergabe von Krediten. Diese Abtretung wird wirksam mit Vertragsunterzeichnung und nicht etwa mit der Anzeige an den Drittschuldner. Der pfändbare Lohnanteil ist damit aus dem Vermögen des Schuldners ausgeschieden.

Dem Vollstreckungsgericht ist dies regelmäßig nicht bekannt. Es wird ausdrücklich nur die **angebliche Forderung** des Schuldners gegen den Drittschuldner gepfändet.

Sollte dem Drittschuldner die Abtretung vorliegen und erfolgt dann die Zustellung eines Pfändungs- und Überweisungsbeschlusses, so ist die Pfändung nicht wirkungslos. Wirkungslosigkeit und Unbeachtlichkeit für den Drittschuldner werden nur bei der Pfändung „einmaliger" Forderungen angenommen. Bei der Pfändung von Arbeitseinkommen als fortlaufende Bezüge gilt dies nicht. Die Pfändung ist trotz vorliegender vorrangiger Abtretung als Pfändung der künftigen in der Person des Schuldners entstehenden Forderung wirksam (vgl. § 832 ZPO). Die Pfändung ist vom Arbeitgeber als Drittschuldner weiterhin zu beachten.[2] Die Drittschuldnererklärung muss zunächst nur die vorrangige Abtretung bezeichnen. Sobald allerdings das abgetretene Arbeitseinkommen an den Schuldner zurückfällt, ist die Pfändung zu beachten und sind die pfändbaren Lohnanteile an den Pfändungsgläubiger abzuführen.

In der Praxis werden die Abtretungserklärungen hinsichtlich des Lohns sehr häufig erst dann dem Arbeitgeber vorgelegt, wenn bereits ein oder mehrere Pfändungen vorliegen. Diese stille Zession (Abtretung) ist vom Drittschuldner natürlich erst dann zu beachten, wenn er hiervon **Kenntnis** erlangt. Dann jedoch hat er sofort festzustellen, ob der Abtretungsvertrag vor Zustellung des vorliegenden Pfändungs- und Überweisungsbeschlusses datiert und bei der nächsten Lohnabrechnung den pfändbaren Lohnanteil an den Abtretungsgläubiger auszuzahlen. **137**

Beispiel: **137.1**

Der Schuldner hat sein Arbeitseinkommen im Juli 2008 zur Sicherheit eines Kredits an seine Hausbank abgetreten. Gläubiger A lässt dem Drittschuldner am 2. 7. 2009 einen Pfändungs- und Überweisungsbeschluss bzgl. des Arbeitseinkommens zustellen. Der Drittschuldner errechnet am 31. 7. 2009 den pfändbaren Betrag auf 250,– € und überweist diesen Betrag an Gläubiger A.

Am 17. 7. 2009 legt die Hausbank dem Drittschuldner die Abtretungserklärung von Juli 2008 vor.

Ergebnis:

Infolge der jetzt zur Kenntnis gebrachten Abtretung muss der Drittschuldner diese ab dem nächsten Zahltag beachten. Der pfändbare Betrag für den Monat August 2009 und die künftigen Beträge sind der Hausbank zu überweisen.

---

1) Vgl. LAG Hamm v. 23. 3. 1993, BB 1993, 1740.
2) Zöller/Stöber, § 832 Rz. 2; BAG v. 17. 2. 1993, NJW 1993, 2699.

Ist die Zustellung des Pfändungs- und Überweisungsbeschlusses zeitlich vor dem wirksamen Zustandekommen des Abtretungsvertrags erfolgt, ist die Abtretungserklärung dem Pfändungsgläubiger gegenüber unwirksam, da dessen Pfandrecht vorgeht. Dennoch ist der Abtretungsvertrag nicht gänzlich unwirksam, wie im umgekehrten Fall der Pfändungs- und Überweisungsbeschluss. Sobald der Pfändungsgläubiger befriedigt ist, hat der Drittschuldner die pfändbaren Lohnanteile an den Abtretungsgläubiger auszuzahlen. Ein erneuter Abtretungsvertrag ist hier nicht erforderlich. Auch hier gilt: Bestehen Zweifel an der Wirksamkeit des Abtretungsvertrages oder Zweifel an der Reihenfolge bzw. Rangfolge der dem Drittschuldner vorliegenden Pfändungen und Abtretungen, sollte dieser den errechneten Pfändungsbetrag unter Verzicht auf die Rücknahme beim Amtsgericht sofort hinterlegen (→ Rz. 65 f.).

V. Für die Pfändung maßgeblicher Auszahlungszeitraum

1. Vorzeitige Beendigung des Arbeitsverhältnisses

138 Das Gesetz hat die für die Berechnung des pfändbaren Betrags maßgeblichen Abrechnungszeiträume mit monatlich, wöchentlich und täglich festgelegt. Endet das Arbeitsverhältnis während des sonst üblichen Auszahlungszeitraums, so ist bei der Berechnung grundsätzlich zunächst von dem regelmäßigen Auszahlungszeitraum auszugehen. Hierzu ist dann der entsprechende Anteil des gearbeiteten Zeitraums in Relation zu setzen.

139 Beispiel:

Der Schuldner ist verheiratet, hat zwei Kinder und verdient regelmäßig 2 430,- € netto monatlich. Der Gläubiger hat das Arbeitseinkommen seit längerem gepfändet. Das Arbeitsverhältnis endet am 20. Mai.

Berechnung des Drittschuldners:

Bei einem monatlichen Verdienst von 2 430,- € netto sind pfändbar nach der Tabelle bei drei unterhaltsberechtigten Personen	198,29 €
Da das Arbeitsverhältnis am 20. des Monats endet, sind pfändbar 20:30 = ⅔, also	132,19 €

2. Abschlagszahlungen

140 Abschlagszahlungen sind Vorschüsse, die der Arbeitgeber dem Arbeitnehmer gewährt, während die endgültige Abrechnung erst am Ende der Lohnperiode erfolgt. Der pfändende Gläubiger hat keinen Anspruch auf einen anteiligen pfändbaren Betrag aus der Abschlagszahlung. Erst bei der **Endabrechnung** am Ende der Lohnperiode zeigt sich, welcher Verdienst dem Schuldner zusteht und welcher Betrag für den Gläubiger pfändbar ist.[1] Außerdem wäre es für den Drittschuldner ein Risiko, bereits aus der Abschlagszahlung Beträge an den Gläubiger zu überweisen, da sich möglicherweise bei der Endberechnung des Lohns kein pfändbarer Betrag ergibt (der Schuldner ist z.B. erkrankt, Kurzarbeit wird angeordnet). Der Drittschuldner wäre dann verpflichtet, den an den Gläubiger ausgezahlten Betrag an den Schuldner zurückzuzahlen.

Beispiel: **141**

Der Schuldner ist verheiratet und hat zwei Kinder. Er erhält wöchentlich einen Abschlag auf seinen Lohn von 400,- €.

Am 12. Mai pfändet der Gläubiger das Arbeitseinkommen des Schuldners. Der Drittschuldner hat dem Arbeitnehmer drei Vorschusszahlungen gewährt und berechnet am Monatsende wie folgt:

gesamter Nettolohn für den Monat Mai	2 430,- €
darauf anzurechnen drei Abschlagszahlungen à 400,- €	1 200,- €
Restlohn	1 230,- €
pfändbarer Betrag bei 2 430,- € monatlich netto laut Tabelle	198,29 €
der an den Gläubiger von dem Restlohn über auszuzahlen ist	1 230,- €
An den Schuldner ist somit noch der Restlohn über auszuzahlen	1 031,71 €
und evtl. der nächste Abschlag für die weitere Woche	400,- €

3. Lohnrückstände, Lohnnachzahlungen

Bei der Berechnung des pfändbaren Betrags sind Lohnrückstände oder Lohnnachzahlungen immer für den **Abrechnungszeitraum** zu berücksichtigen, **für den sie hätten gezahlt werden müssen** bzw. für den sie bestimmt waren. Nachzahlungen werden also in keinem Fall dem monatlichen Arbeitseinkommen hinzugerechnet, welches zur Auszahlung ansteht, und aus dem so erhöhten Arbeitseinkommen der pfändbare Betrag errechnet.[2] Richtig ist jedoch, dass die Nachzahlungen auch von einer erst später wirksam werdenden Pfändung mit erfasst werden, sofern sie erst nach der Zustellung des Pfändungs- und Überweisungsbeschlusses an den Drittschuldner zur Auszahlung anstehen. Hiervon kann bei den in der Praxis verwendeten Vordrucken regelmäßig ausgegangen werden. In der Praxis relevant werden **Nachzahlungen** immer **bei Tariflohnerhöhungen**, die rückwirkend wirksam werden. **142**

Beispiel: **143**

Der Gläubiger pfändet am 20. Mai das Arbeitseinkommen des Schuldners. Dieser ist verheiratet und hat zwei Kinder. Der monatliche Nettolohn beträgt 2 430,- €. Rückwirkend zum 1. April erhält der Schuldner eine monatliche Lohnerhöhung, die – angenommen – einen Nettolohn von 2 530,- € bewirkt. Für den Monat April stehen daher 100,- € netto Nachzahlung aus und ab 30. Mai beträgt das auszuzahlende Nettoeinkommen jetzt regelmäßig 2 530,- €.

Berechnung des Drittschuldners:

Monat April

Nettolohn	2 530,- €
pfändbarer Betrag lt. Tabelle	228,29 €
Der erst im Mai zur Auszahlung kommende Nachzahlungsbetrag von	100,- €
ist voll von der Pfändung erfasst, da er im April (bei einem Nettolohn in Höhe von 2 530,- €) in voller Höhe der Pfändung unterlegen hätte.	

Monat Mai

Nettolohn	2530,- €
pfändbarer Betrag lt. Tabelle	228,29 €

---

1) Zöller/Stöber, § 850e Rz. 2.
2) Baumbach/Hartmann, § 850c Rz. 3; Stöber, Rz. 1041.

somit sind an den Gläubiger **auszuzahlen**
für den Monat Mai 228,29 €
Nachzahlung für April 100,– €
insgesamt 328,29 €

VI. Pfändungsfreigrenzen bei Pfändung durch einen bevorrechtigten Gläubiger (Unterhaltsgläubiger)

1. Einleitung

144 Bevorrechtigt sind solche Gläubiger, die **wegen eines gesetzlichen Unterhaltsanspruchs pfänden** (vgl. § 850d ZPO). Dazu gehören

- die Verwandten in gerader Linie (das sind z.B. Kinder und Eltern),
- der Ehegatte, auch wenn die Ehegatten getrennt leben,
- ein früherer Ehegatte,
- der Lebenspartner, der frühere Lebenspartner,
- ein Elternteil nach §§ 1615l, 1615n BGB.

Nach Auffassung des BGH[1] fällt ein Anspruch aus schuldrechtlichem Versorgungsausgleich nicht unter das Vollstreckungsprivileg des § 850d Abs. 1 Satz 1 ZPO. Nach § 1615l Abs. 1 BGB hat der Vater der Mutter für die Dauer von sechs Wochen vor und acht Wochen nach der Geburt des Kindes Unterhalt zu gewähren. Die Unterhaltspflicht kann sich unter bestimmten Voraussetzungen auch auf den Zeitraum von vier Monaten vor und drei Jahren nach der Entbindung erstrecken. Nach § 1615n BGB besteht der Unterhaltsanspruch auch dann, wenn das Kind tot geboren ist oder die Mutter eine Fehlgeburt hatte (auch → Rz. 123).

Das Gesetz bestimmt weiter, dass bei der Pfändung zu Gunsten der zuvor genannten Personen die Pfändungsfreigrenze nicht nach § 850c ZPO, also nicht nach der Lohnpfändungstabelle, zu bestimmen ist. Die Bezüge nach § 850a ZPO sind hier ebenfalls der Pfändung entzogen, mit Ausnahme der in § 850a Nr. 1, 2 und 4 ZPO genannten Bezüge. Allerdings sind von diesen Bezügen dem Arbeitnehmer nachfolgende Beträge zu überlassen:

- ¼ der für die Leistung von Mehrarbeitsstunden gezahlten Lohnanteile,
- ½ der Urlaubsvergütung, Zuwendungen wegen eines Betriebsjubiläums und Treuegelder,
- ¼ der Weihnachtsvergütung, höchstens jedoch 250,– € monatlich (→ Rz. 110).

Diese Unterschiede zur Pfändung von gewöhnlichen Gläubigern sind **wichtig für die Berechnung des Nettoeinkommens** durch den Drittschuldner, da diese Pfändungsfreibeträge **„von Amts wegen"** zu berücksichtigen sind, auch wenn sie nicht ausdrücklich in dem Pfändungs- und Überweisungsbeschluss aufgeführt sind (→ Rz. 152).

2. Notwendiger Unterhaltsbedarf (mit Mustervordruck)

145 Das Vollstreckungsgericht hat dem Schuldner bei der Pfändung durch einen bevorrechtigten Gläubiger von seinem Arbeitseinkommen nur soviel zu belassen, wie er für seinen eigenen **notwendigen Unterhalt** und zur Erfüllung seiner laufenden gesetzlichen Unterhaltspflichten gegenüber den dem pfändenden Gläubiger **vorgehenden** Berechtigten und zur **gleichmäßigen** Befriedigung der dem Gläubiger gleichstehenden Berechtigten bedarf (§ 850d Abs. 1 Satz 2 ZPO).

Es darf also kein Blankett-Beschluss nach § 850c ZPO ergehen. Rein äußerlich unterscheidet sich der Pfändungs- und Überweisungsbeschluss zu Gunsten des bevorrechtigten Gläubigers demnach erheblich von dem normalen Pfändungs- und Überweisungsbeschluss.

Auf den → Seiten 63 und 64 ist ein **Vordruck beispielhaft** abgedruckt.

Über die Höhe des dem Schuldner als unpfändbar zu belassenden Betrags[2] haben sich in der Praxis bestimmte **Richtsätze** entwickelt, die je nach der örtlichen Lage der Amtsgerichte verschieden sind. So können die Freibeträge für den Schuldner auch durchaus höher oder niedriger sein als der in § 850c Abs. 1 ZPO enthaltene Grundfreibetrag von 985,15 € (gültig bis zum 30.6.2009). Ob der neue Grundfreibetrag von 985,15 € sich in der Praxis auch als neuer Freibetrag bei der Unterhaltspfändung durchsetzen wird, bleibt nach wie vor abzuwarten. Während in ländlichen Gebieten ein Freibetrag von 680,– € oder 800,– € angemessen ist, ist in Großstädten auf Grund der höheren Lebenshaltungskosten, insbesondere der Mieten, ein Freibetrag von 800,– € oder mehr durchaus angemessen. Für den im Haushalt lebenden Ehegatten kann weiter ein höherer Freibetrag als für ein minderjähriges Kind anzunehmen sein (etwa 400,– € für die Ehefrau und für die Kinder zwischen 250,– € und 300,– € je nach Alter). In jedem Fall müssen diese Beträge im Pfändungs- und Überweisungsbeschluss festgeschrieben sein und hieran hat sich der Drittschuldner so lange zu halten, bis ihm ein Änderungsbeschluss des Vollstreckungsgerichts zugestellt wird.

3. Unterhaltsrangfolge

146 Durch das Gesetz zur Änderung des Unterhaltsrechts vom 21.12.2007[3] ist auch die Rangfolge in § 850d Abs. 2 ZPO geändert worden. Während im Verhältnis von Pfändung wegen Unterhaltsansprüchen oder Pfändung wegen „normaler" Geldforderungen die Regelung des § 804 Abs. 3 ZPO gilt („wer zuerst kommt, mahlt zuerst"), entspricht es der h.M., dass die Regelung des § 804 ZPO keine Rolle spielt im Verhältnis zweier oder mehrerer wegen Unterhalt pfändender Gläubiger. In ihrem Verhältnis zueinander findet nicht § 804 ZPO Anwendung, vielmehr richtet sich die vorrangige Befriedigung danach, welcher Unterhaltsgläubiger den besseren Rang hat. Sind die Unterhaltsgläubiger gleichrangig, werden sie hinsichtlich des Betrags, der den unpfändbaren Betrag nach § 850c ZPO übersteigt, gleichmäßig befriedigt; bezüglich des nach § 850c ZPO unpfändbaren Betrags gilt jedoch § 804 Abs. 3 ZPO.[4]

---

1) BGH v. 5.7.2005, Rpfleger 2005, 676 = FamRZ 2005, 1564 = MDR 2005, 1434 = WM 2005, 1993.
2) Hierzu BGH v. 18.7.2003, Rpfleger 2003, 593 = NJW 2003, 2918 = FamRZ 2003, 1466 = MDR 2004, 53; zu berechnen nach SGB II: LG Aschaffenburg v. 16.4.2007, FamRZ 2007, 1664; LG Memmingen v. 30.1.2006, FamRZ 2006, 806.
3) BGBl. I 2007, 3189.
4) Hintzen in Hintzen/Wolf, Rz. 6.167; Stöber, Rz. 1271 ff.; Baumbach/Hartmann, § 850d Rz. 6; Musielak/Becker, § 850d Rz. 21; a.A.: Henze, Rpfleger 1980, 458.

D. Errechnung des pfändbaren Arbeitseinkommens

❶ An das Amtsgericht – Vollstreckungsgericht
A-Stadt

❷ Namens des Gläubigers wird beantragt, den nachstehenden Beschluss zu erlassen. Ich – besorge die Zustellung selbst – bitte, die Zustellung durch Vermittlung der Geschäftsstelle zu veranlassen, und zwar an den Drittschuldner mit der Aufforderung nach § 840 ZPO.

> * Der Schuldner ist ledig – verheiratet – verpartnert – und hat ... weitere unterhaltsberechtigte Kinder.

❹ Der Gläubiger hat – keine – Prozesskostenhilfe.

❺ ......, den ......
Dr. W. Anwalt, RA

(Ort)
......, den ......

Amtsgericht

❻ Geschäfts-Nr.: ...... – M – ......

Pfändungs- und Überweisungsbeschluss

In der Zwangsvollstreckungssache

❼ der Hanna Maria Schulze, geschiedene Müller, Bahnhofstr. 1, A-Stadt – Gläubiger –
Prozessbev.: RA ......
gegen
Karl Müller, Burgstr. 1, A-Stadt – Schuldner –
Prozessbev.: ......

❸ + ❽
Nach der beigefügten vollstreckbaren Ausfertigung des ... (Vollstreckungstitel) ... des Amtsgerichts/Landgerichts A-Stadt vom ... AZ ... und dem Kostenfestsetzungsbeschluss des Amtsgerichts/Landgerichts A-Stadt vom ... AZ ... stehen dem Gläubiger gegen dem Schuldner nachfolgende Ansprüche zu:

2 400,– €	Unterhaltsrückstand für die Zeit vom ... bis ...
400,– €	Unterhalt fortlaufend ab dem ......, jeweils monatlich fällig am ......
397,86 €	festgesetzte Kosten nebst 5 %-Punkte über Basiszins ab dem 18. 6. 2008
154,66 €	bisherige Vollstreckungskosten – s. anl. Aufstellung –

❿ Wegen und in Höhe dieser Ansprüche und der Kosten für diesen Beschluss (vgl. unter I.–III.) werden die angeblichen Ansprüche des Schuldners gegen

⓫ Heinz Farbe, Torstr. 1, B-Stadt – Drittschuldner –
aus: Arbeitseinkommen
einschließlich der künftig fällig werdenden Beträge aus dem gleichen Rechtsgrund gepfändet.
Es gelten die unten weiter aufgeführten ergänzenden Bestimmungen zur Pfändung von Arbeitseinkommen.

⓬ Der Drittschuldner darf, soweit die Forderung (Arbeitseinkommen) gepfändet ist, nicht mehr an den Schuldner zahlen.

Der Schuldner hat sich insoweit jeder Verfügung über die Forderung (Arbeitseinkommen) zu enthalten, insbesondere darf er sie nicht mehr einziehen. Die gepfändete Forderung (Arbeitseinkommen) wird dem Gläubiger zur Einziehung überwiesen.

---

* Die blaue Rasterung weist auf Besonderheiten bei dem Antrag eines bevorrechtigten Gläubigers gegenüber dem eines nichtbevorrechtigten hin.

> Zweiter Teil: Erläuterungen zur Pfändung von Arbeitseinkommen

Ergänzende Bestimmungen bei der Pfändung von Arbeitseinkommen:

Die Pfändung des Arbeitseinkommens erfasst alle Vergütungen – einschließlich des Geldwerts von Sachbezügen –, die dem Schuldner aus dem Arbeits- oder Dienstvertrag zustehen, ohne Rücksicht auf ihre Benennung.

Berechnung des pfändbaren Arbeitseinkommens:

Von der Pfändung ausgenommen sind:

Steuern, öffentliche Abgaben und Beiträge zur gesetzlichen Sozialversicherung, die der Arbeitgeber direkt abführt; diesen Zahlungen stehen Beiträge in üblicher Höhe gleich, die der Schuldner an eine Ersatzkasse, eine private Krankenversicherung oder zur Weiterversicherung zahlt,
Aufwandsentschädigungen, Auslösungsgelder und andere soziale Zulagen für eine auswärtige Beschäftigung, das Entgelt für selbstgestelltes Arbeitsmaterial, Gefahren-, Schmutz- und Erschwerniszulagen, soweit sie den Rahmen des Üblichen nicht übersteigen,

> ein Viertel des Mehrarbeitslohns,
> die Hälfte des Urlaubs- und Treuegelds (soweit es den Rahmen des Üblichen nicht übersteigt),
> Weihnachtsvergütung bis zu einem Viertel des monatlichen Bruttoeinkommens, höchstens jedoch 250,– €,

die weiteren Bezüge nach § 850a Nr. 5 bis 8 ZPO.

> **Pfandfreier Betrag nach § 850d ZPO:**
> Der Schuldner ist nach Angabe des Gläubigers ledig – verheiratet – verpartnert – und hat noch ... weitere unterhaltsberechtigte Kinder. Als notwendiger Unterhalt und zur Erfüllung seiner laufenden gesetzlichen Unterhaltspflichten sind dem Schuldner zu belassen
> ... monatlicher Grundfreibetrag zzgl. ... des Mehrbetrags.
> Der dem Schuldner hiernach verbleibende Teil des Arbeitseinkommens darf den Betrag nicht übersteigen, der ihm nach den Vorschriften des § 850c ZPO gegenüber nichtbevorrechtigten Gläubigern zu verbleiben hätte.

❹ + ❾ I. Gerichtskosten für diesen Beschluss:

Gebühr (KV-Nr. 2110 GKG)	15,– €

❾ II. Anwaltskosten für diesen Beschluss:

Gebühr §§ 13, 18, 25 RVG VV 3309 (0,3) (Wert: 7 752,52 €)	123,60 €
Auslagenpauschale RVG VV 7002	20,– €
19 % USt RVG VV 7008	... €
	... €

❾ III. Zustellungskosten

1. Gebühr für die Zustellung an den Drittschuldner (KV 100 zu § 9 GvKostG)	... €
an den Schuldner (KV 100 zu § 9 GvKostG)	... €
2. Gebühr für Beglaubigung von ... Seiten (KV 102 zu § 9 GvKostG)	... €
3. Ablichtungen, ... Seiten (KV 700 zu § 9 GvKostG)	... €
4. Pauschale für Vordruckauslagen (KV 713 zu § 9 GvKostG)	... €
5. Pauschale für sonstige bare Auslagen (KV 713 zu § 9 GvKostG)	... €
6. Wegegelder (kilometerabhängig) (KV 711 zu § 9 GvKostG)	... €
	... €

Das Amtsgericht

_____
Rechtspfleger

(Dienststempel)

Ausgefertigt

_____
als Urkundsbeamter der Geschäftsstelle

a) Bisherige Rechtslage

146.1 Die Rangfolge der Unterhaltsberechtigten nach § 850d ZPO a.F. wich von der des § 1609 BGB a.F. insoweit ab, als im Gegensatz zu § 1609 BGB in § 850d ZPO die volljährigen, unverheirateten, im Haushalt mindestens eines Elternteils lebenden Schüler unter 21 den minderjährigen unverheirateten nicht gleich standen, andererseits entfiel in § 850d ZPO die Einschränkung des § 1615l Abs. 3 Satz 3 BGB betr. nichteheliche Mütter.

b) Berechnung durch das Vollstreckungsgericht

146.2 Wird wegen Unterhalt gem. § 850d ZPO gepfändet, muss das Vollstreckungsgericht eine konkrete Berechnung des dem Schuldner zu belassenden unpfändbaren Einkommens vornehmen. Ein Blankettbeschluss wie bei der Pfändung nach § 850c ZPO ist unzulässig. Bei der Festsetzung des unpfändbaren Betrags ist zu beachten, dass dieser keinesfalls höher sein darf als der sich aus der amtlichen Tabelle zu § 850c ZPO ergebende Freibetrag, § 850d Abs. 1 Satz 3 ZPO.

Bei der Festsetzung des Freibetrags ist zu berücksichtigen, wessen der Schuldner bedarf für

– seinen notwendigen Unterhalt,
– den Unterhalt der dem pfändenden Gläubiger vorgehenden gesetzlichen Unterhaltsberechtigten,
– die gleichmäßige Befriedigung der dem pfändenden Gläubiger gleichstehenden gesetzlichen Unterhaltsberechtigten.

Die Festsetzung war bislang relativ problemlos möglich, weil die hauptsächlichen Unterhaltsgläubiger – minderjährige unverheiratete Kinder, der Ehegatte, ein früherer Ehegatte und ein Elternteil – untereinander gleichen Rang hatten. Es boten sich zwei Möglichkeiten an, den unpfändbaren Betrag festzusetzen:

z.B. die „Quotenregelung"

„... dem Schuldner sind monatlich 900 € pfandfrei zu belassen. Von dem darüber hinausgehenden Betrag sind für den Gläubiger ¼ pfändbar ..."

oder

die „Festbetragsregelung"

„... dem Schuldner sind monatlich 900 € pfandfrei zu belassen. Für die Ehefrau ist ein Betrag von 350 € pfandfrei und für jedes weitere Kind 250 € ..."

Die letztgenannte Variante wird in der Rechtsprechung jedoch zu Recht kaum noch angewandt, weil sie der vom BGH geforderten Berechnung des unpfändbaren Einkommens auf Grund der konkreten Umstände des Einzelfalls widerspricht.

c) Rechtslage ab dem 1.1.2008 – neue Rangfolge

146.3 Die Rangfolge der Unterhaltsberechtigten nach § 1609 BGB n.F. hat sich wesentlich geändert. Sie lautet nunmehr (verkürzt) wie folgt:

a) minderjährige unverheiratete Kinder und Kinder i.S.v. § 1603 Abs. 2 Satz 2 BGB (volljährige, im Haushalt mindestens eines Elternteils lebende volljährige Schüler bis zum 21. Lebensjahr),

b) Elternteile, die wegen der Betreuung eines Kindes unterhaltsberechtigt sind oder im Fall einer Scheidung wären, sowie Ehegatten und geschiedene Ehegatten bei einer Ehe von langer Dauer; bei der Feststellung einer Ehe von langer Dauer sind auch Nachteile i.S.d. § 1578b Abs. 1 Satz 2 und 3 zu berücksichtigen,

c) Ehegatten und geschiedene Ehegatten, die nicht unter Nummer 2 fallen,

d) Kinder, die nicht unter Nummer 1 fallen,

e) Enkelkinder und weitere Abkömmlinge,

f) Eltern,

g) weitere Verwandte der aufsteigenden Linie; unter ihnen gehen die Näheren den Entfernteren vor.

Insbesondere für die Vollstreckungspraxis ist danach von Bedeutung, dass der bisherige Gleichrang von minderjährigen unverheirateten Kindern mit Ehegatten nicht mehr besteht. So sinnvoll es grundsätzlich war, die neue Rangfolge des § 1609 BGB inhaltsgleich in § 850d ZPO zu regeln, führt dies doch je nach Fallgestaltung in der Praxis zu erheblichen Schwierigkeiten.

Beispiel 1: 146.4

Der Schuldner ist verheiratet und in seinem Haushalt leben zwei eheliche, unverheiratete minderjährige Kinder. Sein monatliches Nettoeinkommen beträgt 2 250 €.

Ein minderjähriges nichteheliches Kind pfändet wegen 4 000 € Rückstände und laufenden Unterhalts i.H.v. monatlich 300 €.

Lösung:

Alle drei Kinder sind gleichrangig. Anders als bisher ist die Ehefrau des Schuldners nachrangig. Bei der Bemessung des Freibetrages hat sie daher außen vor zu bleiben.

Tenor:

... dem Schuldner sind monatlich 900,– € pfandfrei zu belassen. Von dem darüber hinausgehenden Betrag ist für den Gläubiger ⅓ pfändbar.

Beispiel 2: 146.5

Der Schuldner ist verheiratet und in seinem Haushalt leben zwei eheliche, unverheiratete minderjährige Kinder. Sein monatliches Nettoeinkommen beträgt 2 250 €.

Die geschiedene Ehefrau des Schuldners pfändet wegen 4 000 € Rückstand und laufendem Unterhalt i.H.v. monatlich 300 €.

Lösung:

Die beiden Kinder des Schuldners sind gegenüber der geschiedenen Ehefrau des Schuldners vorrangig. Der pfändungsfreie Betrag ist nach der Rechtsprechung des BGH auf Grund der konkreten Umstände des Einzelfalls zu berechnen. Da das Vollstreckungsgericht aber jedenfalls bei Erlass des Pfändungs- und Überweisungsbeschlusses i.d.R. nicht weiß, wie hoch das Einkommen des Schuldners und wie hoch der Bedarf der vorrangig Unterhaltsberechtigten ist, kann und darf er nicht bloß gegriffene Beträge ansetzen. Anders als noch in § 850d Abs. 2 Buchst. a) ZPO a.F. geregelt, gibt es auch keine Möglichkeit für das Vollstreckungsgericht mehr, das Rangverhältnis zueinander nach billigem Ermessen in anderer Weise festzusetzen.

Soweit zum Unterhaltsrecht teilweise vertreten wird, der Vorrang des Kindesunterhalts beschränke sich auf den Mindestbedarf des Kindes, dürfte diese – nicht unbestrittene[1] – Sichtweise hier unabhängig davon, dass der Freibetrag nach den konkreten Umständen zu berechnen ist, schon daran scheitern, dass das Vollstre-

---

[1] Palandt/Diederichsen, BGB, Nachtrag zur 67. Aufl., § 1609 Rz. 26 m.w.N.

ckungsgericht bei Erlass des Pfändungs- und Überweisungsbeschlusses häufig nicht einmal das Alter der Kinder kennt, so dass es auch keine Mindestbedarfssätze ansetzen kann.

Eine Pfändung nach § 850d ZPO ist daher nicht ohne Weiteres möglich. Die Pfändung kommt dem Gläubiger nach § 850d ZPO nur insoweit zugute, als sich hiernach das Nettoeinkommen zu berechnen hat. Hierbei erfolgt bei der Zugriffsmöglichkeit auf die grundsätzlich unpfändbaren Bezüge nach § 850a ZPO eine Verschärfung, indem nur noch unpfändbar sind:

– ¼ der für die Leistung von Mehrarbeitsstunden gezahlten Lohnanteile,
– ½ der Urlaubsvergütung pp.,
– ¼ des Weihnachtsgelds, höchstens 250,– €.

Im Übrigen aber kann er die erweiterte Pfändung nicht in Anspruch nehmen, weil er nachrangig ist. Dies hat dann konsequent zur Folge, dass er nur nach § 850c ZPO wie jeder „einfache" und nicht bevorrechtigte Gläubiger berücksichtigt werden kann. Die gerichtliche Festsetzung könnte lauten:

„Der der Pfändung zu Grunde liegende Nettobetrag des Einkommens des Schuldners errechnet sich nach § 850d ZPO. Zur Ermittlung des pfändbaren Betrags für den Gläubiger ist die Tabelle zu § 850c ZPO unmittelbar anzuwenden."

Die Situation entspricht dem Fall nach bisherigem Recht, wenn ein volljähriges Kind pfändete und ein minderjähriges Kind und/oder eine Ehefrau des Schuldners vorhanden waren. Die Problematik wird jetzt allerdings wesentlich häufiger und verschärfter auftreten, weil nunmehr vor allem minderjährige Kinder bzw. ihnen gem. § 1603 Abs. 2 Satz 2 BGB Gleichstehende, betreuende Eltern(teile)/(geschiedene) Ehegatten bei langer Ehedauer sowie sonstige (geschiedene) Ehegatten in unterschiedliche Rangklassen eingruppiert worden sind. War das Problem früher die Ausnahme, wird es nunmehr ein Standardproblem sein.

d) Konsequenzen für andere Pfändungspfandrechtsgläubiger

146.6 Für „normale" Gläubiger hat die neue Situation zur Folge, dass zeitlich vor ihnen pfändende Unterhaltsgläubiger sich jedenfalls vorläufig nur noch mit dem Tabellenbetrag nach § 850c zufrieden geben müssen, mit der Folge, dass nachrangige Gläubiger erst wesentlich später an die Reihe kommen werden. Andererseits wird der nachrangige Gläubiger darauf achten müssen, ob der Schuldner angesichts des geänderten Unterhaltsrangs überhaupt noch Unterhaltszahlungen an nachrangige Unterhaltsberechtigte erbringt. Ist das nicht der Fall, führt dies dazu, dass sich der pfändungsfreie Tabellenbetrag nach § 850c ZPO verringert, weil hier nur solche Unterhaltsberechtigten berücksichtigt werden, denen der Schuldner tatsächlich Unterhalt gewährt.

Eine weitere Konsequenz ist die, dass die Möglichkeit des nachrangig pfändenden Normalgläubigers, den vorrangig pfändenden Unterhaltsgläubiger auf den Vorrechtsbereich zu verweisen (§ 850e Nr. 4 ZPO), nicht mehr in Betracht kommt, solange der ihm gem. § 804 Abs. 3 ZPO im Range vorgehende Unterhalts-Pfändungspfandgläubiger, der gem. § 850d ZPO jedoch nachrangiger Unterhaltsgläubiger ist, sich mit dem Tabellenbetrag gem. § 850c ZPO begnügen muss.

e) Drittschuldner

146.7 Für den Drittschuldner steht unabhängig von den rechtlichen Fragen fest, dass er sich strikt an den Inhalt des Pfändungs- und Überweisungsbeschlusses halten muss. Allerdings sollte er genau darauf achten, wie ein solcher Beschluss inhaltlich mit welchen Vorgaben formuliert ist. Auch wenn die Zahl der tatsächlichen Unterhaltsberechtigten dem Drittschuldner bekannt sind, diese aber vom Inhalt des Pfändungs- und Überweisungsbeschlusses abweichen, darf er in keinem Falle selbstständig korrigieren und weitere Berechtigte bei der Berechnung berücksichtigen. Der Schuldner muss im Streitfall im Wege der Erinnerung nach § 766 ZPO vorgehen.

f) Fazit

147 **Erstens:** Pfändet ein Gläubiger, der gleichberechtigt im Verhältnis zu den weiteren Unterhaltsberechtigten ist (z. B. ein Gläubiger der Rangstufe 1 nach § 1609 BGB), so ist der Mehrbetrag, der dem Schuldner zu belasten ist, gleichmäßig vom Vollstreckungsgericht aufzuteilen. Im Zweifel wird diese Aufteilung nach Kopfteilen erfolgen, da dem Gläubiger und dem Vollstreckungsgericht regelmäßig nähere Angaben zu individuellen Bedürfnissen der Berechtigten fehlen, die evtl. einen höheren Unterhaltsbedarf rechtfertigen. Der Schuldner oder der Berechtigte muss diesen Bedarf ggf. beim Vollstreckungsgericht geltend machen, um so einen höheren Unterhaltsbetrag zu erreichen.

148 **Zweitens:** Wird das Arbeitseinkommen von mehreren Unterhaltsgläubigern gepfändet, gilt für die Rangfolge nicht mehr der Grundsatz der Priorität, d.h., wer zuerst gepfändet hat, verdrängt den späteren Pfändungsgläubiger. Der besser gestellte Unterhaltsgläubiger verdrängt hier den nachrangigen Unterhaltsgläubiger, auch wenn seine Pfändung später wirksam wird als die des nachrangigen Unterhaltsgläubigers.

149 **Drittens:** Eine bevorrechtigte Pfändung nach § 850d ZPO ist auch immer eine Pfändung nach § 850c ZPO. Die bevorrechtigte Pfändung erfasst über den pfändbaren Betrag nach § 850c ZPO hinaus **mehr** vom Arbeitseinkommen des Schuldners. Dieses „Mehr" wird auch der **Vorrechtsbereich** genannt. Hieraus wird gefolgert, dass auch bei der Unterhaltspfändung, soweit es um den normalen Pfändungsbereich des § 850c ZPO geht, der Grundsatz der Priorität generell zu beachten ist. Nur im Vorrechtsbereich verdrängt der vorrangige Unterhaltsgläubiger den Nachrangigen, auch wenn seine Pfändung später erfolgt ist.[1] Dieser Auffassung ist m.E. der Vorzug zu geben (→ Rz. 157 f.).

Es wird aber auch die Meinung vertreten, dass im Rahmen des § 850d ZPO bei Pfändung von mehreren Unterhaltsgläubigern nicht mehr der Prioritätsgrundsatz zu beachten ist, sondern nur noch die Reihenfolge nach der Unterhaltsberechtigung gemäß § 850d Abs. 2 ZPO gilt[2] (→ Rz. 157 ff.).

---

[1] Stöber, Rz. 1271 ff.; Musielak/Becker, § 850d Rz. 22; **a.A.:** Henze, Rpfleger 1980, 458.
[2] LG Mannheim v. 30. 9. 1969, NJW 1970, 56; der nachrangig berechtigte Unterhaltsgläubiger kann diese Reihenfolge jedoch unterlaufen, indem er zunächst nur nach § 850c ZPO pfändet und sich somit diese rangsichere Position verschafft, unter Verzicht auf sein Vorrecht nach § 850d ZPO.

Der Drittschuldner sollte im Zweifel, und hat ja auch das Recht gemäß § 853 ZPO, den errechneten pfändbaren Betrag sofort **hinterlegen**.

4. Unterhaltsrückstände

150 Betreibt ein Unterhaltsgläubiger die Lohnpfändung wegen Rückständen, die **länger als ein Jahr** vor Erlass des Pfändungsbeschlusses **fällig** geworden sind, so ist der pfändbare Betrag grundsätzlich nach § 850c ZPO, also nach der Lohnpfändungstabelle, zu ermitteln. Dies gilt jedoch nicht, wenn nach Lage der Verhältnisse anzunehmen ist, dass der Schuldner sich seiner Zahlungspflicht nicht absichtlich entzogen hat. Erfasst die erweiterte Pfändung wegen gesetzlicher Unterhaltsansprüche solche **Rückstände**, trägt der Schuldner die Darlegungs- und Beweislast dafür, dass er sich seiner Zahlungspflicht nicht absichtlich entzogen hat, so der BGH[1] in seinem Beschluss vom 21. 12. 2004. Die Meinung, der Gläubiger habe darzulegen und zu beweisen, dass der Schuldner sich seiner Zahlungspflicht absichtlich entzogen habe, lehnt der BGH ebenso ab wie die überwiegend vertretene Auffassung, der Gläubiger habe bei Antragstellung die Privilegierung der überjährigen Rückstände darzulegen, der Schuldner trage jedoch im Erinnerungsverfahren die Beweislast dafür, dass er sich seiner Zahlungspflicht nicht absichtlich entzogen habe. Mit Wortlaut und Systematik der Vorschrift ist dies nicht vereinbar. Danach sind die in § 850d Abs. 1 ZPO genannten Unterhaltsansprüche vielmehr grundsätzlich nach Maßgabe dieser Vorschrift privilegiert, überjährige Rückstände nur dann nicht, wenn die Voraussetzungen des Satzes 4 dieser Vorschrift vorliegen. Insoweit trägt mithin nach den Grundsätzen der Darlegungs- und Beweislast im Zivilprozess der Schuldner, der Einwendungen gegen die Privilegierung überjähriger Rückstände erhebt, die Darlegungs- und Beweislast.[2] Insgesamt muss diese Erkenntnis jedoch das Vollstreckungsgericht prüfen und feststellen. Sollten daher im Pfändungs- und Überweisungsbeschluss solche Rückstände von über einem Jahr enthalten sein, und hat das Gericht im Beschluss die Pfändungsfreigrenzen festgestellt, ohne zwischen den über ein Jahr zurückliegenden älteren Rückständen und der übrigen Unterhaltsforderung zu unterscheiden, muss der Drittschuldner entsprechend den festgestellten Freigrenzen den pfändbaren Betrag berechnen.

5. Höchstgrenze des Unterhaltsbedarfs

151 Der dem Schuldner insgesamt verbleibende Teil des Arbeitseinkommens darf jedoch auf keinen Fall den Betrag übersteigen, der ihm bei einer Pfändung durch einen gewöhnlichen Gläubiger nach der Lohnpfändungstabelle verbleiben würde (→ Rz. 155).

6. Berechnungsbeispiele zur bevorrechtigten Pfändung

a) Berechung des Nettoeinkommens bei der Unterhaltspfändung

152 Beispiel:

Der Schuldner ist verheiratet und hat drei Kinder. Am Monatsende hat der Schuldner folgende Lohnansprüche:

Bruttolohn 3 000,– €, Überstundenvergütung 200,– €, Urlaubsgeld 400,– €, Gefahrenzulage 50,– €, zusammen somit 3 650,– € brutto.

Berechnung des Nettoeinkommens für die Pfändung:

Der Pfändung entzogener Betrag gemäß §§ 850a, 850d ZPO:

a) ¼ der Überstundenvergütung	50,– €
b) ½ des Urlaubsgelds	200,– €
c) Gefahrenzulage	50,– €
	300,– €
d) LSt, SolZ, KiSt, Sozialvers. aus dem Bruttobetrag von	3 650,– €
– fiktiv –	1 100,– €

Das Nettoeinkommen für die Pfändung errechnet sich somit:

	3 650,– €
abzüglich a)–c)	300,– €
abzüglich d)	1 100,– €
	2 250,– €

b) Berechnung des pfändbaren Betrags bei der Unterhaltspfändung

153 Beispiel:

Da ein nichteheliches Kind wegen 4 000,– € Rückständen und laufenden Unterhalts von monatlich 300,– € pfändet, hat das Vollstreckungsgericht beschlossen, „... dem Schuldner sind monatlich 900,– € pfandfrei zu belassen. Von dem darüber hinausgehenden Betrag sind für den Gläubiger ¼ pfändbar ..."

Der Schuldner ist verheiratet und in seinem Haushalt leben drei weitere Kinder (die Ehefrau ist den Kindern nachrangig).

Berechnung durch den Drittschuldner:

Von dem Nettoeinkommen (→ Rz. 152)	2 250,– €
sind pfandfrei für den Schuldner zu belassen	900,– €
von dem Restbetrag über	1 350,– €
ist ¼ pfändbar gleich	337,50 €

Diese sind an den Gläubiger abzuführen.

Diese Art der Berechnung wird unabhängig von der Höhe des Einkommens des Schuldners vorgenommen. Der pfändende Gläubiger und die übrigen Unterhaltsgläubiger sind gleichberechtigt.

c) Weitere Möglichkeit der Berechnung des pfändbaren Betrags bei Unterhaltspfändungen

154 Beispiel:

Ausgangsfall wie unter → Rz. 153. Der Gläubiger hat im Antrag angegeben, dass der Schuldner verheiratet ist und drei weitere unterhaltsberechtigte Kinder hat. Der Unterhaltsanspruch des pfändenden Gläubigers beträgt wiederum 4 000,– € Rückstand und monatlich 300,– € laufender Unterhalt. Das Vollstreckungsgericht beschließt: „... dem Schuldner sind monatlich 900,– € pfandfrei zu belassen und für jedes weitere Kind 250,– € ..."

Berechnung durch den Drittschuldner:

Von dem Nettoeinkommen über	2 250,– €
sind pfandfrei für den Schuldner	900,– €
für drei Kinder	750,– €
somit pfändbar	600,– €

Der Betrag ist so lange an den Gläubiger zu überweisen, bis die Rückstände ausgeglichen sind. Ist nur noch der laufende Unterhalt offen, so können dem Gläubiger nur noch monatlich 300,– € überwiesen werden. Der Drittschuldner ist für die richtige Tilgung des geltend gemachten Unterhalts verantwortlich (→ Rz. 182 ff.).

---

1) BGH v. 21. 12. 2004, Rpfleger 2005, 204 = NJW-RR 2005, 718 = FamRZ 2005, 440 = JurBüro 2005, 272 = MDR 2005, 649 = WM 2005, 290 = InVo 2005, 235.
2) Hierzu auch Landmann, Rpfleger 2005, 75.

Zweiter Teil: Erläuterungen zur Pfändung von Arbeitseinkommen

d) Berechnung des pfändbaren Betrags bei hohem Einkommen – Vergleich zwischen §§ 850c und 850d ZPO

155 Beispiel:

Ausgangsfall wie unter → Rz. 153. Der Schuldner verdient jetzt netto 3 500,– €. Das Vollstreckungsgericht hat den pfandfreien Betrag für den Schuldner auf 900,– € festgelegt und von dem Mehrbetrag ¼ für pfändbar erklärt.

Berechnung durch den Drittschuldner:

Von dem Nettoeinkommen über	3 500,– €
sind pfandfrei zu belassen für den Schuldner	900,– €
von dem Restbetrag über	2 600,– €
ist ¼ pfändbar	650,– €

Aber:

Bei einer gewöhnlichen Pfändung gemäß § 850c ZPO wären nach der Tabelle pfändbar:

zunächst bei einem Betrag bis 3 020,06 € unter Berücksichtigung von vier unterhaltsberechtigten Personen 208,88 €. Der über 3 020,06 € hinausgehende Betrag ist voll pfändbar, so dass dem Betrag von 208,88 € noch hinzuzurechnen sind 479,94 €, insgesamt somit pfändbar monatlich 688,82 € (auch → Rz. 121).

Da der pfändende Gläubiger sich bei der Berechnung nach § 850d ZPO somit schlechter steht als bei einer Pfändung nach § 850c ZPO, sind **mindestens pfändbar 688,82 €** (§ 850d Abs. 1 Satz 3 ZPO). Dieser Betrag ist an den pfändenden Unterhaltsgläubiger monatlich auszuzahlen.

e) Berechnung des pfändbaren Betrags bei mehreren Unterhaltsberechtigten verschiedener Rangklassen

156 Beispiel:

Ausgangsfall wie unter → Rz. 153. Ein nichteheliches Kind pfändet. Der Schuldner ist verheiratet und hat zwei weitere Kinder, von denen ein Kind bereits volljährig ist. Das monatliche Nettoeinkommen beträgt 2 250,– €.

Berechnung durch den Drittschuldner:

Von dem Nettoeinkommen über	2 250,– €
sind dem Schuldner pfandfrei zu belassen	900,– €
Der Mehrbetrag über	1 350,– €

ist gleichmäßig zu verteilen auf den Gläubiger und ein Kind, da die Ehefrau und das volljährige Kind von dem pfändenden nichtehelichen Kind verdrängt werden (§ 850d Abs. 2 ZPO, § 1609 BGB). Dies wird in der Praxis zu erheblichen Problemen führen, da der Schuldner mit dem ihm verbleibenden Einkommen nicht auskommen wird. Aber die Rangfolge des § 1609 BGB ist absolut.

Somit ist pfändbar ½ des Mehrbetrags gleich 675,– €

Aber:

Sofern das Vollstreckungsgericht den pfändbaren Betrag auf ⅓ oder ¼ des Mehrbetrags festgelegt hat, ist der Drittschuldner hieran gebunden und zahlt an den Gläubiger somit 450,– € oder 337,50 € monatlich aus. Der Gläubiger muss ggf. selbst **Erinnerung** gegen den Pfändungs- und Überweisungsbeschluss einlegen, um den richtigen (höheren) Pfändungsbetrag zu erlangen (→ Rz. 82).

f) Mehrere Unterhaltspfändungsbeschlüsse

157 Beispiel:

Ein nichteheliches Kind A pfändet am 1. Mai wegen Rückstands von 4 000,– € und monatlichen Unterhalts von 300,– €. Zeitlich später pfändet ein weiteres nichteheliches Kind B des Schuldners wegen monatlichen Unterhalts von 450,– €. Der Schuldner hat noch zwei minderjährige Kinder, die in seinem Haushalt leben.

Das Vollstreckungsgericht hat angeordnet, dass dem Schuldner 900,– € pfandfrei zu belassen sind und von dem Mehrbetrag ¼ pfändbar ist. Der Schuldner erhält ein monatliches Nettoeinkommen von 2 250,– €.

Berechnung durch den Drittschuldner:

Erste Berechnung nach Zustellung des Pfändungs- und Überweisungsbeschlusses für das nichteheliche Kind A:

Von dem errechneten Nettoeinkommen über	2 250,– €
sind dem Schuldner pfandfrei zu belassen	900,– €
Von dem Mehrbetrag über	1 350,– €
ist pfändbar ¼ gleich	337,50 €

Zweite Berechnung nach Zustellung des Pfändungs- und Überweisungsbeschlusses für das weitere Kind B:

Auch hier ergibt sich ein pfändbarer Betrag von	337,50 €
Pfändbar sind somit in jedem Falle 2 × 337,50 € =	675,– €

Zuteilung an die Gläubiger:

Variante 1: **158**

Ausgehend von der Tatsache, dass jede bevorrechtigte Pfändung auch eine Pfändung nach § 850c ZPO ist (→ Rz. 149), gilt hinsichtlich der Pfändungsmöglichkeit nach der Lohnpfändungstabelle der Prioritätsgrundsatz. Nach der Tabelle sind pfändbar bei vier unterhaltsberechtigten Personen und

2 250,– € Nettoeinkommen mtl. 54,88 €

Dieser Betrag steht dem nichtehelichen Kind A in jedem Fall alleine zu. Der **Vorrechtsbereich** nach § 850d ZPO, also der Bereich, der tiefer das Arbeitseinkommen erfasst, betrifft somit

	337,50 €
abzüglich	54,88 €
	282,62 €
Hierauf sind die weiteren 337,50 € zu addieren =	620,12 €

Hieran sind die pfändenden Gläubiger (nichteheliche Kinder A und B) gleichberechtigt gemäß § 850d Abs. 2 ZPO, § 1609 Nr. 1 BGB, und zwar zu ½ gleich 310,06 €

Daher erfolgt die Auszahlung

- an den **erstpfändenden Gläubiger**
  (nichteheliches Kind A) über 54,88 €
  zuzüglich 310,06 €
  364,94 €

- an den **zweitpfändenden Gläubiger**
  (nichteheliches Kind B) über 310,06 €

Diese Auffassung halte ich, wie bereits erwähnt, für die gesetzlich richtige Auslegung.

Variante 2: **159**

Schließt man sich der Meinung an, dass die Reihenfolge in § 850d ZPO endgültig geregelt ist und nur noch die Unterhaltsnähe zum Schuldner zählt, steht der pfändbare Betrag

von	675,– €
beiden Gläubigern gleichmäßig zu, mit je	337,50 €

Auf den mit der Wirksamkeit der Pfändung verbundenen Rang kommt es hierbei nicht mehr an[1] (→ Rz. 149).

g) Mehrere Unterhaltspfändungsbeschlüsse verschiedener Ranggläubiger

Beispiel: **160**

Die getrennt lebende Ehefrau pfändet am 1. Mai wegen laufenden Unterhalts von monatlich 450,– €. Zeitlich später pfändet ein volljähriges Kind wegen monatlichen Unterhalts von 300,– €.

---

[1] So Boewer, Rz. 718 mit Ausgangsfall Rz. 714 ff.

Da die getrennt lebende Ehefrau einerseits vorrangig gepfändet hat und somit auch im Pfändungsbereich nach der Lohnpfändungstabelle nach § 850c ZPO erstrangig ist und andererseits das volljährige Kind nach § 850d Abs. 2 ZPO, § 1609 Nr. 4 BGB der Ehefrau des Schuldners ein nachrangiger Berechtigter ist, wird das Kind vollständig von der ersten Pfändung verdrängt. Der volle errechnete pfändbare Betrag muss an die Ehefrau ausgezahlt werden.

Der Schuldner hat z.B. ein monatliches Nettoeinkommen von 2 250,– €. Das Vollstreckungsgericht hat den pfandfreien Betrag für den Schuldner auf 900,– € monatlich festgelegt.

Berechnung durch den Drittschuldner:

Von dem Nettoeinkommen über	2 250,– €
sind pfandfrei lt. Beschluss für den Schuldner	900,– €
	1 350,– €
Der gesamte Betrag von	1 350,– €

geht vorrangig an die getrennt lebende Ehefrau.

VII. Vorpfändung

161 Der Unterhaltsgläubiger kann ebenso wie der „normale" Pfändungsgläubiger dem Drittschuldner eine Vorpfändung gemäß § 845 ZPO zustellen lassen. Hierbei muss der Gläubiger selbst den dem Schuldner zu belastenden pfandfreien Betrag angeben. Sollte das Vollstreckungsgericht in dem anschließenden Pfändungs- und Überweisungsbeschluss die Beträge höher oder niedriger festsetzen, sind nur diese Beträge rückwirkend von dem Drittschuldner zu beachten (→ Rz. 76–78).

VIII. Umfang der Pfändung

162 Grundsätzlich ist bei einer normalen Pfändung nach § 850c ZPO der titulierte Betrag der endgültigen Höhe nach festgestellt. Bei Unterhaltsleistungen, soweit es sich um Rückstände handelt, ist der gesamte Kapitalbetrag ebenfalls festgestellt und fällig. Die Fälligkeit der geltend gemachten Forderung ist eine Vollstreckungsvoraussetzung gemäß § 751 ZPO. Danach kann nur wegen eines Betrags vollstreckt werden, der der Höhe nach feststeht und bereits fällig ist.

Hiervon macht § 850d Abs. 3 ZPO eine grundsätzliche Ausnahme und legt fest, dass wegen laufender Unterhaltsleistungen sowie wegen der aus Anlass einer Verletzung des Körpers oder der Gesundheit zu zahlenden Renten zugleich mit der Pfändung wegen fälliger Ansprüche (Rückstände) auch künftig fällig werdendes Arbeitseinkommen wegen der dann jeweils fällig werdenden Ansprüche gepfändet und überwiesen werden kann **(Vorratspfändung)**.

Der Unterhaltsgläubiger kann also auch wegen der nach Erlass des Pfändungs- und Überweisungsbeschlusses erst fällig werdenden monatlichen Leistungen in das jeweilige regelmäßig auszuzahlende Arbeitseinkommen pfänden.

163 Im Beispiel unter → Rz. 153 bedeutet dies, dass der Drittschuldner den Betrag von 337,50 € so lange an den Gläubiger zu überweisen hat, bis einerseits der Rückstand über 4 000,– € getilgt ist, andererseits der Rückstand, der dann aufgelaufen ist, bis letztlich nur noch der monatlich zu zahlende Betrag von 300,– € offen ist. Ab diesem Zeitpunkt sind auch nur noch 300,– € monatlich an den Gläubiger zu überweisen, da dieser nie mehr verlangen kann, als ihm letztlich zusteht.

164 In der Praxis führt diese sog. Vorratspfändung immer dann zu Problemen, wenn Unterhaltsrückstände nicht oder nicht mehr bestehen und der Schuldner den laufenden Unterhalt ganz oder teilweise **freiwillig zahlt**. Da die Pfändung des Gläubigers aber nach wie vor besteht, errechnet der Drittschuldner ordnungsgemäß den pfändbaren Betrag und überweist ihn monatlich an den Gläubiger. Sofern der Schuldner den gesamten pfändbaren Betrag freiwillig zahlt, muss er im Wege der **Vollstreckungserinnerung** erreichen, dass der Pfändungs- und Überweisungsbeschluss aufgehoben wird, ansonsten ist er gehalten, die freiwillige Zahlung aufzugeben. Bei nur teilweiser Zahlung des laufenden Unterhalts wird der Schuldner auch nicht im Wege der Vollstreckungserinnerung die Aufhebung des Pfändungs- und Überweisungsbeschlusses erreichen, so dass ihm nur die freiwillige Zahlungseinstellung bleibt.

Weist der Schuldner aber dem Arbeitgeber (Drittschuldner) nach, dass er den laufenden Unterhalt für den Monat bereits freiwillig gezahlt hat, hat der Drittschuldner den pfändbaren Lohnanteil zu errechnen und den freiwillig gezahlten Betrag in Abzug zu bringen.[1]

IX. Zusammentreffen bevorrechtigter und nicht bevorrechtigter Gläubiger

1. Einleitung

165 Treffen mehrere Pfändungen nach § 850c ZPO (normale Pfändungen) aufeinander, so gilt, wie bereits zuvor mehrfach erwähnt, der **Grundsatz der Priorität**: Die Gläubiger sind in der Reihenfolge des Wirksamwerdens (= Zustellung des Pfändungs- und Überweisungsbeschlusses an den Drittschuldner) zu befriedigen. Dieser Grundsatz gilt auch in dem Fall des Zusammentreffens einer „normalen" Pfändung mit einer bevorrechtigten Unterhaltspfändung nach § 850d ZPO.

2. Normale Pfändung mit nachfolgend bevorrechtigter Pfändung

Beispiel: **166**

Der Schuldner ist verheiratet und hat drei eheliche Kinder. Der Gläubiger A pfändet nach der Lohnpfändungstabelle das Arbeitseinkommen, welches monatlich netto 2 250,– € beträgt.

Zeitlich später wird der Pfändungs- und Überweisungsbeschluss eines nichtehelichen Kindes des Schuldners dem Drittschuldner zugestellt, wegen Unterhaltsrückstand von 1 400,– € und monatlich laufenden Unterhalts von 250,– €. In dem Beschluss wurde dem Schuldner ein Freibetrag von 900,– € zugesprochen und festgestellt, dass der Mehrbetrag zu ¼ pfändbar ist.

Berechnung durch den Drittschuldner:

Nach Zustellung des ersten Pfändungs- und Überweisungsbeschlusses:

Von dem Nettoeinkommen über	2 250,– €
sind pfändbar nach der Lohnpfändungstabelle bei drei unterhaltsberechtigten Personen	144,29 €

---

[1] Stöber, Rz. 1105 unter Hinweis auf LAG Bremen v. 31. 1. 1962, DB 1962, 476.

Nach Zustellung des zweiten Pfändungs- und Überweisungsbeschlusses wegen Unterhalts des nichtehelichen Kindes:

Von dem Nettoeinkommen über	2 250,– €
abzüglich Schuldnerfreibetrag	900,– €
	1 350,– €
ist ¼ pfändbar	337,50 €

167 Achtung:
Erstens: Aus Vereinfachungsgründen ist hier bei der Berechnung für den Unterhaltsgläubiger wiederum von einem monatlichen Nettoeinkommen von 2 250,– € ausgegangen worden. Da aber bei der Unterhaltspfändung die Bezüge nach § 850a Nr. 1, 2 und 4 ZPO zu einem geringeren Betrag pfandfrei zu belassen sind, kann sich hier ggf. ein höheres Nettoeinkommen ergeben (→ Rz. 110, 152). Von diesem ist bei der Berechnung auszugehen.

Zweitens: Der erste zugestellte Pfändungs- und Überweisungsbeschluss ist m. E. zu korrigieren. Der Drittschuldner hat nunmehr Kenntnis, dass der Schuldner nicht nur zwei Kinder, sondern drei Kinder hat, denen er auch tatsächlich Unterhalt gewährt. Der dem erstpfändenden Gläubiger zustehende Betrag beträgt somit nach der Lohnpfändungstabelle bei jetzt vier unterhaltsberechtigten Personen monatlich nur noch 54,88 €.

168 Auszahlung: Nach dem Prioritätsprinzip erhält der erstpfändende Gläubiger nunmehr

monatlich	54,88 €
Der Unterhaltsgläubiger kann mtl. beanspruchen,	337,50 €
so dass an ihn auszuzahlen sind	337,50 €
abzüglich des Betrags an Gläubiger A	54,88 €
gleich	282,62 €

Der bevorrechtigte Unterhaltsgläubiger kann also nicht den Rang des zuerst pfändenden Gläubigers zerstören. Er erhält aber dennoch einen Pfändungsbetrag überwiesen, da seine Pfändung das Arbeitseinkommen tiefer erfasst.

3. Bevorrechtigte Pfändung mit nachfolgend normaler Pfändung

169 Ist die Pfändung des Unterhaltsgläubigers zuerst erfolgt und dann nachfolgend der Pfändungs- und Überweisungsbeschluss des normal pfändenden Gläubigers dem Drittschuldner zugestellt worden, gilt auch hier die Rangfolge nach der Zustellung. Der normal pfändende Gläubiger erhält erst dann eine Zuteilung, wenn der Unterhaltsgläubiger vollständig befriedigt ist.

Beispiel:
Ausgangsfall wie unter → Rz. 166. Der Unterhaltsgläubiger erhält nunmehr als der erstpfändende Gläubiger monatlich 337,50 €.

Der normal pfändende, nachrangige Gläubiger, dem monatlich 54,88 € zustehen, erhält vorerst nichts.

Diese Auszahlung ist auch solange gerechtfertigt, wie **170** noch Unterhaltsrückstände bestehen und der pfändbare Betrag von 337,50 € monatlich für den Rückstand und den laufenden Unterhalt benötigt wird. Ist der Rückstand jedoch abgebaut und nur noch der laufende Unterhalt offen, gebührt dem Unterhaltsgläubiger monatlich nur noch der laufende Unterhalt über 250,– € (Beispiel → Rz. 166). Der nachrangige Gläubiger, der nach der Tabelle nur 54,88 € beanspruchen kann, erhält auch jetzt keine Zuteilung, da der monatliche Unterhalt von 250,– € seinen Anspruch nach der Lohnpfändungstabelle (54,88 €) übersteigt.

4. Verrechnungsantrag

Der nachrangige, nicht bevorrechtigte Gläubiger kann **171** trotz der vorgehenden, bevorrechtigten Pfändung u. U. eine Zuteilung erreichen. Er kann einen entsprechenden Antrag nach § 850e Nr. 4 Satz 2 ZPO stellen.

Der Unterhaltsgläubiger soll hiernach in erster Linie aus dem Vorrechtsbereich nach § 850d ZPO befriedigt werden.

Beispiel: **172**

Ausgangsfall wie unter → Rz. 166. Der Unterhaltsrückstand ist getilgt. Die Pfändung beschränkt sich daher auf den monatlichen Unterhalt von 250,– €. Für den Unterhaltsgläubiger stehen nach § 850d ZPO lt. Beschluss 337,50 € zur Verfügung.

Der **Vorrechtsbereich** nach § 850d ZPO beträgt	337,50 €
abzüglich pfändbar nach der Lohnpfändungstabelle zu § 850c ZPO	54,88 €
Da dieser Vorrechtsbereich über	282,62 €
für den laufenden Unterhalt von	250,– €
ausreicht, sind daher an den Unterhaltsgläubiger	250,– €
zuzuteilen und an den nachrangigen, normal pfändenden Gläubiger	54,88 €

Diese Berechnung hat aber nicht der Drittschuldner **173** von sich aus vorzunehmen. Das **Vollstreckungsgericht entscheidet auf Antrag** hierzu **durch Beschluss**. Den Antrag muss der Schuldner oder der nachrangig pfändende Gläubiger stellen (auch der Drittschuldner wird als antragsberechtigt angesehen). Der Drittschuldner leistet bis zur Zustellung des Änderungsbeschlusses nach Maßgabe der ihm vorliegenden Pfändungs- und Überweisungsbeschlüsse mit befreiender Wirkung.

Dieselbe Berechnung kann auf Antrag auch dann vor- **174** genommen werden, wenn der zuerst pfändende Unterhaltsgläubiger lediglich in den Grenzen nach § 850c ZPO unter Verzicht auf sein Vorrecht nach § 850d ZPO gepfändet hätte. Der normal pfändende Gläubiger soll hierdurch nicht schlechter gestellt werden.

Ebenso erfolgt diese Berechnung, wenn es sich nicht **175** um eine Pfändung, sondern um eine Abtretung oder sonstige Verfügung handelt (z. B. eine nach Zustellung der Unterhaltspfändung vereinbarte Aufrechnungsmöglichkeit des Drittschuldners für eine Darlehensgewährung). Sollten sich hier Schwierigkeiten oder Unklarheiten ergeben, empfiehlt sich für den Drittschuldner die zulässige Hinterlegung nach § 853 ZPO.

E. Berücksichtigung mehrerer Einkünfte

I. Mehrere Arbeitseinkommen

176 Bezieht der Schuldner mehrere Arbeitseinkommen nebeneinander, so hat das Vollstreckungsgericht (ggf. das Insolvenzgericht, § 36 Abs. 4 InsO) diese **auf Antrag** des Gläubigers oder des Schuldners bei der Pfändung **zusammenzurechnen** (§ 850e Nr. 2 ZPO). Das Gleiche gilt, wenn der Schuldner mit dem Arbeitseinkommen auch laufende Geldleistungen nach dem Sozialgesetzbuch erhält, soweit diese der Pfändung unterworfen sind (§ 850e Nr. 2a ZPO). Im Pfändungsbeschluss ist entweder der unpfändbare Grundbetrag festzusetzen und anzugeben, welcher Drittschuldner ihn zu berücksichtigen hat, oder aber anzuordnen, dass sich die Drittschuldner untereinander in Verbindung zu setzen haben. Der unpfändbare Betrag ist grundsätzlich dem Arbeitseinkommen zu entnehmen, das die wesentliche Grundlage der Lebenshaltung des Schuldners bildet.

Solange das Gericht nicht im Pfändungsbeschluss mitteilt, wie mehrere Arbeitseinkommen bei der Pfändung zu berücksichtigen sind, muss der Arbeitgeber als Drittschuldner so rechnen, als ob der Arbeitnehmer (Schuldner) nur das Einkommen von ihm bezieht.

Es müssen auch nicht alle Einkommensarten gepfändet werden. Das weitere Einkommen dient dann lediglich als Berechnungsgrundlage.

176.1 Hierbei ist es unerheblich, auf Grund welcher Rechtsgrundlage das Einkommen bezogen wird. Die Ausführungen gelten auch im Niedriglohnbereich für die sog. **„Mini-Jobs"**, die zum 1.4.2003 eingeführt wurden. Hierdurch soll Teilzeitarbeit attraktiver werden. Bis zu einer Verdienstgrenze von 400,- € müssen Arbeitnehmer gar keine und Arbeitgeber nur geringe Sozialbeiträge und Steuern abführen. Bis 800,- € (sog. Gleitzone) gelten verringerte Beitragssätze. Bei einer Beschäftigung bis 400,- € hat der Arbeitgeber Pauschalabgaben von 30% (bis 30.6.2006 25%) zu entrichten. Darin sind 15% (bis 30.6.2006 12%) Rentenbeitrag, 13% (bis 30.6.2006 11%) Krankenkassenbeitrag und (unverändert) 2% Pauschalsteuer enthalten. Um die Bürokratie in Grenzen zu halten, ist für die Pauschalbeträge eine zentrale Einzugsstelle bei der Deutschen Rentenversicherung Knappschaft-Bahn-See (bis zum 30.9.2005 Bundesknappschaft) eingerichtet worden. Bei einem Verdienst von 400,01 bis 800,- € gilt eine **„Gleitzone"**. Der Arbeitgeber entrichtet seinen vollen Anteil zu den Sozialbeiträgen; die Arbeitnehmerbeiträge steigen von ca. 4% bis zum vollen Anteil von etwa 21% des tatsächlichen Arbeitsentgelts.

1. Gleichwertige Arbeitseinkommen

177 Beispiel:

Der Schuldner arbeitet halbtags bei der Firma A und stundenweise bei der Firma B. Der Gläubiger pfändet beide Arbeitseinkommen und beantragt, diese zusammenzurechnen. Der Schuldner ist verheiratet und hat zwei Kinder. Bei der Firma A verdient er monatlich netto 1 200,- € und bei der Firma B 900,- €. Das Gericht hat die Zusammenrechnung angeordnet und festgestellt, dass der unpfändbare Grundbetrag in erster Linie dem Einkommen bei der Firma A zu entnehmen ist. Der Pfändungs- und Überweisungsbeschluss wird den Firmen A und B zugestellt.

Berechnung durch die Drittschuldner:

Beide Drittschuldner haben sich untereinander in Verbindung gesetzt und die Nettoeinkommen für den nächsten Zahltag ausgetauscht.

Nettoeinkommen bei der Firma A	1 200,- €
Nettoeinkommen bei der Firma B	900,- €
Von dem Gesamtnettoeinkommen über	2 100,- €
ist bei drei unterhaltsberechtigten Personen (Ehefrau, zwei Kinder) lt. Lohnpfändungstabelle pfändbar	99,29 €

Der unpfändbare Grundbetrag nach § 850c Abs. 1 ZPO beträgt 985,15 € für den Schuldner, zuzüglich 370,76 € für die Ehefrau, zuzüglich jeweils 206,56 € für jedes Kind, insgesamt somit 1 769,03 €.

Da nach Anordnung des Gerichts dieser unpfändbare Grundbetrag dem Einkommen bei der Firma A zu entnehmen ist, der Schuldner dort aber nur 1 200,- € netto erhält, ist dieser Betrag insgesamt unpfändbar.

Der restliche Grundfreibetrag ist dem Einkommen bei der Firma B zu entnehmen, so dass dort von dem Nettoeinkommen über 900,- € noch der restliche Grundfreibetrag über 569,03 € in Abzug zu bringen ist.

Der pfändbare Betrag über 99,29 € ist daher von der Firma B an den Gläubiger zu überweisen.

Hieran ist deutlich zu erkennen, wie wichtig es ist, **178** dass die Drittschuldner sich untereinander in Verbindung zu setzen haben, um die Einkommen richtig zu ermitteln und festzustellen, wer zahlungspflichtig ist.

2. Arbeitseinkommen und Nebenverdienst

Dass die Drittschuldner sich untereinander in Verbindung zu setzen haben, um die Einkommen richtig zu ermitteln und festzustellen, wer zahlen muss, ist ebenso wichtig, wenn eines der Einkommen nur einen geringeren Umfang hat und als Mehrarbeit i.S.d. § 850a Nr. 1 ZPO anzusehen ist. **179**

Der Nebenverdienst außerhalb der regulären Arbeitszeit kann sowohl bei demselben Arbeitgeber als auch bei einem anderen Arbeitgeber erfolgen. Dieser Nebenverdienst ist zur Hälfte unpfändbar.[1]

Beispiel: **179.1**

Ausgangsfall wie im Beispiel unter → Rz. 177. Das Einkommen bei der Firma A beträgt 1 600,- €, bei der Firma B jetzt 400,- € monatlich netto. Beide Einkommen sind zusammenzurechnen.

Berechnung durch den Drittschuldner:

Nettoeinkommen bei der Firma A	1 600,- €
zuzüglich ½ des Nettoeinkommens bei der Firma B (Mehrarbeitsvergütung i. S. d. § 850a Nr. 1 ZPO)	200,- €
	1 800,- €
Pfändbar nach der Lohnpfändungstabelle bei drei unterhaltsberechtigten Personen ist somit monatlich	9,29 €

Der pfändbare Betrag ist wie im Beispiel unter → Rz. 177 wegen des hohen Grundfreibetrags über 1 769,03 € aus dem Nebeneinkommen bei der Firma B zu zahlen.

---

[1] Stöber, Rz. 982; Baumbach/Hartmann, § 850a Rz. 3.

II. Arbeitseinkommen und Kindergeld

180 Nach § 850e Nr. 2a ZPO können auch das Arbeitseinkommen und Leistungen nach dem Sozialgesetzbuch (§ 54 Abs. 3, 4 und 5 SGB I geändert durch 2. SGB-ÄndG vom 13. 6. 1994[1])) mit Wirkung ab 18. 6. 1994 zusammengerechnet werden. Die Entscheidung trifft das Gericht. Ordnet es die Zusammenrechnungen an, verfährt der Drittschuldner wie in den unter → Rz. 176 ff. genannten Beispielen.

In der Praxis dürfte der Drittschuldner früher mit Zusammenrechnungen von Arbeitslohn und Kindergeld konfrontiert worden sein. Nach dem Ersten Gesetz zur Änderung des Sozialgesetzbuchs vom 20. 7. 1988[2]) und nach Änderung des SGB I (2. SGB-ÄndG vom 13. 6. 1994) sind die Voraussetzungen zur Pfändbarkeit des Kindergelds dahingehend eingeschränkt worden, dass das Kindergeld nur noch wegen gesetzlicher Unterhaltsansprüche eines Kindes gepfändet werden kann, welches bei der Festsetzung des Kindergelds selbst mitberücksichtigt worden ist (§ 54 Abs. 5 SGB I). Dies gilt auch für die Entscheidung bei der Zusammenrechnung von Arbeitslohn mit Kindergeld (§ 850e Nr. 2a ZPO). Die Pfändung wegen Unterhaltsansprüchen wird aber regelmäßig nach § 850d ZPO erfolgen, so dass das Vollstreckungsgericht keinen Blankett-Beschluss erlassen darf, sondern, wie unter → Rz. 145 besprochen, den pfandfreien bzw. pfändbaren Teil der Gesamteinkünfte definitiv feststellen muss.

III. Arbeitseinkommen und Naturalleistungen

181 Erhält der Schuldner neben seinem in Geld zahlbaren Einkommen auch Naturalleistungen, so sind Geld- und Naturalleistungen zusammenzurechnen (§ 850e Nr. 3 ZPO). Werden Lohn- und Naturalleistungen vom selben Drittschuldner gewährt, muss dieser die **Zusammenrechnung** von sich aus vornehmen. Bestehen die Ansprüche gegenüber mehreren Drittschuldnern, muss das Gericht die Zusammenrechnung ausdrücklich durch Beschluss anordnen.

Die Naturalbezüge werden mit dem **Betrag ihres ortsüblichen Werts** dem in Geld zahlbaren Arbeitseinkommen hinzugerechnet (z. B. Beköstigung, freie Wohnung, Zurverfügungstellung eines Pkw, Arbeitskleidung). Maßgebend ist der **Nettowert** der Naturalleistungen nach Abzug der Steuern und Sozialversicherungsbeiträge.[3]) Hierbei können zu Wertermittlungen z. B. die Richtsätze des Steuerrechts herangezogen werden.

Der pfändbare Betrag ist bei der Zusammenrechnung stets dem in Geld zahlbaren Einkommen zu entnehmen.

---

1) BGBl. I 1994, 1229.
2) BGBl. I 1988, 1046.
3) Stöber, Rz. 1168; Boewer, Rz. 802 ff.

F. Richtige Schuldentilgung durch den Drittschuldner

I. Nicht bevorrechtigte Pfändung

182 **Der Drittschuldner ist verantwortlich für die richtige Reihenfolge der Schuldentilgung.** Hierbei ist § 367 Abs. 1 BGB zu beachten. Die pfändbaren Beträge sind zunächst auf die Kosten, dann auf die Zinsen und zuletzt auf den Hauptanspruch zu verrechnen. Sofern es sich um mehrere Forderungen handelt, besagt § 366 Abs. 2 BGB, dass unter mehreren fälligen Schulden zunächst diejenige zu tilgen ist, die die geringere Sicherheit bietet. Bei mehreren gleich sicheren Forderungen ist zunächst die dem Schuldner lästigere zu tilgen und bei mehreren lästigen Schulden davon jeweils die ältere Schuld. Problematisch wird diese Verrechnung aber regelmäßig erst bei einer bevorrechtigten Pfändung wegen rückständigem und laufendem Unterhalt und einer normalen Pfändung. Sollte Streit hierüber entstehen, kann auch das Vollstreckungsgericht mit einem Klarstellungsbeschluss um Klärung gebeten werden, welche Forderung den Vorrechtsbereich nach § 850d ZPO erfasst und welche nicht.

Handelt es sich bei der titulierten Forderung jedoch um einen Anspruch, für den die Vorschriften des **Verbraucherdarlehensvertrags** (§§ 491 ff. BGB n. F.) gelten, sind Zahlungen abweichend von § 367 Abs. 1 BGB zunächst auf die Kosten, dann auf die Hauptforderung und zuletzt auf die Zinsen zu verrechnen (§ 497 Abs. 3 Satz 1 BGB n. F.). Diese Tilgungsreihenfolge gilt nicht für Titel, deren Hauptforderung auf Zinsen lautet (§ 497 Abs. 3 Satz 5 BGB).

Das **Problem** für den Drittschuldner ist hierbei zu erkennen, ob die im Pfändungs- und Überweisungsbeschluss aufgeführte Forderung nebst Kosten und Zinsen unter den Anwendungsbereich der Vorschriften über den Verbraucherdarlehensvertrag fällt. Da sowohl das Vollstreckungsgericht als auch der Drittschuldner ausschließlich den wirksamen Titel zur Grundlage der Zwangsvollstreckung zu beachten haben, muss sich die Tilgungsreihenfolge aus dem Vollstreckungstitel ergeben. Falls der Gläubiger selbst auf die besondere Tilgungsreihenfolge nach § 497 Abs. 3 BGB hinweist, ist dem nachzukommen. Entsprechende Einwendungen des Schuldners sind jedoch unbeachtlich. Der Schuldner ist mit seinen Einwendungen auf die Vollstreckungsgegenklage zu verweisen (§ 767 ZPO).

II. Bevorrechtigte Pfändung

183 Soweit es sich um eine Unterhaltsforderung handelt, ändert sich die Verrechnung Kosten-, Zinsen-, Hauptanspruch nicht. Dabei kann es sich allerdings nur um Zinsen aus den festgesetzten Kosten und ggf. aus den Unterhaltsrückständen handeln, da die laufenden Unterhaltsleistungen nicht verzinst werden können. Bei der Hauptforderung werden zuerst die Unterhaltsrückstände getilgt, dann der laufende Unterhalt.

184 Beispiel:

Der Schuldner ist verheiratet und hat zwei Kinder (die Ehefrau ist den Kindern nachrangig). Ein nichteheliches Kind pfändet wegen 450,- € Unterhaltsrückstand und laufendem Unterhalt von monatlich 250,- € ab dem 1. 8. 2009. Der Pfändungs- und Überweisungsbeschluss wird dem Drittschuldner am 28. 8. 2009 zugestellt. Laut Pfändungs- und Überweisungsbeschluss sind dem Schuldner 900,- € monatlich pfandfrei zu belassen. Der Mehrbetrag ist zu ⅓ pfändbar. Der Schuldner hat ein monatliches Nettoeinkommen von 2 250,- €.

An bisherigen Vollstreckungskosten sind insgesamt entstanden 93,35 €. Der Kostenfestsetzungsbeschluss beläuft sich auf 300,- € nebst 5 %-Punkte über Basiszins ab dem 1. 7. 2007.

Berechnung durch den Drittschuldner:

Von dem Nettoeinkommen über	2 250,- €
sind pfandfrei für den Schuldner zu belassen	900,- €
Von dem Restbetrag über	1 350,- €
ist ⅓ pfändbar, gleich	450,- €

Verrechnung am 31. 8. 2009

a) bisherige Vollstreckungskosten	93,35 €
b) Zinsen aus dem Kostenfestsetzungsbeschluss (ab 1. 7. 2007 bis 31. 8. 2009 aus 300,- €)	50,65 €
c) Betrag des Kostenfestsetzungsbeschlusses	300,- €
	444,- €
d) Auf den Unterhaltsrückstand entfallen noch	6,- €
Damit ist der pfändbare Betrag über	450,- €

zunächst erschöpft.

Verrechnung am 30. 9. 2009

a) Rest-Unterhaltsrückstand aus dem Pfändungs- und Überweisungsbeschluss (450,- € ./. 6,- €)	444,- €
b) Teilbetrag aus dem jetzt rückständigen Unterhalt für die Monate August und September über	6,- €
insgesamt	450,- €

Verrechnung am 31. 10. 2009

a) Rest-Unterhaltsrückstand für die Monate August und September	444,- €
b) Teilbetrag auf den jetzt rückständigen Unterhalt für den Monat Oktober über 250,- €	6,- €
insgesamt	450,- €

Verrechnung am 30. 11. 2009

a) Rest-Unterhaltsrückstand für den Monat Oktober	244,- €
b) Teilbetrag aus dem jetzt rückständigen Unterhalt für den Monat November	206,- €
insgesamt	450,- €

Verrechnung am 31. 12. 2009 (ohne Weihnachtsgeld)

a) Rest-Unterhaltsrückstand für den Monat November	44,- €
b) Rückstand für den Monat Dezember	250,- €
c) im Voraus zu zahlender Unterhalt für Januar 2006	156,- €
insgesamt	450,- €

Verrechnung am 31. 1. 2010

a) Rest-Unterhaltsrückstand für den Monat Januar	94,- €
b) laufender Unterhalt für den Monat Februar	250,- €
insgesamt	344,- €

Nur dieser Betrag von 344,- € wird an den Gläubiger überwiesen. Ab dem 29. 2. 2010 werden dann monatlich 250,- € laufender Unterhalt an den Gläubiger überwiesen. Der Gläubiger darf nie mehr erhalten, als ihm letztlich zusteht.

G. Änderung des unpfändbaren Betrags – Pfändungsschutz nach § 850f ZPO

I. Einleitung

185 Während das Gesetz nach der Tabelle zu § 850c ZPO oder das Vollstreckungsgericht mit der Festlegung des unpfändbaren Betrags bei der Unterhaltspfändung nach § 850d ZPO Pfändungsschutz auf der Grundlage allgemeiner Erfahrungssätze bestimmt, durchbricht § 850f ZPO diese festen Grundsätze. Hiernach kann das Vollstreckungsgericht (ggf. das Insolvenzgericht, § 36 Abs. 4 InsO) sowohl **individuelle Bedürfnisse** des Schuldners **berücksichtigen** als auch dem Gläubiger ein **höheres Pfändungsprivileg zubilligen**. Das Gericht wird aber nur auf Antrag tätig. Der Drittschuldner hat die besonderen Belange von Schuldner oder Gläubiger nicht von sich aus zu berücksichtigen. Das Gericht entscheidet durch Beschluss, der den Beteiligten, insbesondere dem Drittschuldner, zuzustellen ist. Der Drittschuldner leistet auf der Grundlage des Beschlusses mit befreiender Wirkung.

II. Erhöhter Schuldnerfreibetrag

186 Über die gesetzlichen – nach der Lohnpfändungstabelle – zu berücksichtigenden Freibeträge, aber auch über den vom Vollstreckungsgericht festgesetzten notwendigen Unterhaltsbedarf bei der Pfändung wegen Unterhaltsforderung nach § 850d ZPO hinaus, ist dem Schuldner auf Antrag ein weiterer Teil des pfändbaren Betrags zu belassen, wenn

- der Schuldner nachweist, dass die Pfändungsfreibeträge hinter den Sozialhilfeleistungen zurückbleiben,
- besondere Bedürfnisse des Schuldners aus persönlichen oder beruflichen Gründen oder
- der besondere Umfang der gesetzlichen Unterhaltspflichten des Schuldners, insbesondere die Zahl der Unterhaltsberechtigten, dies erfordert

und überwiegende Belange des Gläubigers nicht entgegenstehen.

187 Zu den besonderen Bedürfnissen aus **persönlichen Gründen** zählen z.B. hohe Aufwendungen, die durch Krankheit oder Invalidität bedingt sind. Bedürfnisse aus beruflichen Gründen können z.B. außergewöhnlich hohe Kosten für die Fahrt zur Arbeitsstelle oder Aufwendungen für eine notwendige berufliche Umschulung sein. Pflegegeld ist nicht pfändbar und führt auch nicht zur einer Änderung der Pfändungsfreigrenzen.[1]

188 Ein besonderer Umfang der **gesetzlichen Unterhaltspflichten** kann insbesondere durch die Zahl der unterhaltsberechtigten Personen bedingt sein. So kommt ein erweiterter Pfändungsschutz z.B. in Betracht, wenn der Schuldner mehr als fünf Personen gegenüber Unterhaltsverpflichtungen erfüllt, zumal das Gesetz nur Freibeträge für höchstens fünf unterhaltsberechtigte Personen vorsieht. Im Übrigen können die Voraussetzungen aber auch dann vorliegen, wenn der Schuldner im Rahmen einzelner Unterhaltsverpflichtungen besonders hohe Aufwendungen für Krankheit oder Ausbildung zu tragen hat.

189 Ab **Zustellung des Beschlusses** hat der Drittschuldner den erhöhten Pfändungsfreibetrag zu beachten. Der Beschluss kann jederzeit auf Antrag wieder geändert werden, sofern sich die Voraussetzungen ändern (§ 850g ZPO).

Der Beschluss wirkt grundsätzlich aber nur zwischen dem Gläubiger und Schuldner des zu Grunde liegenden Pfändungsbeschlusses. Sofern mehrere Gläubiger das Arbeitseinkommen gepfändet haben, muss der Schuldner den Antrag nach § 850f ZPO für jedes Pfändungsverfahren gegenüber jedem Pfändungsgläubiger neu stellen (auch wenn dies misslich ist, aber es gilt das Prinzip der Einzelzwangsvollstreckung).[2] Der vom Gericht festgesetzte erhöhte Freibetrag gilt nicht als generelle Anweisung an den Drittschuldner zur Berechnung des pfändbaren Betrags für alle Gläubiger. Das Prioritätsprinzip wird ebenfalls nicht durch einen solchen Beschluss durchbrochen. Ein nachrangiger Gläubiger kann aber nicht auf den nach § 850f Abs. 1 ZPO freigewordenen Teil eines vorrangigen Gläubigers zugreifen, da ihm das Pfandrecht des vorrangigen Gläubigers im Rahmen des § 850c ZPO vorgeht.[3]

Beispiel:

190 Der Schuldner ist verheiratet, hat ein Kind. Sein monatliches Nettoeinkommen beträgt 2430,– €. Der Gläubiger A pfändet das Arbeitseinkommen im April des laufenden Jahres. Der Gläubiger B pfändet nachrangig im Monat Juni des laufenden Jahres.

Sofort im April d.J. stellt der Schuldner beim Vollstreckungsgericht den Antrag, den Pfändungsbeschluss zwischen dem Gläubiger A und ihm nach § 850f ZPO abzuändern, da er krankheitsbedingt erhöhte Aufwendungen hat. Das Vollstreckungsgericht ändert den Pfändungs- und Überweisungsbeschluss des Gläubigers A gegen den Schuldner ab und bestimmt den pfändbaren Betrag auf monatlich 250,– €. Dieser Beschluss wird dem Drittschuldner im Juli d.J. zugestellt.

Berechnung durch den Drittschuldner:

Monat April:

Nach der Lohnpfändungstabelle berechnet der Drittschuldner am 30. April für den Gläubiger A den pfändbaren Betrag bei einem Nettoeinkommen von 2430,– € unter Berücksichtigung von zwei unterhaltsberechtigten Personen auf monatlich 347,01 €. Diesen Betrag erhält der Gläubiger A für den Monat April überwiesen.

Monat Mai:

Gleiche Berechnung wie für den Monat April, da die Pfändung des Gläubigers B erst im Juni d.J. wirksam wird.

Monat Juni:

Gleiche Berechnung wie für den Monat April. Der Gläubiger A erhält den pfändbaren Betrag von monatlich 347,01 €. Der Gläubiger B ist nachrangig und muss sich den Gläubiger A vorgehen lassen. Der Gläubiger B erhält keine Zuteilung.

Monat Juli:

Gleiche Berechnung wie für den Monat April. Auf Grund des zugestellten Änderungsbeschlusses des Vollstreckungsgerichts erhält der Gläubiger A jetzt aber nur noch einen Betrag von

---

1) AG Frankfurt v. 15. 10. 1998, JurBüro 1998, 273.
2) Stöber, Rz. 1189.
3) Stöber, Rz. 1189c.

monatlich 250,– €. Diesen Betrag hat das Vollstreckungsgericht gegen den Gläubiger A, zu Gunsten des Schuldners, festgesetzt.

Der nachrangige Gläubiger B erhält aber nunmehr nicht die Differenz aus dem nach der Tabelle pfändbaren Betrag von	347,01 €
und der Zuteilung an den Gläubiger A	250,– €
	97,01 €

190.1 Das Pfandrecht des Gläubigers A geht dem des B vor. Der abändernde Beschluss des Vollstreckungsgerichts hat keine Aufhebung des Pfandrechts zur Folge. Der Differenzbetrag verbleibt dem Schuldner. Das entspricht auch dem Schutzzweck der Vorschrift, der persönlichen Situation des Schuldners im Einzelfall gerecht zu werden.

III. Einschränkung des Schuldnerfreibetrags

191 Bei der Pfändung von Arbeitseinkommen wegen einer gewöhnlichen Forderung kann der Pfändungsschutz auf Antrag des Gläubigers in zwei Fällen eingeschränkt werden (§ 850f Abs. 2, 3 ZPO):

192 **erstens**, wenn der Gläubiger die Zwangsvollstreckung wegen einer Forderung aus einer **vorsätzlich begangenen unerlaubten Handlung**,[1] z.B. also wegen einer Schadensersatzforderung aus einer bei einer Schlägerei erlittenen Körperverletzung, betreibt. Der sog. Deliktsanspruch muss sich aber aus dem Titel selbst ergeben, ein Vollstreckungsbescheid reicht hierfür nicht.[2] Dann kann das Vollstreckungsgericht **auf Antrag** des Gläubigers ohne Rücksicht auf die gesetzlichen Pfändungsfreibeträge einen größeren Teil des Arbeitseinkommens für pfändbar erklären. Dem Schuldner muss jedoch soviel belassen werden, wie er für seinen notwendigen Unterhalt und zur Erfüllung seiner laufenden gesetzlichen Unterhaltspflichten bedarf;

193 **zweitens**, wenn das Arbeitseinkommen des Schuldners den Betrag von monatlich 2815,– € (wöchentlich 641,– €, täglich 123,50 €) übersteigt. Dann kann das Vollstreckungsgericht auf Antrag des Gläubigers und unter Berücksichtigung der Belange des Gläubigers und des Schuldners den pfändbaren Betrag ebenfalls nach freiem Ermessen bestimmen. In diesen Fällen ist dem Schuldner jedoch mindestens soviel zu belassen, wie ihm unter Berücksichtigung der gesetzlichen Freibeträge bei einem Nettoarbeitseinkommen von monatlich 2815,– € (wöchentlich 641,– €, täglich 123,50 €) nach der Tabelle zustehen würde.

§ 850f Abs. 3 ZPO ist mit den geänderten Werten zu lesen. Der Gesetzestext wurde nicht angepasst. Eine Bekanntmachung zu § 850f ZPO im Bundesgesetzblatt wie zu § 850c ZPO[3] hat es nicht gegeben.

Auch diese Sonderregelungen sind für den Drittschuldner (Arbeitgeber) nur dann zu berücksichtigen, wenn das Gericht hierzu ausdrücklich eine Regelung trifft. **194**

Hinweis: **195**

Der Beschluss wirkt aber nur konkret zwischen dem begünstigten Gläubiger und dem Schuldner. Der Prioritätsgrundsatz wird dadurch nicht durchbrochen.

Beispiel: **196**

Der Schuldner ist verheiratet und hat ein Kind. Er verdient monatlich 2430,– €. Der Gläubiger A pfändet im April d.J. das Arbeitseinkommen des Schuldners wegen einer privilegierten Forderung. Der Gläubiger B pfändet im Mai d.J. ebenfalls das Arbeitseinkommen, wobei das Vollstreckungsgericht in diesem Pfändungs- und Überweisungsbeschluss den pfändbaren Betrag auf 400,– € monatlich festgesetzt hat.

Berechnung durch den Drittschuldner:

Monat April:

Der Drittschuldner errechnet am 30. April bei einem Nettoeinkommen von 2430,– € unter Berücksichtigung von zwei unterhaltsberechtigten Personen den pfändbaren Betrag lt. Lohnpfändungstabelle

auf mtl. 347,01 €.

Dieser Betrag steht dem Gläubiger A zu.

Monat Mai:

Am 30. Mai erfolgt dieselbe Berechnung durch den Drittschuldner für den erstrangig pfändenden Gläubiger A.

Er erhält 347,01 €.

Für den zweitrangig pfändenden Gläubiger B hat das Vollstreckungsgericht den pfändbaren Betrag auf 400,– € festgesetzt. Diese Pfändung geht also über den Pfändungsrahmen nach der Tabelle hinaus, muss aber die vorrangige Pfändung des Gläubigers A vorgehen lassen.

An den Gläubiger B ist daher die Differenz

(400,– € ./. 347,01 €) 52,99 €

auszuzahlen.

Sobald der Gläubiger A vollständig befriedigt ist,
erhält der Gläubiger B mtl. 400,– €.

---

1) Hierzu BGH v. 26.9.2002, Rpfleger 2003, 91 = NJW 2003, 515 = JurBüro 2003, 436.
2) BGH v. 5.4.2005, Rpfleger 2005, 370 = NJW 2005, 1663 = JurBüro 2005, 437.
3) Bekanntmachung v. 25.2.2005, BGBl. I 2005, 493.

H. Schutz des Gläubigers bei Lohnschiebung oder Lohnverschleierung (§ 850h ZPO)

197 Schutz gegen gewisse Lohnschiebungen gewährt § 850h ZPO. Durch diese Vorschrift soll verhindert werden, dass Arbeitgeber und Arbeitnehmer zum Nachteil des Gläubigers Vereinbarungen treffen, die das pfändbare Einkommen des Arbeitnehmers mindern.

Wenn Arbeitgeber und Arbeitnehmer z.B. eine Vereinbarung treffen, dass der die **Pfändungsfreigrenzen übersteigende Betrag** des Arbeitseinkommens **an einen Dritten** abgeführt werden soll, kann der Gläubiger auch diesen Anspruch gegen den Drittberechtigten pfänden. Ein gesonderter Titel gegen den Drittberechtigten muss nicht vorliegen. Der Pfändungsbeschluss ist aber dem Drittberechtigten ebenfalls zuzustellen. Der für die Pfändung maßgebende Zeitpunkt bleibt jedoch die Zustellung an den Arbeitgeber als Drittschuldner. Zahlt der Drittschuldner jetzt nicht an den Gläubiger, muss dieser Zahlungsklage erheben. Das Prozessgericht (**Arbeitsgericht**) ist dann zur Prüfung der Voraussetzung des § 850h Abs. 1 ZPO berufen.[1]

198 In der Praxis häufiger anzutreffen sind die Fälle des § 850h Abs. 2 ZPO. Ist der Arbeitnehmer z.B. bei einem Angehörigen beschäftigt und vereinbart mit diesem zum Nachteil des Gläubigers ein **geringes Entgelt**, so gilt im Verhältnis des Gläubigers zum Arbeitnehmer ein angemessenes Arbeitseinkommen als geschuldet. Bei der Bemessung der Vergütung ist aber stets der konkrete Einzelfall zu berücksichtigen, insbesondere sind Art und Umfang der Arbeitsleistung, verwandtschaftliche Beziehung und auch die Leistungsfähigkeit des Drittschuldners zu berücksichtigen. Die angemessene Vergütung ist das gepfändete Arbeitseinkommen, der pfändbare Betrag ergibt sich aus der Lohnpfändungstabelle zu § 850c ZPO. Pfändet ein Unterhaltsgläubiger, so hat das Gericht die Pfändungsfreigrenzen im Pfändungs- und Überweisungsbeschluss festgesetzt. Gepfändet selbst wird nur das angebliche Arbeitseinkommen. Zur Wahl der Steuerklasse[2] → Rz. 116.1.

Entsteht Streit über die Höhe des zunächst vom Drittschuldner berechneten fiktiven Arbeitseinkommens, muss der Gläubiger Klage erheben. Dann entscheidet hierüber das Prozessgericht, i.d.R. das Arbeitsgericht.[3]

---

1) Hierzu insgesamt Zöller/Stöber, § 850h Rz. 1.
2) Hierzu auch BAG v. 23.4.2008, NJW 2008, 2606.
3) Zöller/Stöber, § 850h Rz. 7f.; Baumbach/Hartmann, § 850h Rz. 8ff.; zum Rang bei mehreren Pfändungen vgl. BGH v. 15.11.1990, Rpfleger 1991, 68; bei Konkurrenz mehrerer Gläubiger vgl. BAG v. 15.6.1994, BB 1995, 415.

I. Pfändung von einmaligen Bezügen und sonstigen Vergütungen

I. Einkommen Selbständiger

199 Ist das Einkommen nicht in wiederkehrenden Bezügen zahlbar, wie i.d.R. bei **selbständig Erwerbstätigen** (z.B. bei Handwerkern, Ärzten, Rechtsanwälten, Architekten[1] und Künstlern), so gelten für die Pfändung die besonderen Bestimmungen des § 850i Abs. 1 ZPO. Bei diesen Einmalbezügen ist zunächst der gesamte Betrag gepfändet. Dies gilt auch für Abfindungen nach §§ 9, 10 KSchG und §§ 112, 113 BetrVG sowie für Sozialplanabfindungen.[2] Diese Abfindungen sind Arbeitseinkommen im weiteren Sinne und werden von der Pfändung i.d.R. mit erfasst. **Pfändungsschutz** wird nicht kraft Gesetzes, sondern **nur auf Antrag** des Schuldners oder einer ihm gegenüber unterhaltsberechtigten Person gewährt. Das Gericht hat dem Schuldner nur den notwendigen Unterhalt für sich, seinen Ehegatten, einen früheren Ehegatten, seinen Lebenspartner, einen früheren Lebenspartner, seine Verwandten (Eltern, Kinder) und für einen Elternteil nach §§ 1615l, 1615n BGB für einen angemessenen Zeitraum zu belassen. Die **Höhe des pfändungsfreien Betrags bestimmt das Gericht** unter Berücksichtigung der Belange des Gläubigers und der wirtschaftlichen Verhältnisse, insbesondere der durchschnittlichen Verdienstmöglichkeiten des Schuldners nach freiem Ermessen. Die Lohnpfändungstabelle ist nicht anwendbar, sie ist bei einer Entscheidung allenfalls als Anhaltspunkt heranzuziehen.

200 Pfändet das Gericht den Einkommensbetrag des Schuldners in vollem Umfang, so empfiehlt es sich, den **Antrag auf Gewährung von Pfändungsschutz** unverzüglich zu stellen, da eine erfolgte Auszahlung an den Gläubiger nicht mehr rückgängig gemacht werden kann.

II. Sonstiges Einkommen

201 Die Bestimmungen des § 850i Abs. 1 ZPO finden u.U. auch Anwendung auf Vergütungen, die für die Gewährung von Wohngelegenheiten oder für eine sonstige Sachbenutzung (z.B. eines Kraftfahrzeugs) geschuldet werden.

Voraussetzung ist, dass die Vergütung nicht ausschließlich für die Sachbenutzung, sondern zu einem erheblichen Teil auch für die damit verbundene Dienstleistung geschuldet wird (§ 850i Abs. 2 ZPO).

III. Heimarbeiter

Die Vorschrift des § 850i ZPO findet auch Anwendung auf Heimarbeiter, wenn diese nicht ständig für einen bestimmten Arbeitgeber tätig sind, sondern ihre Heimarbeitsvergütung in nicht wiederkehrend zahlbaren Leistungen erhalten (§ 850i Abs. 3 ZPO). **202**

IV. Gerichtliches Verfahren

Von dem nach § 850i ZPO pfändbaren Teil des Einkommens kann dem Schuldner **auf** seinen **Antrag** noch ein weiterer Betrag belassen werden, wenn besondere persönliche oder berufliche Bedürfnisse oder der besondere Umfang seiner gesetzlichen Unterhaltspflichten dies erfordern und überwiegende Belange des Gläubigers nicht entgegenstehen (§ 850f Abs. 1 ZPO). **203**

V. Sonstige Vorschriften

Nach § 850i Abs. 4 ZPO bleiben die Bestimmungen der **Versicherungs-, Versorgungs- und sonstigen gesetzlichen Vorschriften** über die Pfändung von Ansprüchen bestimmter Art unberührt. **204**

Hierzu zählen insbesondere die Vorschriften über die Pfändung von Sozialleistungsansprüchen nach §§ 53, 54, 55 SGB I. Über die in diesen Vorschriften genannten besonderen Pfändungsvoraussetzungen entscheidet das Vollstreckungsgericht. Da der Arbeitgeber grundsätzlich keine Sozialleistungen auszahlt, sollen hier weitere Ausführungen unterbleiben. Zur Zusammenrechnung von Arbeitseinkommen mit Kindergeld → Rz. 180. Zum Insolvenzgeld → Rz. 208.

---

1) Hierzu BGH v. 24.7.2008, FamRZ 2008, 1357 = Rpfleger 2008, 650.
2) BAG v. 13.11.1991, Rpfleger 1992, 442.

J. Pfändungsschutz bei Kontenpfändung

I. Aktuelle Rechtslage

205 In Zeiten des bargeldlosen Zahlungsverkehrs gewinnt die Vorschrift des § 850k ZPO immer mehr an Bedeutung. Die Arbeitgeber überweisen den auszuzahlenden Lohn durchweg auf das Girokonto des Schuldners bei seiner Bank. **Pfändet** der **Gläubiger** die **Ansprüche des Schuldners gegen seine Bank**, so kann dieser nicht mehr über das Kontoguthaben verfügen. Die besonderen Pfändungsschutzvorschriften für das Arbeitseinkommen gelten nicht mehr, nachdem das Arbeitseinkommen dem Konto gutgeschrieben worden ist. Dasselbe Ergebnis tritt ein, wenn der Gläubiger neben der Kontenpfändung noch das Arbeitseinkommen direkt gegenüber dem Arbeitgeber gepfändet hat und dieser nur den unpfändbaren Teil des Arbeitseinkommens – nach Abführung des pfändbaren Teils an den Gläubiger – auf das Konto überweist.

§ 850k ZPO hindert die kontoführende Bank aber nicht an der kontokorrentmäßigen Verrechnung des auf das Girokonto ihres Kunden überwiesenen pfändungsfreien Arbeitseinkommens. Der BGH[1] schließt sich insofern der herrschenden Ansicht in Rechtsprechung und Literatur an. Danach wirkt § 850k ZPO im Rechtsverhältnis zwischen Kreditinstitut und Kunden nicht. Die Verfügungsbefugnis des Kunden über seine Forderung gegen das Geldinstitut ist nicht beschränkt und die Bank kann Überweisungen von unter §§ 850ff. ZPO fallenden Einkünften in die kontokorrentmäßige Verrechnung einbeziehen, sodass ein Anspruch des Kunden auf Auszahlung des unpfändbaren Teils seines Arbeitseinkommens bei debitorischen Kontostand nicht besteht.

206 Damit der Pfändungsschutz bei den Ansprüchen nach §§ 850–850b ZPO nicht verloren geht, muss der Schuldner einen entsprechenden **Antrag** beim Vollstreckungsgericht stellen. Das Vollstreckungsgericht hebt dann die Pfändung des Kontos hinsichtlich des Betrags auf, den der Schuldner für den laufenden Monat für sich und seine Familie zum Unterhalt benötigt. Hierbei ist die jeweilige Tabelle zu § 850c ZPO zu Grunde zu legen. Hat der Drittschuldner den pfändbaren Teil bereits an den Gläubiger ausgezahlt und nur den unpfändbaren Betrag auf das Konto überwiesen, ist in dieser Höhe die Pfändung ganz aufzuheben. Um dem Schuldner Gelegenheit zu geben, einen entsprechenden Antrag rechtzeitig bei dem Vollstreckungsgericht zur Berücksichtigung seiner Freibeträge zu stellen, darf die Bank erst frühestens **zwei Wochen nach Zustellung** des Überweisungsbeschlusses an den Gläubiger eine Auszahlung vornehmen, wenn der Schuldner eine natürliche Person, also keine Gesellschaft, ist (§ 835 Abs. 3 Satz 2 ZPO).

206.1 Wiederholt ist in der Praxis zu beobachten, dass nach Erlass einer Pfändung in die Rechtsbeziehung zwischen dem Schuldner als Kunde und der Bank als Drittschuldner die Bank mit der Kündigung des Kontos droht. Allerdings ist die Androhung der Bank, den Kontovertrag zu kündigen, keine sittenwidrige Härte i.S.v. § 765a ZPO, die dazu führt, die Pfändung aufzuheben.[2] Die Frage, ob eine Kündigung des Kontos rechtswirksam ist, kann nicht im Zwangsvollstreckungsverfahren geklärt werden. Weiter ist zu beobachten, dass nach der Pfändung dem Schuldner nur noch die Bareinzahlungen bzw. Barauszahlung gestattet wird. Fraglich ist, ob der Schuldner die dadurch entstehenden Mehrbelastungen zu tragen hat? Nach einer Entscheidung des LG Berlin[3] kann die Mehrbelastung des Schuldners mit zusätzlichen Bankgebühren und die drohende Kündigung des Kontos es im Einzelfall rechtfertigen, Pfändungsschutz zu gewähren und entweder die Pfändung ruhend zu stellen oder sogar aufzuheben.

II. Reform des Kontopfändungsschutzes

206.2 Der Gesetzgeber hat einen Gesetzentwurf zur **Reform des Kontopfändungsschutzes** vom 19.12.2007[4] vorgelegt. Der Entwurf wurde am 23.4.2009 vom Deutschen Bundestag beschlossen. Der Bundesrat hat dem Gesetzentwurf am 15.5.2009 zugestimmt. Anlass der Reform war, dass die Erfahrungen der letzten Jahre gezeigt hätten, dass die mittlerweile häufig anzutreffende Pfändung der aktuellen und künftigen Guthaben von Girokonten ein typischer Anlass für die Kreditinstitute sei, eine Girokontenverbindung zu kündigen. Dies beruhe auf der weit reichenden Blockadewirkung, die durch eine Kontopfändung ausgelöst werde. Eine Neukonzeption des Rechts des Kontenpfändungsschutzes müsse neben dem verfassungsrechtlichen Justizgewährungsanspruch der Gläubiger und einem effektiven Schuldnerschutz insbesondere auch das Ziel verfolgen, den Aufwand für die Banken in einem vertretbaren Rahmen zu halten, so dass es nicht mehr aus Anlass einer Kontopfändung zur Schließung von Konten kommt. Um der Verfahrenszersplitterung in Kontenschutzverfahren entgegenzuwirken, sieht der Entwurf eine Überarbeitung der für den Kontopfändungsschutz relevanten Vorschriften der Zivilprozessordnung, des Ersten Buches Sozialgesetzbuch sowie des Einkommensteuergesetzes vor. Kernstück des Reformentwurfes ist das sog. **Pfändungsschutzkonto** gemäß § 850k ZPO-E, das gemäß § 850k Abs. 1, 2, 5 ZPO-E einen umfassenden automatischen Pfändungsschutz für den Schuldner durch einen unmittelbaren Auszahlungsanspruch gegenüber dem Kreditinstitut vorsieht.

Zu den Schwerpunkten der Reform im Einzelnen:

Automatischer Pfändungsschutz

206.3 Ein Kontoguthaben in Höhe des Pfändungsfreibetrages nach § 850c ZPO (zurzeit 985,15 €) wird nicht von einer Pfändung erfasst („Basispfändungsschutz"). Das bedeutet, dass aus diesem Betrag Überweisungen, Lastschriften, Barabhebungen, Daueraufträge etc. getätigt werden können.

– Der Basisbetrag wird für jeweils einen Kalendermonat gewährt. Anders als nach geltendem Recht kommt es auf den Zeitpunkt des Eingangs der Einkünfte nicht mehr an. Wird der pfändungsfreie Anteil eines Guthabens in einem Monat nicht ausgeschöpft, wird er auf den folgenden Monat übertragen. In diesem Rahmen kann der Schuldner Guthaben für

---

1) BGH v. 22.3.2005, Rpfleger 2005, 452 = NJW 2005, 1863.
2) LG Frankfurt a.M. v. 14.12.2005, Rpfleger 2006, 209.
3) LG Berlin v. 9.1.2006, Rpfleger 2006, 329.
4) Der Entwurf ist zu finden unter www.bmj.bund.de.

J. Pfändungsschutz bei Kontenpfändung

Leistungen ansparen, die nicht monatlich, sondern in größeren Zeitabständen zu erfüllen sind (z.B. Versicherungsprämien).

– Auf die Art der Einkünfte kommt es für den Pfändungsschutz nicht mehr an. Damit entfällt auch die Pflicht, die Art der Einkünfte (Arbeitseinkommen, Sozialleistungen wie Rente, Arbeitslosengeld etc.) gegenüber Banken und Gerichten nachzuweisen. Auch das Guthaben aus den Einkünften Selbstständiger und aus freiwilligen Leistungen Dritter wird künftig bei der Kontopfändung geschützt.

– Der pfändungsfreie Betrag kann durch Vorlage entsprechender Bescheinigungen von Arbeitgebern, Schuldnerberatungsstellen und Sozialleistungsträgern (z.B. über Unterhaltspflichten und bestimmte Sozialleistungen) beim Kreditinstitut erhöht werden. Eine Erhöhung oder eine Herabsetzung des Basispfändungsschutzes ist außerdem in besonders gelagerten Einzelfällen auf Grund einer gerichtlichen Entscheidung möglich.

Pfändungsschutz nur auf dem P-Konto

206.4 Der automatische Pfändungsschutz kann nur für ein Girokonto gewährt werden. Dieses besondere Konto – P-Konto – wird durch eine Vereinbarung zwischen Bank und Kunde festgelegt. Das Gesetz sieht vor, dass ein Anspruch auf Umwandlung eines bereits bestehenden Girokontos in ein P-Konto innerhalb von vier Geschäftstagen besteht. Die Umstellung wirkt rückwirkend zum Monatsersten. Ein Anspruch auf die neue Einrichtung eines P-Kontos besteht allerdings nicht. Ab 1.1.2012 wird der Kontopfändungsschutz ausschließlich durch das P-Konto gewährleistet.

Besonderer Schutz für bestimmte Leistungen wie Kindergeld und Sozialleistungen

206.5 Kindergeld und Sozialleistungen – etwa nach dem Sozialgesetzbuch II – werden künftig bei ihrer Gutschrift auf dem P-Konto besser geschützt. Beträge müsse nicht mehr binnen sieben Tagen abgehoben werden. Kindergeld wird zusätzlich geschützt. Es kommt also zum Basispfändungsschutz hinzu. Wertungswidersprüche zwischen Vollstreckungs-, Steuer- und Sozialrecht werden damit vermieden.

Pfändungsschutz für sämtliche Einkünfte Selbstständiger

206.6 Die Reform schafft einen besseren und effektiveren Pfändungsschutz für sämtliche Einkünfte selbstständig tätiger Personen, da das künftige Recht alle Einkünfte aus selbstständiger Tätigkeit wie Arbeitseinkommen und Sozialleistungen behandelt.

Vermeidung von Missbräuchen beim P-Konto

206.7 Jede natürliche Person darf nur ein P-Konto führen. Die Kreditinstitute werden ermächtigt, der SCHUFA die Einrichtung eines P-Kontos zu melden und bei jedem Antrag eines Kunden auf Führung eines P-Kontos zu überprüfen, ob für diese Person bereits ein P-Konto besteht. Kreditinstitute holen bereits heute bei jeder Eröffnung eines Girokontos in der Regel eine SCHUFA-Auskunft ein. Die Auskunft der SCHUFA gegenüber den Kreditinstituten soll nunmehr um das Merkmal „P-Konto" erweitert werden. Die Kreditwirtschaft hat angekündigt, von der erweiterten Auskunftsbefugnis auch Gebrauch zu machen, um zu einem möglichst lückenlosen Schutz vor einem Missbrauch des P-Kontos beizutragen. Die SCHUFA darf das zusätzliche Merkmal nur für die Bankauskunft verwenden, nicht für die Beantwortung von Anfragen zur Kreditwürdigkeit oder für die Berechnung von sog. Score-Werten. Flankierend zu dieser präventiven Maßnahme wird Gläubigern in Missbrauchsfällen ein zügiges Verfahren an die Hand gegeben, die Wirkungen weiterer P-Konten zu beseitigen.

Inkrafttreten

206.8 Der Bundesrat hat dem Gesetzentwurf am 15.5.2009 zugestimmt. Bei Redaktionsschluss stand noch die Verkündung im Bundesgesetzblatt aus. Damit die Kreditwirtschaft ausreichend Zeit zur Umstellung hat, ist ein Zeitraum von 12 Monaten zwischen Verkündung und Inkrafttreten vorgesehen. Voraussichtlich wird das P-Konto Mitte 2010 zur Verfügung stehen.

Beispiel 1:

Das monatliche Nettoarbeitseinkommen in Höhe von 1 000 € wird am Monatsersten auf das Girokonto eines alleinstehenden Angestellten überwiesen. Pfändung des Bankguthabens am 15. Juni; es besteht ein Guthaben in Höhe von 1 000 €.

(a) Derzeitige Rechtslage

Mit der Pfändung kann der Schuldner nicht mehr über sein Kontoguthaben verfügen. Der Pfändungsschutz, der für die Pfändung von Arbeitseinkommen beim Arbeitgeber gilt, ist von der Bank bei der Gutschrift auf dem Bankkonto nicht zu berücksichtigen. Mit einem Antrag beim Vollstreckungsgericht kann der Schuldner aber eine Freigabe seines pfändungsgeschützten Arbeitseinkommens erreichen. Da die Pfändung (hier: 15. des Monats) nach dem Zahlungstermin (hier: 1. des Monats) liegt, kann der Schuldner aber nur eine anteilige Freigabe seines Kontoguthabens für die Zeit vor der Pfändung (hier: 15. des Monats) bis zum nächsten Zahlungstermin (hier: 1. des Folgemonats) erreichen. Das Vollstreckungsgericht hat den Gläubiger zu dem Antrag zu hören. Es kann aber vorab schon die Pfändung des Guthabens teilweise aufheben, damit der Schuldner bis zum nächsten Zahlungstermin seinen notwendigen Unterhalt bestreiten und seine laufenden gesetzlichen Unterhaltspflichten erfüllen kann (§ 850k ZPO).

Berechnung des pfändungsfreien und daher freizugebenden Betrags durch das Gericht:

Nettoeinkommen	1 000,00 €
Pfändbarer Anteil des Arbeitseinkommens (nach Tabelle zu § 850c ZPO)	10,40 €
Pfändungsfrei (bezogen auf 1 Monat)	989,60 €

Pfändungsfreier Anteil für die Zeit vom 15. bis 30. Juni:

$$\frac{989{,}60\ \text{€} \times 15}{30} = 989{,}60\ \text{€} : 2 = 494{,}80\ \text{€}$$

Pfändungsfrei ist ein Betrag in Höhe von 494,80 € und daher vom Gericht freizugeben.

(b) Künftige Rechtslage

Das Kreditinstitut berücksichtigt unabhängig vom Zeitpunkt der Pfändung einen pfändungsfreien Guthabensbetrag von 985,15 € auf dem P-Konto. Es bedarf keiner gerichtlichen Entscheidung; eine zeitanteilige Berechnung entfällt. Der Schuldner hat – wie bisher – noch die Möglichkeit, weiteren Pfändungsschutz bei Gericht zu beantragen, z. B. wegen eines erhöhten Bedarfs aus persönlichen Gründen wie Krankheit etc.

Beispiel 2:

Wie Fall 1, aber der Schuldner ist verheiratet, hat ein Kind und verdient 1 200 € netto.

(a) Derzeitige Rechtslage

Berechnung des pfändungsfreien und daher freizugebenden Betrages durch das Gericht:

Nettoeinkommen:	1 200 €

Pfändbarer Anteil des Arbeitseinkommens

Freibeträge nach § 850c ZPO: 985,15 € für den Schuldner, 370,76 € für die Ehefrau und 206,56 € für das Kind = 1 562,47 €	0 €
Pfändungsfrei (bezogen auf 1 Monat)	1 200 €

Pfändungsfreier Anteil für die Zeit vom 15. bis 30. Juni:

$$\frac{1\,200\ € \times 15}{30} = 1\,200\ € : 2 \qquad = 600\ €$$

Pfändungsfrei ist ein Betrag in Höhe von 600 € und daher vom Gericht freizugeben.

(b) Künftige Rechtslage

Das Kreditinstitut berücksichtigt unabhängig vom Zeitpunkt der Pfändung automatisch einen pfändungsfreien Guthabensbetrag von 985,15 €. Es bedarf keiner gerichtlichen Entscheidung; eine zeitanteilige Berechnung des Freibetrags entfällt. Kann der Schuldner seine Unterhaltspflichten gegenüber seiner Ehefrau und seinem Kind durch eine Bescheinigung seines Arbeitgebers, der Familienkasse, eines Sozialleistungsträgers oder einer Schuldnerberatungsstelle gegenüber dem Kreditinstitut belegen, hat dieses von sich aus einen pfändungsfreien Guthabensbetrag von 1 200 € zu beachten. Der Schuldner kann aber auch eine Entscheidung des Vollstreckungsgerichts beantragen; dann hat die Bank auf der Grundlage der Gerichtsentscheidung den höheren pfändungsfreien Guthabensbetrag auf dem Konto zu berücksichtigen.

Beispiel 3:

Das Guthaben des Bankkontos eines selbstständig tätigen Unternehmers in Höhe von 1 000 € wird gepfändet. Auf dem Konto werden nicht wiederkehrende Vergütungen für Dienstleistungen des Unternehmers gutgeschrieben.

(a) Derzeitige Rechtslage

Es besteht kein Pfändungsschutz, da die Vergütung nicht zu den bei der Kontopfändung geschützten Einkünften wie Arbeitseinkommen, Sozialleistungen etc. gehört.

(b) Künftige Rechtslage

Pfändungsschutz besteht in gleichem Umfang wie bei abhängig Beschäftigten. Auf die Darstellung zum künftigen Recht bei den Fällen 1 und 2 wird daher verwiesen.

K. Sonstige Bestimmungen

I. Lohnsteuerjahresausgleich

207 Die Pfändung des Arbeitseinkommens umfasst den Anspruch des Arbeitnehmers gegen den Staat auf Rückzahlung zuviel einbehaltener/n Lohn- und Kirchensteuer/Solidaritätszuschlags im Rahmen des Lohnsteuerjahresausgleichs nicht. Der Anspruch ist stets selbständig und ausdrücklich zu pfänden. Wenn der Arbeitgeber seinen Verpflichtungen zur Durchführung des Lohnsteuerjahresausgleichs im Rahmen des § 42b EStG nachkommt, erfüllt er den Anspruch in einer Art treuhänderischen Stellung im Auftrag des Finanzamts. Der **Erstattungsbetrag** ist mithin kein Teil des Arbeitseinkommens und **unterliegt nicht den Pfändungsbeschränkungen der §§ 850ff. ZPO**. Die Pfändung des Erstattungsanspruchs an den Arbeitgeber unterliegt auch nicht den Beschränkungen des § 46 Abs. 6 AO. Er kann somit schon vor seiner Entstehung als künftiger Anspruch für kommende Jahre gepfändet werden. Führt das Finanzamt den Lohnsteuerjahresausgleich durch, muss der Anspruch vor der Pfändung fällig sein und kann somit nur für zurückliegende Jahre beansprucht werden.[1]

II. Insolvenzgeld

208 Hat ein Gläubiger eine Pfändung des Arbeitseinkommens erwirkt, so gilt diese Pfändung auch dann fort, wenn der Arbeitgeber in Insolvenz fällt und der Arbeitnehmer daraufhin Insolvenzgeld erhält (§ 188 Abs. 2 SGB III). Die Pfändung umfasst also automatisch das spätere Insolvenzgeld.

Das Arbeitsamt oder der Insolvenzverwalter hat daher den pfändbaren Betrag des Insolvenzgeldes ebenfalls unter Berücksichtigung der Pfändungsbeschränkungen gemäß § 850a ZPO an den Gläubiger auszuzahlen. Das Insolvenzgeld kann nach der Antragstellung wie Arbeitseinkommen gepfändet werden (§ 189 SGB III).

---

1) Z.B.: Die Pfändung des Lohnsteuerjahresausgleichs für 2008 darf erst am 2.1.2009 erlassen werden; Zöller/Stöber, § 829 Rz. 33 unter „Steuererstattung".

Dritter Teil

Anhang

A. Pfändungsrechtliche Vorschriften der Zivilprozessordnung, des Einführungsgesetzes zur Zivilprozessordnung sowie Verkündung zu § 850c Zivilprozessordnung

(Stand Mai 2009)

I. Zivilprozessordnung (ZPO)

§ 765a
Vollstreckungsschutz

(1) Auf Antrag des Schuldners kann das Vollstreckungsgericht eine Maßnahme der Zwangsvollstreckung ganz oder teilweise aufheben, untersagen oder einstweilen einstellen, wenn die Maßnahme unter voller Würdigung des Schutzbedürfnisses des Gläubigers wegen ganz besonderer Umstände eine Härte bedeutet, die mit den guten Sitten nicht vereinbar ist. Es ist befugt, die in § 732 Abs. 2 bezeichneten Anordnungen zu erlassen ...

(2) ...

(3) ...

(4) Das Vollstreckungsgericht hebt seinen Beschluss auf Antrag auf oder ändert ihn, wenn dies mit Rücksicht auf eine Änderung der Sachlage geboten ist.

(5) Die Aufhebung von Vollstreckungsmaßregeln erfolgt in den Fällen des Absatzes 1 Satz 1 und des Absatzes 4 erst nach Rechtskraft des Beschlusses.

§ 794
Weitere Vollstreckungstitel

(1) Die Zwangsvollstreckung findet ferner statt:

1. aus Vergleichen, die zwischen den Parteien oder zwischen einer Partei und einem Dritten zur Beilegung des Rechtsstreits seinem ganzen Umfang nach oder in Betreff eines Teiles des Streitgegenstandes vor einem deutschen Gericht oder vor einer durch die Landesjustizverwaltung eingerichteten oder anerkannten Gütestelle abgeschlossen sind, sowie aus Vergleichen, die gemäß § 118 Abs. 1 Satz 3 oder § 492 Abs. 3 zu richterlichem Protokoll genommen sind;

2. aus Kostenfestsetzungsbeschlüssen;

2a.[1] aus Beschlüssen, die in einem vereinfachten Verfahren über den Unterhalt Minderjähriger den Unterhalt festsetzen, einen Unterhaltstitel abändern oder den Antrag zurückweisen;

2b. (weggefallen)

3.[2] aus Entscheidungen, gegen die das Rechtsmittel der Beschwerde stattfindet; dies gilt nicht für Entscheidungen nach § 620 Nr. 1, 3 und § 620b in Verbindung mit § 620 Nr. 1, 3;

3a.[1] aus einstweilen Anordnungen nach den §§ 127a, 620 Nr. 4 bis 10, dem § 621f und dem § 621g Satz 1, soweit Gegenstand des Verfahrens Regelungen nach der Verordnung über die Behandlung der Ehewohnung und des Hausrats sind, sowie nach dem § 644;

4. aus Vollstreckungsbescheiden;

4a. aus Entscheidungen, die Schiedssprüche für vollstreckbar erklären, sofern die Entscheidungen rechtskräftig oder für vorläufig vollstreckbar erklärt sind;

4b. aus Beschlüssen nach § 796b oder § 796c;

5. aus Urkunden, die von einem deutschen Gericht oder von einem deutschen Notar innerhalb der Grenzen seiner Amtsbefugnisse in der vorgeschriebenen Form aufgenommen sind, sofern die Urkunde über einen Anspruch errichtet ist, der einer vergleichsweisen Regelung zugänglich, nicht auf Abgabe einer Willenserklärung gerichtet ist und nicht den Bestand eines Mietverhältnisses über Wohnraum betrifft, und der Schuldner sich in der Urkunde wegen des zu bezeichnenden Anspruchs der sofortigen Zwangsvollstreckung unterworfen hat;

6. aus für vollstreckbar erklärten Europäischen Zahlungsbefehlen.

(2) Soweit nach den Vorschriften der §§ 737, 743, des § 745 Abs. 2 und des § 748 Abs. 2 die Verurteilung eines Beteiligten zur Duldung der Zwangsvollstreckung erforderlich ist, wird sie dadurch ersetzt, dass der Beteiligte in einer nach Absatz 1 Nr. 5 aufgenommen Urkunde die sofortige Zwangsvollstreckung in die seinem Rechte unterworfenen Gegenstände bewilligt.

§ 795
Anwendung der allgemeinen Vorschriften auf die weiteren Vollstreckungstitel

Auf die Zwangsvollstreckung aus den in § 794 erwähnten Schuldtiteln sind die Vorschriften der §§ 724 bis 793 entsprechend anzuwenden, soweit nicht in den §§ 795a bis 800 abweichende Vorschriften enthalten sind. Auf die Zwangsvollstreckung aus den in § 794 Abs. 1 Nr. 2 erwähnten Schuldtiteln ist § 720a entsprechend anzuwenden, wenn die Schuldtitel auf Urteilen beruhen, die nur gegen Sicherheitsleistung vorläufig vollstreckbar sind. Für die Zwangsvollstreckung aus für vollstreckbar erklärten Europäischen Zahlungsbefehlen gelten ergänzend die §§ 1093 bis 1096.

§ 811
Unpfändbare Sachen

(1) Folgende Sachen sind der Pfändung nicht unterworfen:

1. bis 4. ...;

4a. bei Arbeitnehmern in landwirtschaftlichen Betrieben die ihnen als Vergütung gelieferten Naturalien, soweit

---

[1] Entfällt mit Wirkung vom 1. 9. 2009.
[2] Neugefasst mit Wirkung vom 1. 9. 2009: „3. aus Entscheidungen, gegen die das Rechtsmittel der Beschwerde stattfindet."

der Schuldner ihrer zu seinem und seiner Familie Unterhalt bedarf;

5. bis 7. ...;

8. bei Personen, die wiederkehrende Einkünfte der in den §§ 850 bis 850b bezeichneten Art beziehen, ein Geldbetrag, der dem der Pfändung nicht unterworfenen Teil der Einkünfte für die Zeit von der Pfändung bis zu dem nächsten Zahlungstermin entspricht;

9. bis 13. ...

(2) ...

§ 828
Zuständigkeit des Vollstreckungsgerichts

(1) Die gerichtlichen Handlungen, welche die Zwangsvollstreckung in Forderungen und andere Vermögensrechte zum Gegenstand haben, erfolgen durch das Vollstreckungsgericht.

(2) Als Vollstreckungsgericht ist das Amtsgericht, bei dem der Schuldner im Inland seinen allgemeinen Gerichtsstand hat, und sonst das Amtsgericht zuständig, bei dem nach § 23 gegen den Schuldner Klage erhoben werden kann.

(3) Ist das angegangene Gericht nicht zuständig, gibt es die Sache auf Antrag des Gläubigers an das zuständige Gericht ab. Die Abgabe ist nicht bindend.

§ 829
Pfändung einer Geldforderung

(1) Soll eine Geldforderung gepfändet werden, so hat das Gericht dem Drittschuldner zu verbieten, an den Schuldner zu zahlen. Zugleich hat das Gericht an den Schuldner das Gebot zu erlassen, sich jeder Verfügung über die Forderung, insbesondere ihrer Einziehung, zu enthalten. Die Pfändung mehrerer Geldforderungen gegen verschiedene Drittschuldner soll auf Antrag des Gläubigers durch einheitlichen Beschluss ausgesprochen werden, soweit dies für Zwecke der Vollstreckung geboten erscheint und kein Grund zu der Annahme besteht, dass schutzwürdige Interessen der Drittschuldner entgegenstehen.

(2) Der Gläubiger hat den Beschluss dem Drittschuldner zustellen zu lassen. Der Gerichtsvollzieher hat den Beschluss mit einer Abschrift der Zustellungsurkunde dem Schuldner sofort zuzustellen, sofern nicht eine öffentliche Zustellung erforderlich wird. An Stelle einer an den Schuldner im Ausland zu bewirkenden Zustellung erfolgt die Zustellung durch Aufgabe zur Post.

(3) Mit der Zustellung des Beschlusses an den Drittschuldner ist die Pfändung als bewirkt anzusehen.

(4) Das Bundesministerium der Justiz wird ermächtigt, durch Rechtsverordnung mit Zustimmung des Bundesrates Formulare für den Antrag auf Erlass eines Pfändungs- und Überweisungsbeschlusses einzuführen. Soweit nach Satz 1 Formulare eingeführt sind, muss sich der Antragsteller ihrer bedienen. Für Verfahren bei Gerichten, die die Verfahren elektronisch bearbeiten, und für Verfahren bei Gerichten, die die Verfahren nicht elektronisch bearbeiten, können unterschiedliche Formulare eingeführt werden.

§ 832
Pfändungsumfang bei fortlaufenden Bezügen

Das Pfandrecht, das durch die Pfändung einer Gehaltsforderung oder einer ähnlichen in fortlaufenden Bezügen bestehenden Forderung erworben wird, erstreckt sich auch auf die nach der Pfändung fällig werdenden Beträge.

§ 833
Pfändungsumfang bei Arbeits- und Diensteinkommen

(1) Durch die Pfändung eines Diensteinkommens wird auch das Einkommen betroffen, das der Schuldner infolge der Versetzung in ein anderes Amt, der Übertragung eines neuen Amtes oder einer Gehaltserhöhung zu beziehen hat. Diese Vorschrift ist auf den Fall der Änderung des Dienstherrn nicht anzuwenden.

(2) Endet das Arbeits- oder Dienstverhältnis und begründen Schuldner und Drittschuldner innerhalb von neun Monaten ein solches neu, so erstreckt sich die Pfändung auf die Forderung aus dem neuen Arbeits- oder Dienstverhältnis.

§ 833a[1)]
Pfändungsumfang bei Kontoguthaben; Aufhebung der Pfändung; Anordnung der Unpfändbarkeit

(1) Die Pfändung des Guthabens eines Kontos bei einem Kreditinstitut umfasst das am Tag der Zustellung des Pfändungsbeschlusses bei dem Kreditinstitut bestehende Guthaben sowie die Tagesguthaben der auf die Pfändung folgenden Tage.

(2) Auf Antrag des Schuldners kann das Vollstreckungsgericht anordnen, dass

1. die Pfändung des Guthabens eines Kontos aufgehoben wird oder

2. das Guthaben des Kontos für die Dauer von bis zu zwölf Monaten der Pfändung nicht unterworfen ist,

wenn der Schuldner nachweist, dass dem Konto in den letzten sechs Monaten vor Antragstellung ganz überwiegend nur unpfändbare Beträge gutgeschrieben worden sind, und er glaubhaft macht, dass auch innerhalb der nächsten zwölf Monate nur ganz überwiegend nicht pfändbare Beträge zu erwarten sind. Die Anordnung kann versagt werden, wenn überwiegende Belange des Gläubigers entgegenstehen. Die Anordnung nach Satz 1 Nr. 2 ist auf Antrag eines Gläubigers aufzuheben, wenn ihre Voraussetzungen nicht mehr vorliegen oder die Anordnung den überwiegenden Belangen dieses Gläubigers entgegensteht.

§ 834
Keine Anhörung des Schuldners

Vor der Pfändung ist der Schuldner über das Pfändungsgesuch nicht zu hören.

§ 835
Überweisung einer Geldforderung

(1) Die gepfändete Geldforderung ist dem Gläubiger nach seiner Wahl zur Einziehung oder an Zahlungs statt zum Nennwert zu überweisen.

(2) Im letzteren Fall geht die Forderung auf den Gläubiger mit der Wirkung über, dass er, soweit die Forderung besteht, wegen seiner Forderung an den Schuldner als befriedigt anzusehen ist.

(3)[2)] Die Vorschriften des § 829 Abs. 2, 3 sind auf die Überweisung entsprechend anzuwenden. Wird ein bei ei-

---

1) § 833a nach Gesetz zur Reform des Kontopfändungsschutzes eingefügt.
2) § 835 Abs. 3 Satz 2 neu gefasst nach Gesetz zur Reform des Kontopfändungsschutzes.

nem Geldinstitut gepfändetes Guthaben eines Schuldners, der eine natürliche Person ist, dem Gläubiger überwiesen, so darf erst zwei Wochen nach der Zustellung des Überweisungsbeschlusses an den Drittschuldner aus dem Guthaben an den Gläubiger geleistet oder der Betrag hinterlegt werden. *Wird ein bei einem Kreditinstitut gepfändetes Guthaben eines Schuldners, der eine natürliche Person ist, dem Gläubiger überwiesen, so darf erst vier Wochen nach der Zustellung des Überweisungsbeschlusses an den Drittschuldner aus dem Guthaben an den Gläubiger geleistet oder der Betrag hinterlegt werden; ist künftiges Guthaben gepfändet worden, ordnet das Vollstreckungsgericht auf Antrag zusätzlich an, dass erst vier Wochen nach der Gutschrift von eingehenden Zahlungen an den Gläubiger geleistet oder der Betrag hinterlegt werden darf.*

(4)[1] Wenn nicht wiederkehrend zahlbare Vergütungen eines Schuldners, der eine natürliche Person ist, für persönlich geleistete Arbeiten oder Dienste oder sonstige Einkünfte, die kein Arbeitseinkommen sind, dem Gläubiger überwiesen werden, so darf der Drittschuldner erst vier Wochen nach der Zustellung des Überweisungsbeschlusses an den Gläubiger leisten oder den Betrag hinterlegen.

§ 836
Wirkung der Überweisung

(1) Die Überweisung ersetzt die förmlichen Erklärungen des Schuldners, von denen nach den Vorschriften des bürgerlichen Rechts die Berechtigung zur Einziehung der Forderung abhängig ist.

(2) Der Überweisungsbeschluss gilt, auch wenn er mit Unrecht erlassen ist, zugunsten des Drittschuldners dem Schuldner gegenüber so lange als rechtsbeständig, bis er aufgehoben wird und die Aufhebung zur Kenntnis des Drittschuldners gelangt.

(3) Der Schuldner ist verpflichtet, dem Gläubiger die zur Geltendmachung der Forderung nötige Auskunft zu erteilen und ihm die über die Forderung vorhandenen Urkunden herauszugeben. Erteilt der Schuldner die Auskunft nicht, so ist er auf Antrag des Gläubigers verpflichtet, sie zu Protokoll zu geben und seine Angaben an Eides statt zu versichern. Die Herausgabe der Urkunden kann von dem Gläubiger im Wege der Zwangsvollstreckung erwirkt werden.

§ 839
Überweisung bei Abwendungsbefugnis

Darf der Schuldner nach § 711 Satz 1, § 712 Abs. 1 Satz 1 die Vollstreckung durch Sicherheitsleistung oder Hinterlegung abwenden, so findet die Überweisung gepfändeter Geldforderungen nur zur Einziehung und nur mit der Wirkung statt, dass der Drittschuldner den Schuldbetrag zu hinterlegen hat.

§ 840[2]
Erklärungspflicht des Drittschuldners

(1) Auf Verlangen des Gläubigers hat der Drittschuldner binnen zwei Wochen, von der Zustellung des Pfändungsbeschlusses an gerechnet, dem Gläubiger zu erklären:

1. ob und inwieweit er die Forderung als begründet anerkenne und Zahlung zu leisten bereit sei;

2. ob und welche Ansprüche andere Personen an die Forderung machen;

3. ob und wegen welcher Ansprüche die Forderung bereits für andere Gläubiger gepfändet sei;

4. *ob innerhalb der letzten zwölf Monate im Hinblick auf das Konto, dessen Guthaben gepfändet worden ist, eine Pfändung nach § 833a Abs. 2 aufgehoben oder die Unpfändbarkeit des Guthabens angeordnet worden ist, und*

5. *ob es sich bei dem Konto, dessen Guthaben gepfändet worden ist, um ein Pfändungsschutzkonto im Sinne von § 850k Abs. 7 handelt.*

(2) Die Aufforderung zur Abgabe dieser Erklärungen muss in die Zustellungsurkunde aufgenommen werden. Der Drittschuldner haftet dem Gläubiger für den aus der Nichterfüllung seiner Verpflichtung entstehenden Schaden.

(3) Die Erklärungen des Drittschuldners können bei Zustellung des Pfändungsbeschlusses oder innerhalb der im ersten Absatz bestimmten Frist an den Gerichtsvollzieher erfolgen. Im ersteren Fall sind sie in die Zustellungsurkunde aufzunehmen und von dem Drittschuldner zu unterschreiben.

§ 841
Pflicht zur Streitverkündung

Der Gläubiger, der die Forderung einklagt, ist verpflichtet, dem Schuldner gerichtlich den Streit zu verkünden, sofern nicht eine Zustellung im Ausland oder eine öffentliche Zustellung erforderlich wird.

§ 842
Schadenersatz bei verzögerter Beitreibung

Der Gläubiger, der die Beitreibung einer ihm zur Einziehung überwiesenen Forderung verzögert, haftet dem Schuldner für den daraus entstehenden Schaden.

§ 843
Verzicht des Pfandgläubigers

Der Gläubiger kann auf die durch Pfändung und Überweisung zur Einziehung erworbenen Rechte unbeschadet seines Anspruchs verzichten. Die Verzichtleistung erfolgt durch eine dem Schuldner zuzustellende Erklärung. Die Erklärung ist auch dem Drittschuldner zuzustellen.

§ 845
Vorpfändung

(1) Schon vor der Pfändung kann der Gläubiger auf Grund eines vollstreckbaren Schuldtitels durch den Gerichtsvollzieher dem Drittschuldner und dem Schuldner die Benachrichtigung, dass die Pfändung bevorstehe, zustellen lassen mit der Aufforderung an den Drittschuldner, nicht an den Schuldner zu zahlen, und mit der Aufforderung an den Schuldner, sich jeder Verfügung über die Forderung, insbesondere ihrer Einziehung, zu enthalten. Der Gerichtsvollzieher hat die Benachrichtigung mit den Aufforderungen selbst anzufertigen, wenn er von dem Gläubiger hierzu ausdrücklich beauftragt worden ist. Der vorherigen Erteilung einer vollstreckbaren Ausfertigung und der Zustellung des Schuldtitels bedarf es nicht. An Stelle einer an den Schuldner im Ausland zu bewirkenden Zustellung erfolgt die Zustellung durch Aufgabe zur Post.

---

1) § 835 Abs. 4 angefügt nach Gesetz zur Reform des Kontopfändungsschutzes.
2) § 840 Abs. 1 Nr. 4 und 5 angefügt nach Gesetz zur Reform des Kontopfändungsschutzes.

(2) Die Benachrichtigung an den Drittschuldner hat die Wirkung eines Arrestes (§ 930), sofern die Pfändung der Forderung innerhalb eines Monats bewirkt wird. Die Frist beginnt mit dem Tag, an dem die Benachrichtigung zugestellt ist.

§ 850
Pfändungsschutz für Arbeitseinkommen

(1) Arbeitseinkommen, das in Geld zahlbar ist, kann nur nach Maßgabe der §§ 850a bis 850i gepfändet werden.

(2) Arbeitseinkommen im Sinne dieser Vorschrift sind die Dienst- und Versorgungsbezüge der Beamten, Arbeits- und Dienstlöhne, Ruhegelder und ähnliche nach dem einstweiligen oder dauernden Ausscheiden aus dem Dienst- oder Arbeitsverhältnis gewährte fortlaufende Einkünfte, ferner Hinterbliebenenbezüge sowie sonstige Vergütungen für Dienstleistungen aller Art, die die Erwerbstätigkeit des Schuldners vollständig oder zu einem wesentlichen Teil in Anspruch nehmen.

(3) Arbeitseinkommen sind auch die folgenden Bezüge, soweit sie in Geld zahlbar sind:

a) Bezüge, die ein Arbeitnehmer zum Ausgleich für Wettbewerbsbeschränkungen für die Zeit nach Beendigung seines Dienstverhältnisses beanspruchen kann;

b) Renten, die auf Grund von Versicherungsverträgen gewährt werden, wenn diese Verträge zur Versorgung des Versicherungsnehmers oder seine unterhaltsberechtigten Angehörigen eingegangen sind.

(4) Die Pfändung des in Geld zahlbaren Arbeitseinkommens erfasst alle Vergütungen, die dem Schuldner aus der Arbeits- oder Dienstleistung zustehen, ohne Rücksicht auf ihre Benennung oder Berechnungsart.

§ 850a
Unpfändbare Bezüge

Unpfändbar sind

1. zur Hälfte die für die Leistung von Mehrarbeitsstunden gezahlten Teile des Arbeitseinkommens;

2. die für die Dauer eines Urlaubs über das Arbeitseinkommen hinaus gewährten Bezüge, Zuwendungen aus Anlass eines besonderen Betriebsereignisses und Treuegelder, soweit sie den Rahmen des Üblichen nicht übersteigen;

3. Aufwandsentschädigungen, Auslösungsgelder und sonstige soziale Zulagen für auswärtige Beschäftigungen, das Entgelt für selbstgestelltes Arbeitsmaterial, Gefahrenzulagen sowie Schmutz- und Erschwerniszulagen, soweit diese Bezüge den Rahmen des Üblichen nicht übersteigen;

4. Weihnachtsvergütungen bis zum Betrage der Hälfte des monatlichen Arbeitseinkommens, höchstens aber bis zum Betrage von 500 Euro;

5. Heirats- und Geburtsbeihilfen, sofern die Vollstreckung wegen anderer als der aus Anlass der Heirat oder der Geburt entstandenen Ansprüche betrieben wird;

6. Erziehungsgelder, Studienbeihilfen und ähnliche Bezüge;

7. Sterbe- und Gnadenbezüge aus Arbeits- oder Dienstverhältnissen;

8. Blindenzulagen.

§ 850b
Bedingt pfändbare Bezüge

(1) Unpfändbar sind ferner

1. Renten, die wegen einer Verletzung des Körpers oder der Gesundheit zu entrichten sind;

2. Unterhaltsrenten, die auf gesetzlicher Vorschrift beruhen, sowie die wegen Entziehung einer solchen Forderung zu entrichtenden Renten;

3. fortlaufende Einkünfte, die ein Schuldner aus Stiftungen oder sonst auf Grund der Fürsorge und Freigebigkeit eines Dritten oder auf Grund eines Altenteils oder Auszugsvertrags bezieht;

4. Bezüge aus Witwen-, Waisen-, Hilfs- und Krankenkassen, die ausschließlich oder zu einem wesentlichen Teil zu Unterstützungszwecken gewährt werden, ferner Ansprüche aus Lebensversicherungen, die nur auf den Todesfall des Versicherungsnehmers abgeschlossen sind, wenn die Versicherungssumme 3 579 Euro nicht übersteigt.

(2) Diese Bezüge können nach den für Arbeitseinkommen geltenden Vorschriften gepfändet werden, wenn die Vollstreckung in das sonstige bewegliche Vermögen des Schuldners zu einer vollständigen Befriedigung des Gläubigers nicht geführt hat oder voraussichtlich nicht führen wird und wenn nach den Umständen des Falles, insbesondere nach der Art des beizutreibenden Anspruchs und der Höhe der Bezüge, die Pfändung der Billigkeit entspricht.

(3) Das Vollstreckungsgericht soll vor seiner Entscheidung die Beteiligten hören.

§ 850c
Pfändungsgrenzen für Arbeitseinkommen

(1) Arbeitseinkommen ist unpfändbar, wenn es, je nach dem Zeitraum, für den es gezahlt wird, nicht mehr als

930 Euro[1] monatlich,
217,50 Euro[2] wöchentlich oder
43,50 Euro[3] täglich

beträgt. Gewährt der Schuldner auf Grund einer gesetzlichen Verpflichtung seinem Ehegatten, einem früheren Ehegatten, seinem Lebenspartner, einem früheren Lebenspartner oder einem Verwandten oder nach §§ 1615l, 1615n des Bürgerlichen Gesetzbuchs einem Elternteil Unterhalt, so erhöht sich der Betrag, bis zu dessen Höhe Arbeitseinkommen unpfändbar ist, auf bis zu

2 060 Euro[4] monatlich,
478,50 Euro[5] wöchentlich oder
96,60 Euro[6] täglich,

und zwar um

350 Euro[7] monatlich,
81 Euro[8] wöchentlich oder
17 Euro[9] täglich

für die erste Person, der Unterhalt gewährt wird, und um je

195 Euro[10] monatlich,
45 Euro[11] wöchentlich oder
9 Euro[12] täglich

für die zweite bis fünfte Person.

Die unpfändbaren Beträge nach Absatz 1 und Absatz 2 Satz 2 sind durch Bekanntmachung zu § 850c der Zivilprozessordnung (Pfändungsfreigrenzenbekanntmachung 2005) vom 25. Februar 2005 (BGBl. I S. 493) geändert worden:
[1] 985,15 Euro; [2] 226,72 Euro; [3] 45,34 Euro; [4] 2 182,15 Euro; [5] 502,20 Euro; [6] 100,44 Euro; [7] 370,76 Euro; [8] 85,32 Euro; [9] 17,06 Euro; [10] 206,56 Euro; [11] 47,54 Euro; [12] 9,51 Euro; [13] 3 020,06 Euro; [14] 695,03 Euro; [15] 139,01 Euro.

(2) Übersteigt das Arbeitseinkommen den Betrag, bis zu dessen Höhe es je nach der Zahl der Personen, denen der Schuldner Unterhalt gewährt, nach Absatz 1 unpfändbar ist, so ist es hinsichtlich des überschießenden Betrages zu einem Teil unpfändbar, und zwar in Höhe von drei Zehnteln, wenn der Schuldner keiner der in Absatz 1 genannten Personen Unterhalt gewährt, zwei weiteren Zehnteln für die erste Person, der Unterhalt gewährt wird, und je einem weiteren Zehntel für die zweite bis fünfte Person. Der Teil des Arbeitseinkommens, der 2 851 Euro[13] monatlich (658 Euro[14] wöchentlich, 131,58 Euro[15] täglich) übersteigt, bleibt bei der Berechnung des unpfändbaren Betrages unberücksichtigt.

(2a) Die unpfändbaren Beträge nach Absatz 1 und Absatz 2 Satz 2 ändern sich jeweils zum 1. Juli eines jeden zweiten Jahres, erstmalig zum 1. Juli 2003, entsprechend der im Vergleich zum jeweiligen Vorjahreszeitraum sich ergebenden prozentualen Entwicklung des Grundfreibetrages nach § 32a Abs. 1 Nr. 1 des Einkommensteuergesetzes; der Berechnung ist die am 1. Januar des jeweiligen Jahres geltende Fassung des § 32a Abs. 1 Nr. 1 des Einkommensteuergesetzes zugrunde zu legen. Das Bundesministerium der Justiz gibt die maßgebenden Beträge rechtzeitig im Bundesgesetzblatt bekannt.

(3) Bei der Berechnung des nach Absatz 2 pfändbaren Teils des Arbeitseinkommens ist das Arbeitseinkommen, gegebenenfalls nach Abzug des nach Absatz 2 Satz 2 pfändbaren Betrages, wie aus der Tabelle ersichtlich, die diesem Gesetz als Anlage beigefügt ist, nach unten abzurunden, und zwar bei Auszahlung für Monate auf einen durch 10 Euro, bei Auszahlung für Wochen auf einen durch 2,50 Euro oder bei Auszahlung für Tage auf einen durch 50 Cent teilbaren Betrag. Im Pfändungsbeschluss genügt die Bezugnahme auf die Tabelle.

(4) Hat eine Person, welcher der Schuldner auf Grund gesetzlicher Verpflichtung Unterhalt gewährt, eigene Einkünfte, so kann das Vollstreckungsgericht auf Antrag des Gläubigers nach billigem Ermessen bestimmen, dass diese Person bei der Berechnung des unpfändbaren Teils des Arbeitseinkommens ganz oder teilweise unberücksichtigt bleibt; soll die Person nur teilweise berücksichtigt werden, so ist Absatz 3 Satz 2 nicht anzuwenden.

§ 850d
Pfändbarkeit bei Unterhaltsansprüchen

(1) Wegen der Unterhaltsansprüche, die kraft Gesetzes einem Verwandten, dem Ehegatten, einem früheren Ehegatten, dem Lebenspartner, einem früheren Lebenspartner oder nach §§ 1615l, 1615n des Bürgerlichen Gesetzbuchs einem Elternteil zustehen, sind das Arbeitseinkommen und die in § 850a Nr. 1, 2 und 4 genannten Bezüge ohne die in § 850c bezeichneten Beschränkungen pfändbar. Dem Schuldner ist jedoch so viel zu belassen, als er für seinen notwendigen Unterhalt und zur Erfüllung seiner laufenden gesetzlichen Unterhaltspflichten gegenüber den dem Gläubiger vorgehenden Berechtigten oder zur gleichmäßigen Befriedigung der dem Gläubiger gleichstehenden Berechtigten bedarf; von den in § 850a Nr. 1, 2 und 4 genannten Bezügen hat ihm mindestens die Hälfte des nach § 850a unpfändbaren Betrages zu verbleiben. Der dem Schuldner hiernach verbleibende Teil seines Arbeitseinkommens darf den Betrag nicht übersteigen, der ihm nach den Vorschriften des § 850c gegenüber nicht bevorrechtigten Gläubigern zu verbleiben hätte. Für die Pfändung wegen der Rückstände, die länger als ein Jahr vor dem Antrag auf Erlass des Pfändungsbeschlusses fällig geworden sind, gelten die Vorschriften dieses Absatzes insoweit nicht, als nach Lage der Verhältnisse nicht anzunehmen ist, dass der Schuldner sich seiner Zahlungspflicht absichtlich entzogen hat.

(2) Mehrere nach Absatz 1 Berechtigte sind mit ihren Ansprüchen in der Reihenfolge nach § 1609 des Bürgerlichen Gesetzbuchs und § 16 des Lebenspartnerschaftsgesetzes zu berücksichtigen, wobei mehrere gleich nahe Berechtigte untereinander den gleichen Rang haben:

(3) Bei der Vollstreckung wegen der in Absatz 1 bezeichneten Ansprüche sowie wegen der aus Anlass einer Verletzung des Körpers oder der Gesundheit zu zahlenden Renten kann zugleich mit der Pfändung wegen fälliger Ansprüche auch künftig fällig werdendes Arbeitseinkommen wegen der dann jeweils fällig werdenden Ansprüche gepfändet und überwiesen werden.

§ 850e
Berechnung des pfändbaren Arbeitseinkommens

Für die Berechnung des pfändbaren Arbeitseinkommens gilt Folgendes:

1. Nicht mitzurechnen sind die nach § 850a der Pfändung entzogenen Bezüge, ferner Beträge, die unmittelbar auf Grund steuerrechtlicher oder sozialrechtlicher Vorschriften zur Erfüllung gesetzlicher Verpflichtungen des Schuldners abzuführen sind. Diesen Beträgen stehen gleich die auf den Auszahlungszeitraum entfallenden Beträge, die der Schuldner

   a) nach den Vorschriften der Sozialversicherungsgesetze zur Weiterversicherung entrichtet oder

   b) an eine Ersatzkasse oder an ein Unternehmen der privaten Krankenversicherung leistet, soweit sie den Rahmen des Üblichen nicht übersteigen.

2. Mehrere Arbeitseinkommen sind auf Antrag vom Vollstreckungsgericht bei der Pfändung zusammenzurechnen. Der unpfändbare Grundbetrag ist in erster Linie dem Arbeitseinkommen zu entnehmen, das die wesentliche Grundlage der Lebenshaltung des Schuldners bildet.

2a. Mit Arbeitseinkommen sind auf Antrag auch Ansprüche auf laufende Geldleistungen nach dem Sozialgesetzbuch zusammenzurechnen, soweit diese der Pfändung unterworfen sind. Der unpfändbare Grundbetrag ist, soweit die Pfändung nicht wegen gesetzlicher Unterhaltsansprüche erfolgt, in erster Linie den laufenden Geldleistungen nach dem Sozialgesetzbuch zu entnehmen. Ansprüche auf Geldleistungen für Kinder dürfen mit Arbeitseinkommen nur zusammengerechnet werden, soweit sie nach § 76 des Einkommensteuergesetzes oder nach § 54 Abs. 5 des Ersten Buches Sozialgesetzbuch gepfändet werden können.

3. Erhält der Schuldner neben seinem in Geld zahlbaren Einkommen auch Naturalleistungen, so sind Geld- und Naturalleistungen zusammenzurechnen. In diesem Fall ist der in Geld zahlbare Betrag insoweit pfändbar, als der nach § 850c unpfändbare Teil des Gesamteinkommens durch den Wert der dem Schuldner verbleibenden Naturalleistungen gedeckt ist.

4. Trifft eine Pfändung, eine Abtretung oder eine sonstige Verfügung wegen eines der in § 850d bezeichneten Ansprüche mit einer Pfändung wegen eines sonstigen Anspruchs zusammen, so sind auf die Unterhaltsansprüche zunächst die gemäß § 850d der Pfändung in erweitertem Umfang unterliegenden Teile des Arbeitseinkommens zu verrechnen. Die Verrechnung nimmt auf Antrag eines Beteiligten das Vollstreckungsgericht vor. Der Drittschuldner kann, solange ihm eine Entscheidung des Vollstreckungsgerichts nicht zugestellt ist, nach dem Inhalt der ihm bekannten Pfändungsbeschlüsse Abtretungen und sonstigen Verfügungen mit befreiender Wirkung leisten.

§ 850f
Änderung des unpfändbaren Betrages

(1) Das Vollstreckungsgericht kann dem Schuldner auf Antrag von dem nach den Bestimmungen der §§ 850c, 850d und 850i pfändbaren Teil seines Arbeitseinkommens einen Teil belassen, wenn

a) der Schuldner nachweist, dass bei Anwendung der Pfändungsfreigrenzen entsprechend der Anlage zu diesem Gesetz (zu § 850c) der notwendige Lebensunterhalt im Sinne des Dritten und Elften Kapitels des Zwölften Buches Sozialgesetzbuch oder nach Kapitel 3 Abschnitt 2 des Zweiten Buches Sozialgesetzbuch für sich und für die Personen, denen er Unterhalt zu gewähren hat, nicht gedeckt ist,

b) besondere Bedürfnisse des Schuldners aus persönlichen oder beruflichen Gründen oder

c) der besondere Umfang der gesetzlichen Unterhaltspflichten des Schuldners, insbesondere die Zahl der Unterhaltsberechtigten, dies erfordern

und überwiegende Belange des Gläubigers nicht entgegenstehen.

(2) Wird die Zwangsvollstreckung wegen einer Forderung aus einer vorsätzlich begangenen unerlaubten Handlung betrieben, so kann das Vollstreckungsgericht auf Antrag des Gläubigers den pfändbaren Teil des Arbeitseinkommens ohne Rücksicht auf die in § 850c vorgesehenen Beschränkungen bestimmen; dem Schuldner ist jedoch so viel zu belassen, wie er für seinen notwendigen Unterhalt und zur Erfüllung seiner laufenden gesetzlichen Unterhaltspflichten bedarf.

(3) Wird die Zwangsvollstreckung wegen anderer als der in Absatz 2 und § 850d bezeichneten Forderungen betrieben, so kann das Vollstreckungsgericht in den Fällen, in denen sich das Arbeitseinkommen des Schuldners auf mehr als monatlich 2 815 Euro[1] (wöchentlich 641 Euro[2], täglich 123,50 Euro[3]) beläuft, über die Beträge hinaus, die nach § 850c pfändbar wären, auf Antrag des Gläubigers die Pfändbarkeit unter Berücksichtigung der Belange des Gläubigers und des Schuldners nach freiem Ermessen festsetzen. Dem Schuldner ist jedoch mindestens so viel zu belassen, wie sich bei einem Arbeitseinkommen von monatlich 2 815 Euro[1] (wöchentlich 641 Euro[2], täglich 123,50 Euro[3]) aus § 850c ergeben würde. Die Beträge nach den Sätzen 1 und 2 werden entsprechend der in § 850c Abs. 2a getroffenen Regelung jeweils zum 1. Juli eines jeden zweiten Jahres, erstmalig zum 1. Juli 2003, geändert.

§ 850g
Änderung der Unpfändbarkeitsvoraussetzungen

Ändern sich die Voraussetzungen für die Bemessung des unpfändbaren Teils des Arbeitseinkommens, so hat das Vollstreckungsgericht auf Antrag des Schuldners oder des Gläubigers den Pfändungsbeschluss entsprechend zu ändern. Antragsberechtigt ist auch ein Dritter, dem der Schuldner kraft Gesetzes Unterhalt zu gewähren hat. Der Drittschuldner kann nach dem Inhalt des früheren Pfändungsbeschlusses mit befreiender Wirkung leisten, bis ihm der Änderungsbeschluss zugestellt wird.

Die Beträge sind durch Bekanntmachung zu § 850c der Zivilprozessordnung (Pfändungsfreigrenzenbekanntmachung 2005) vom 25. Februar 2005 (BGBl. I S. 493) geändert worden:
[1] 2 981,92 Euro; [2] 679,01 Euro; [3] 130,82 Euro.

§ 850h
Verschleiertes Arbeitseinkommen

(1) Hat sich der Empfänger der vom Schuldner geleisteten Arbeiten oder Dienste verpflichtet, Leistungen an einen Dritten zu bewirken, die nach Lage der Verhältnisse ganz oder teilweise eine Vergütung für die Leistung des Schuldners darstellen, so kann der Anspruch des Drittberechtigten insoweit auf Grund des Schuldtitels gegen den Schuldner gepfändet werden, wie wenn der Anspruch dem Schuldner zustände. Die Pfändung des Vergütungsanspruchs des Schuldners umfasst ohne weiteres den Anspruch des Drittberechtigten. Der Pfändungsbeschluss ist dem Drittberechtigten ebenso wie dem Schuldner zuzustellen.

(2) Leistet der Schuldner einem Dritten in einem ständigen Verhältnis Arbeiten oder Dienste, die nach Art und Umfang üblicherweise vergütet werden, unentgeltlich oder gegen eine unverhältnismäßig geringe Vergütung, so gilt im Verhältnis des Gläubigers zu dem Empfänger der Arbeits- und Dienstleistungen eine angemessene Vergütung als geschuldet. Bei der Prüfung, ob diese Voraussetzungen vorliegen, sowie bei der Bemessung der Vergütung ist auf alle Umstände des Einzelfalls, insbesondere die Art der Arbeits- und Dienstleistung, die verwandtschaftlichen oder sonstigen Beziehungen zwischen dem Dienstberechtigten und dem Dienstverpflichteten und die wirtschaftliche Leistungsfähigkeit des Dienstberechtigten Rücksicht zu nehmen.

§ 850i[1]
Pfändungsschutz bei sonstigen Vergütungen
Pfändungsschutz für sonstige Einkünfte

(1) Ist eine nicht wiederkehrend zahlbare Vergütung für persönlich geleistete Arbeiten oder Dienste gepfändet, so hat das Gericht dem Schuldner auf Antrag so viel zu belassen, als er während eines angemessenen Zeitraums für seinen notwendigen Unterhalt und den seines Ehegatten, eines früheren Ehegatten, seines Lebenspartners, eines früheren Lebenspartners, seiner unterhaltsberechtigten Verwandten oder eines Elternteils nach §§ 1615l, 1615n des Bürgerlichen Gesetzbuchs bedarf. Bei der Entscheidung sind die wirtschaftlichen Verhältnisse des Schuldners, insbesondere seine sonstigen Verdienstmöglichkeiten, frei zu würdigen. Dem Schuldner ist nicht mehr zu belassen, als ihm nach freier Schätzung des Gerichts verbleiben würde, wenn sein Arbeitseinkommen aus laufendem Arbeits- oder Dienstlohn bestände. Der Antrag des Schuldners ist insoweit abzulehnen, als überwiegende Belange des Gläubigers entgegenstehen.

(1)[2] Werden nicht wiederkehrend zahlbare Vergütungen für persönlich geleistete Arbeiten oder Dienste oder sonstige Einkünfte, die kein Arbeitseinkommen sind, gepfändet, so hat das Gericht dem Schuldner auf Antrag während eines angemessenen Zeitraums so viel zu belassen, als ihm nach freier Schätzung des Gerichts verbleiben würde, wenn sein Einkommen aus laufendem Arbeits- oder Dienstlohn bestünde. Bei der Entscheidung sind die wirtschaftlichen Verhältnisse des Schuldners, insbesondere seine sonstigen Verdienstmöglichkeiten, frei zu würdigen. Der Antrag des Schuldners ist insoweit abzulehnen, als überwiegende Belange des Gläubigers entgegenstehen.

(2)[3] Die Vorschriften des Absatzes 1 gelten entsprechend für Vergütungen, die für die Gewährung von Wohngele-

---

[1] Überschrift geändert durch Gesetz zur Reform des Kontopfändungsschutzes.
[2] § 850i Abs. 1 neu gefasst nach Gesetz zur Reform des Kontopfändungsschutzes.
[3] § 850i Abs. 2 wird aufgehoben nach Gesetz zur Reform des Kontopfändungsschutzes.

genheit oder eine sonstige Sachbenutzung geschuldet werden, wenn die Vergütung zu einem nicht unwesentlichen Teil als Entgelt für neben der Sachbenutzung gewährte Dienstleistungen anzusehen ist.

(3) Die Vorschriften des § 27 des Heimarbeitsgesetzes vom 14. März 1951 (BGBl. I S. 191) bleiben unberührt.

(4) Die Bestimmungen der Versicherungs-, Versorgungs- und sonstigen gesetzlichen Vorschriften über die Pfändung von Ansprüchen bestimmter Art bleiben unberührt.

§ 850k[1)]
Pfändungsschutzkonto

(1) Wird das Guthaben auf dem Pfändungsschutzkonto des Schuldners bei einem Kreditinstitut gepfändet, kann der Schuldner jeweils bis zum Ende des Kalendermonats über Guthaben in Höhe des monatlichen Freibetrages nach § 850c Abs. 1 Satz 1 in Verbindung mit § 850c Abs. 2a verfügen; insoweit wird es nicht von der Pfändung erfasst. Soweit der Schuldner in dem jeweiligen Kalendermonat nicht über Guthaben in Höhe des nach Satz 1 pfändungsfreien Betrages verfügt hat, wird dieses Guthaben in dem folgenden Kalendermonat zusätzlich zu dem nach Satz 1 geschützten Guthaben nicht von der Pfändung erfasst. Die Sätze 1 und 2 gelten entsprechend, wenn das Guthaben auf einem Girokonto des Schuldners gepfändet ist, das vor Ablauf von vier Wochen seit der Zustellung des Überweisungsbeschlusses an den Drittschuldner in ein Pfändungsschutzkonto umgewandelt wird.

(2) Die Pfändung des Guthabens gilt im Übrigen als mit der Maßgabe ausgesprochen, dass in Erhöhung des Freibetrages nach Absatz 1 folgende Beträge nicht von der Pfändung erfasst sind:

1. die pfändungsfreien Beträge nach § 850c Abs. 1 Satz 2 in Verbindung mit § 850c Abs. 2a Satz 1, wenn

   a) der Schuldner einer oder mehreren Personen aufgrund gesetzlicher Verpflichtung Unterhalt gewährt oder

   b) der Schuldner Geldleistungen nach dem Zweiten oder Zwölften Buch Sozialgesetzbuch für mit ihm in einer Gemeinschaft im Sinne des § 7 Abs. 3 des Zweiten Buches Sozialgesetzbuch oder der §§ 19, 20, 36 Satz 1 oder 43 des Zwölften Buches Sozialgesetzbuch lebende Personen, denen er nicht aufgrund gesetzlicher Vorschriften zum Unterhalt verpflichtet ist, entgegennimmt;

2. einmalige Geldleistungen im Sinne des § 54 Abs. 2 des Ersten Buches Sozialgesetzbuch und Geldleistungen zum Ausgleich des durch einen Körper- oder Gesundheitsschaden bedingten Mehraufwandes im Sinne des § 54 Abs. 3 Nr. 3 des Ersten Buches Sozialgesetzbuch;

3. das Kindergeld oder andere Geldleistungen für Kinder, es sei denn, dass wegen einer Unterhaltsforderung eines Kindes, für das die Leistungen gewährt oder bei dem es berücksichtigt wird, gepfändet wird. Für die Beträge nach Satz 1 gilt Absatz 1 Satz 2 entsprechend.

(3) An die Stelle der nach Absatz 1 und Absatz 2 Satz 1 Nr. 1 pfändungsfreien Beträge tritt der vom Vollstreckungsgericht im Pfändungsbeschluss belassene Betrag, wenn das Guthaben wegen der in § 850d bezeichneten Forderungen gepfändet wird.

(4) Das Vollstreckungsgericht kann auf Antrag einen von den Absätzen 1, 2 Satz 1 Nr. 1 und Absatz 3 abweichenden pfändungsfreien Betrag festsetzen. Die §§ 850a, 850b, 850c, 850d Abs. 1 und 2, die §§ 850e, 850f, 850g und 850i sowie die §§ 851c und 851d dieses Gesetzes sowie § 54 Abs. 2, Abs. 3 Nr. 1, 2 und 3, Abs. 4 und 5 des Ersten Buches Sozialgesetzbuch, § 17 Abs. 1 Satz 2 des Zwölften Buches Sozialgesetzbuch und § 76 des Einkommensteuergesetzes sind entsprechend anzuwenden. Im Übrigen ist das Vollstreckungsgericht befugt, die in § 732 Abs. 2 bezeichneten Anordnungen zu erlassen.

(5) Das Kreditinstitut ist dem Schuldner zur Leistung aus dem nach Absatz 1 und 3 nicht von der Pfändung erfassten Guthaben im Rahmen des vertraglich Vereinbarten verpflichtet. Dies gilt für die nach Absatz 2 nicht von der Pfändung erfassten Beträge nur insoweit, als der Schuldner durch eine Bescheinigung des Arbeitgebers, der Familienkasse, des Sozialleistungsträgers oder einer geeigneten Person oder Stelle im Sinne von § 305 Abs. 1 Nr. 1 der Insolvenzordnung nachweist, dass das Guthaben nicht von der Pfändung erfasst ist. Die Leistung des Kreditinstituts an den Schuldner hat befreiende Wirkung, wenn ihm die Unrichtigkeit einer Bescheinigung nach Satz 2 weder bekannt noch infolge grober Fahrlässigkeit unbekannt ist. Kann der Schuldner den Nachweis nach Satz 2 nicht führen, so hat das Vollstreckungsgericht auf Antrag die Beträge nach Absatz 2 zu bestimmen. Die Sätze 1 bis 4 gelten auch für eine Hinterlegung.

(6) Wird einem Pfändungsschutzkonto eine Geldleistung nach dem Sozialgesetzbuch oder Kindergeld gutgeschrieben, darf das Kreditinstitut die Forderung, die durch die Gutschrift entsteht, für die Dauer von 14 Tagen seit der Gutschrift nur mit solchen Forderungen verrechnen und hiergegen nur mit solchen Forderungen aufrechnen, die ihm als Entgelt für die Kontoführung oder aufgrund von Kontoverfügungen des Berechtigten innerhalb dieses Zeitraums zustehen. Bis zur Höhe des danach verbleibenden Betrages der Gutschrift ist das Kreditinstitut innerhalb von 14 Tagen seit der Gutschrift nicht berechtigt, die Ausführung von Zahlungsvorgängen wegen fehlender Deckung abzulehnen, wenn der Berechtigte nachweist oder dem Kreditinstitut sonst bekannt ist, dass es sich um die Gutschrift einer Geldleistung nach dem Sozialgesetzbuch oder von Kindergeld handelt. Das Entgelt des Kreditinstituts für die Kontoführung kann auch mit Beträgen nach den Absätzen 1 bis 4 verrechnet werden.

(7) In einem der Führung eines Girokontos zugrunde liegenden Vertrag können der Kunde, der eine natürliche Person ist, oder dessen gesetzlicher Vertreter und das Kreditinstitut vereinbaren, dass das Girokonto als Pfändungsschutzkonto geführt wird. Der Kunde kann jederzeit verlangen, dass das Kreditinstitut sein Girokonto als Pfändungsschutzkonto führt. Ist das Guthaben des Girokontos bereits gepfändet worden, so kann der Schuldner die Führung als Pfändungsschutzkonto zum Beginn des vierten auf seine Erklärung folgenden Geschäftstages verlangen.

(8) Jede Person darf nur ein Pfändungsschutzkonto führen. Bei der Abrede hat der Kunde gegenüber dem Kreditinstitut zu versichern, dass er ein weiteres Pfändungsschutzkonto nicht führt. Die SCHUFA Holding AG darf zum Zweck der Überprüfung der Versicherung nach Satz 2 Kreditinstituten auf Anfrage Auskunft über ein bestehendes Pfändungsschutzkonto des Kunden erteilen. Die Kreditinstitute sind zur Erreichung dieses Zwecks berechtigt, der SCHUFA Holding AG die Führung eines Pfändungsschutzkontos mitzuteilen.

(9) Führt ein Schuldner entgegen Absatz 8 Satz 1 mehrere Girokonten als Pfändungsschutzkonten, ordnet das Vollstreckungsgericht auf Antrag eines Gläubigers an, dass nur das von dem Gläubiger in dem Antrag bezeichnete Girokonto dem Schuldner als Pfändungsschutzkonto verbleibt. Der Gläubiger hat die Voraussetzungen nach Satz 1 durch Vorlage entsprechender Erklärungen der Drittschuldner glaubhaft zu machen. Eine Anhörung des Schuldners unterbleibt. Die Entscheidung ist allen Dritt-

---

1) § 850k neu gefasst nach Gesetz zur Reform des Kontopfändungsschutzes.

schuldnern zuzustellen. Mit der Zustellung der Entscheidung an diejenigen Kreditinstitute, deren Girokonten nicht zum Pfändungsschutzkonto bestimmt sind, entfallen die Wirkungen nach den Absätzen 1 bis 6.

§ 850l[1)]
Pfändungsschutz für Kontoguthaben aus wiederkehrenden Einkünften

(1) Werden wiederkehrende Einkünfte der in den §§ 850 bis 850b oder § 851c bezeichneten Art auf das Konto des Schuldners bei einem Geldinstitut überwiesen, so ist eine Pfändung des Guthabens auf Antrag des Schuldners vom Vollstreckungsgericht insoweit aufzuheben, als das Guthaben dem der Pfändung nicht unterworfenen Teil der Einkünfte für die Zeit von der Pfändung bis zu dem nächsten Zahlungstermin entspricht.

(1) Werden die in den §§ 850 bis 850b sowie die in den §§ 851c und 851d bezeichneten wiederkehrenden Einkünfte auf ein Konto des Schuldners, das vom Kreditinstitut nicht als Pfändungsschutzkonto im Sinne von § 850k Abs. 7 geführt wird, überwiesen, so ist eine Pfändung des Guthabens auf Antrag des Schuldners vom Vollstreckungsgericht insoweit aufzuheben, als das Guthaben dem der Pfändung nicht unterworfenen Teil der Einkünfte für die Zeit von der Pfändung bis zum nächsten Zahlungstermin entspricht.

(2) Das Vollstreckungsgericht hebt die Pfändung des Guthabens für den Teil vorab auf, dessen der Schuldner bis zum nächsten Zahlungstermin dringend bedarf, um seinen notwendigen Unterhalt zu bestreiten und seine laufenden gesetzlichen Unterhaltspflichten gegenüber den dem Gläubiger vorgehenden Berechtigten zu erfüllen oder die dem Gläubiger gleichstehenden Unterhaltsberechtigten gleichmäßig zu befriedigen. Der vorab freigegebene Teil des Guthabens darf den Betrag nicht übersteigen, der dem Schuldner voraussichtlich nach Absatz 1 zu belassen ist. Der Schuldner hat glaubhaft zu machen, dass wiederkehrende Einkünfte der in den §§ 850 bis 850b, 851c *oder 851d* bezeichneten Art auf das Konto überwiesen worden sind und dass die Voraussetzungen des Satzes 1 vorliegen. Die Anhörung des Gläubigers unterbleibt, wenn der damit verbundene Aufschub dem Schuldner nicht zuzumuten ist.

(3) Im Übrigen ist das Vollstreckungsgericht befugt, die in § 732 Abs. 2 bezeichneten Anordnungen zu erlassen.

(4) Der Antrag des Schuldners ist nur zulässig, wenn er kein Pfändungsschutzkonto im Sinne von § 850k Abs. 7 bei einem Kreditinstitut führt. Dies hat er bei seinem Antrag glaubhaft zu machen.

§ 851
Nicht übertragbare Forderungen

(1) Eine Forderung ist in Ermangelung besonderer Vorschriften der Pfändung nur insoweit unterworfen, als sie übertragbar ist.

(2) Eine nach § 399 des Bürgerlichen Gesetzbuchs nicht übertragbare Forderung kann insoweit gepfändet und zur Einziehung überwiesen werden, als der geschuldete Gegenstand der Pfändung unterworfen ist.

§ 851c
Pfändungsschutz bei Altersrenten

(1) Ansprüche auf Leistungen, die auf Grund von Verträgen gewährt werden, dürfen nur wie Arbeitseinkommen gepfändet werden, wenn

1. die Leistung in regelmäßigen Zeitabständen lebenslang und nicht vor Vollendung des 60. Lebensjahres oder nur bei Eintritt der Berufsunfähigkeit gewährt wird,

2. über die Ansprüche aus dem Vertrag nicht verfügt werden darf,

3. die Bestimmung von Dritten mit Ausnahme von Hinterbliebenen als Berechtigte ausgeschlossen ist und

4. die Zahlung einer Kapitalleistung, ausgenommen eine Zahlung für den Todesfall, nicht vereinbart wurde.

(2) Um dem Schuldner den Aufbau einer angemessenen Alterssicherung zu ermöglichen, kann er unter Berücksichtigung der Entwicklung auf dem Kapitalmarkt, des Sterblichkeitsrisikos und der Höhe der Pfändungsfreigrenze, nach seinem Lebensalter gestaffelt, jährlich einen bestimmten Betrag unpfändbar auf der Grundlage eines in Absatz 1 bezeichneten Vertrags bis zu einer Gesamtsumme von 238 000 Euro ansammeln. Der Schuldner darf vom 18. bis zum vollendeten 29. Lebensjahr 2 000 Euro, vom 30. bis zum vollendeten 39. Lebensjahr 4 000 Euro, vom 40. bis zum vollendeten 47. Lebensjahr 4 500 Euro, vom 48. bis zum vollendeten 53. Lebensjahr 6 000 Euro, vom 54. bis zum vollendeten 59. Lebensjahr 8 000 Euro und vom 60. bis zum vollendeten 65. Lebensjahr 9 000 Euro jährlich ansammeln. Übersteigt der Rückkaufwert der Alterssicherung den unpfändbaren Betrag, sind drei Zehntel des überschießenden Betrags unpfändbar. Satz 3 gilt nicht für den Teil des Rückkaufwerts, der den dreifachen Wert des in Satz 1 genannten Betrags übersteigt.

(3) § 850e Nr. 2 und 2a gilt entsprechend.

§ 851d
Pfändungsschutz bei steuerlich gefördertem Altersvorsorgevermögen

Monatliche Leistungen in Form einer lebenslangen Rente oder monatlicher Ratenzahlungen im Rahmen eines Auszahlungsplans nach § 1 Abs. 1 Satz 1 Nr. 4 des Altersvorsorgeverträge-Zertifizierungsgesetzes aus steuerlich gefördertem Altersvorsorgevermögen sind wie Arbeitseinkommen pfändbar.

II. Einführungsgesetz zur Zivilprozessordnung (EGZPO)

§ 20
Übergangsvorschriften zum Sechsten Gesetz zur Änderung der Pfändungsfreigrenzen

(1) Eine vor dem Inkrafttreten des Sechsten Gesetzes zur Änderung der Pfändungsfreigrenzen vom 1. April 1992 (BGBl. I S. 745) am 1. Juli 1992 ausgebrachte Pfändung, die nach den Pfändungsfreigrenzen des bis zu diesem Zeitpunkt geltenden Rechts bemessen worden ist, richtet sich hinsichtlich der Leistungen, die nach dem 1. Juli 1992 fällig werden, nach den seit diesem Zeitpunkt geltenden Vorschriften. Auf Antrag des Gläubigers, des Schuldners oder des Drittschuldners hat das Vollstreckungsgericht den Pfändungsbeschluss entsprechend zu berichtigen. Der Drittschuldner kann nach dem Inhalt des

---

1) Der bisherige § 850k wird § 850l nach Gesetz zur Reform des Kontopfändungsschutzes, die Überschrift geändert, Abs. 1 neu gefasst, Abs. 2 geändert und Abs. 4 angefügt.

früheren Pfändungsbeschlusses mit befreiender Wirkung leisten, bis ihm der Berichtigungsbeschluss zugestellt wird.

(2) Soweit die Wirksamkeit einer Verfügung über Arbeitseinkommen davon abhängt, dass die Forderung der Pfändung unterworfen ist, sind die Vorschriften des Artikels 1 des Sechsten Gesetzes zur Änderung der Pfändungsfreigrenzen vom 1. April 1992 (BGBl. I S. 745) auch dann anzuwenden, wenn die Verfügung vor dem 1. Juli 1992 erfolgt ist. Der Schuldner der Forderung kann nach Maßgabe der bis zu diesem Zeitpunkt geltenden Vorschriften so lange mit befreiender Wirkung leisten, bis ihm eine entgegenstehende vollstreckbare gerichtliche Entscheidung zugestellt wird oder eine Verzichtserklärung desjenigen zugeht, an den der Schuldner auf Grund dieses Gesetzes weniger als bisher zu leisten hat.

(3)[1] Die Absätze 1 und 2 gelten entsprechend, wenn sich die unpfändbaren Beträge zum 1. Juli des jeweiligen Jahres ändern.

§ 21[2]
Übergangsvorschriften zum Siebten Gesetz zur Änderung der Pfändungsfreigrenzen

(1) Für eine vor dem 1. Januar 2002 ausgebrachte Pfändung sind hinsichtlich der nach diesem Zeitpunkt fälligen Leistungen die Vorschriften des § 850a Nr. 4, § 850b Abs. 1 Nr. 4, § 850c und § 850f Abs. 3 der Zivilprozessordnung in der ab diesem Zeitpunkt geltenden Fassung anzuwenden. Auf Antrag des Gläubigers, des Schuldners oder des Drittschuldners hat das Vollstreckungsgericht den Pfändungsbeschluss entsprechend zu berichtigen. Der Drittschuldner kann nach dem Inhalt des früheren Pfändungsbeschlusses mit befreiender Wirkung leisten, bis ihm der Berichtigungsbeschluss zugestellt wird.

(2) Soweit die Wirksamkeit einer Verfügung über Arbeitseinkommen davon abhängt, dass die Forderung der Pfändung unterworfen ist, sind die Vorschriften des § 850a Nr. 4, § 850b Abs. 1 Nr. 4, § 850c und § 850f Abs. 3 der Zivilprozessordnung in der ab dem 1. Januar 2002 geltenden Fassung hinsichtlich der Leistungen, die nach diesem Zeitpunkt fällig werden, auch anzuwenden, wenn die Verfügung vor diesem Zeitpunkt erfolgt ist. Der Drittschuldner kann nach den bis zum 1. Januar 2002 geltenden Vorschriften so lange mit befreiender Wirkung leisten, bis ihm eine entgegenstehende vollstreckbare gerichtliche Entscheidung zugestellt wird oder eine Verzichtserklärung desjenigen zugeht, an den der Schuldner nach den ab diesem Zeitpunkt geltenden Vorschriften weniger zu leisten hat.

III. Verkündung zu § 850c der Zivilprozessordnung (ZPO)[3]

Auf Grund des § 850c Abs. 2a Satz 2 der Zivilprozessordnung, der durch Artikel 1 Nr. 4 Buchstabe c des Gesetzes vom 13. Dezember 2001 (BGBl. I S. 3638) eingefügt worden ist, wird bekannt gemacht:

Die unpfändbaren Beträge nach § 850c Abs. 1 und 2 Satz 2 der Zivilprozessordnung bleiben für den Zeitraum vom 1. Juli 2007 bis zum 30. Juni 2009 und weiterhin bis zum 30. Juni 2011 unverändert.

211.2

---

1) Abs. 3 neu eingefügt durch Gesetz zur Reform des Kontopfändungsschutzes.
2) Das Siebte Gesetz zur Änderung der Pfändungsfreigrenzen vom 13.12.2001, BGBl. I 2001, 3638, ist am 1.1.2002 in Kraft getreten. In § 20 EGZPO a.F. (jetzt § 21 EGZPO) wurde eine Übergangsregelung getroffen.
3) BGBl. I 2007, 64 und BGBl. I 2009, 1141.

B. Sonstige pfändungsrechtliche Bestimmungen

I. Sozialgesetzbuch (SGB) I (Allgemeiner Teil)

§ 53
Übertragung der Verpfändung

(1) Ansprüche auf Dienst- und Sachleistungen können weder übertragen noch verpfändet werden.

(2) Ansprüche auf Geldleistungen können übertragen und verpfändet werden

1. zur Erfüllung oder zur Sicherung von Ansprüchen auf Rückzahlung von Darlehen und auf Erstattung von Aufwendungen, die im Vorgriff auf fällig gewordene Sozialleistungen zu einer angemessenen Lebensführung gegeben oder gemacht worden sind oder

2. wenn der zuständige Leistungsträger feststellt, daß die Übertragung oder Verpfändung im wohlverstandenen Interesse des Berechtigten liegt.

(3) Ansprüche auf laufende Geldleistungen, die der Sicherung des Lebensunterhalts zu dienen bestimmt sind, können in anderen Fällen übertragen und verpfändet werden, soweit sie den für Arbeitseinkommen geltenden unpfändbaren Betrag übersteigen.

(4) Der Leistungsträger ist zur Auszahlung an den neuen Gläubiger nicht vor Ablauf des Monats verpflichtet, der dem Monat folgt, in dem er von der Übertragung oder Verpfändung Kenntnis erlangt hat.

(5) Eine Übertragung oder Verpfändung von Ansprüchen auf Geldleistungen steht einer Aufrechnung oder Verrechnung auch dann nicht entgegen, wenn der Leistungsträger beim Erwerb des Anspruchs von der Übertragung oder Verpfändung Kenntnis hatte.

(6) Soweit bei einer Übertragung oder Verpfändung Geldleistungen zu Unrecht erbracht worden sind, sind sowohl der Leistungsberechtigte als auch der neue Gläubiger als Gesamtschuldner dem Leistungsträger zur Erstattung des entsprechenden Betrages verpflichtet. Der Leistungsträger hat den Erstattungsanspruch durch Verwaltungsakt geltend zu machen.

§ 54
Pfändung

(1) Ansprüche auf Dienst- und Sachleistungen können nicht gepfändet werden.

(2) Ansprüche auf einmalige Geldleistungen können nur gepfändet werden, soweit nach den Umständen des Falles, insbesondere nach den Einkommens- und Vermögensverhältnissen des Leistungsberechtigten, der Art des beizutreibenden Anspruchs sowie der Höhe und der Zweckbestimmung der Geldleistung, die Pfändung der Billigkeit entspricht.

(3) Unpfändbar sind Ansprüche auf

1. Erziehungsgeld und vergleichbare Leistungen der Länder sowie Elterngeld bis zur Höhe der nach § 10 des Bundeselterngeld- und Elternzeitgesetzes anrechnungsfreien Beträge,

2. Mutterschaftsgeld nach § 13 Abs. 1 des Mutterschutzgesetzes, soweit das Mutterschaftsgeld nicht aus einer Teilzeitbeschäftigung während der Elternzeit herrührt oder anstelle von Arbeitslosenhilfe gewährt wird, bis zur Höhe des Erziehungsgeldes nach § 5 Abs. 1 des Bundeserziehungsgeldgesetzes oder des Elterngeldes nach § 2 des Bundeselterngeld- und Elternzeitgesetzes, soweit es die anrechnungsfreien Beträge nach § 10 des Bundeselterngeld- und Elternzeitgesetzes nicht übersteigt,

2a. Wohngeld, soweit nicht die Pfändung wegen Ansprüchen erfolgt, die Gegenstand der §§ 9 und 10 des Wohngeldgesetzes sind,

3. Geldleistungen, die dafür bestimmt sind, den durch einen Körper- oder Gesundheitsschaden bedingten Mehraufwand auszugleichen.

(4) Im übrigen können Ansprüche auf laufende Geldleistungen wie Arbeitseinkommen gepfändet werden.

(5) Ein Anspruch des Leistungsberechtigten auf Geldleistungen für Kinder (§ 48 Abs. 1 Satz 2) kann nur wegen gesetzlicher Unterhaltsansprüche eines Kindes, das bei der Festsetzung der Geldleistungen berücksichtigt wird, gepfändet werden. Für die Höhe des pfändbaren Betrages bei Kindergeld gilt:

1. Gehört das unterhaltsberechtigte Kind zum Kreis der Kinder, für die dem Leistungsberechtigten Kindergeld gezahlt wird, so ist eine Pfändung bis zu dem Betrag möglich, der bei gleichmäßiger Verteilung des Kindergeldes auf jedes dieser Kinder entfällt. Ist das Kindergeld durch die Berücksichtigung eines weiteren Kindes erhöht, für das einer dritten Person Kindergeld oder dieser oder dem Leistungsberechtigten eine andere Geldleistung für Kinder zusteht, so bleibt der Erhöhungsbetrag bei der Bestimmung des pfändbaren Betrages des Kindergeldes nach Satz 1 außer Betracht.

2. Der Erhöhungsbetrag (Nummer 1 Satz 2) ist zugunsten jedes bei der Festsetzung des Kindergeldes berücksichtigten unterhaltsberechtigten Kindes zu dem Anteil pfändbar, der sich bei gleichmäßiger Verteilung auf alle Kinder, die bei der Festsetzung des Kindergeldes zugunsten des Leistungsberechtigten berücksichtigt werden, ergibt.

§ 55[1)]
Kontenpfändung und Pfändung von Bargeld

(1) Wird eine Geldleistung auf das Konto des Berechtigten bei einem Geldinstitut überwiesen, ist die Forderung,

---

1) § 55 wird durch Gesetz zur Reform des Kontopfändungsschutzes wie folgt geändert:

Absatz 1 wird wie folgt geändert:
In Satz 1 wird das Wort „Geldinstitut" durch das Wort „Kreditinstitut" und das Wort „sieben" durch die Angabe „14" ersetzt. In Satz 2 wird das Wort „sieben" durch die Angabe „14" ersetzt.

Absatz 2 wird wie folgt geändert:
In Satz 1 wird das Wort „Geldinstitut" jeweils durch das Wort „Kreditinstitut" und das Wort „sieben" durch die Angabe „14" ersetzt. In Satz 2 wird das Wort „Geldinstitut" durch das Wort „Kreditinstitut" ersetzt.

In Absatz 3 Satz 1 wird das Wort „Geldinstitut" durch das Wort „Kreditinstitut" und das Wort „sieben" durch die Angabe „14" ersetzt.

In Absatz 4 wird das Wort „sieben" durch die Angabe „14" ersetzt.

Folgender Absatz 5 wird angefügt:
„(5) Pfändungsschutz für Kontoguthaben besteht nach dieser Vorschrift nicht, wenn der Schuldner ein Pfän-

die durch die Gutschrift entsteht, für die Dauer von sieben Tagen seit der Gutschrift der Überweisung unpfändbar. Eine Pfändung des Guthabens gilt als mit der Maßgabe ausgesprochen, daß sie das Guthaben in Höhe der in Satz 1 bezeichneten Forderung während der sieben Tage nicht erfaßt.

(2) Das Geldinstitut ist dem Schuldner innerhalb der sieben Tage zur Leistung aus dem nach Absatz 1 Satz 2 von der Pfändung nicht erfaßten Guthaben nur soweit verpflichtet, als der Schuldner nachweist oder als dem Geldinstitut sonst bekannt ist, daß das Guthaben von der Pfändung nicht erfaßt ist. Soweit das Geldinstitut hiernach geleistet hat, gilt Absatz 1 Satz 2 nicht.

(3) Eine Leistung, die das Geldinstitut innerhalb der sieben Tage aus dem nach Absatz 1 Satz 2 von der Pfändung nicht erfaßten Guthaben an den Gläubiger bewirkt, ist dem Schuldner gegenüber unwirksam. Das gilt auch für eine Hinterlegung.

(4) Bei Empfängern laufender Geldleistungen sind die in Absatz 1 genannten Forderungen nach Ablauf von sieben Tagen seit der Gutschrift sowie Bargeld insoweit nicht der Pfändung unterworfen, als ihr Betrag dem unpfändbaren Teil der Leistungen für die Zeit von der Pfändung bis zum nächsten Zahlungstermin entspricht.

II. Sozialgesetzbuch (SGB) III (Arbeitsförderung)

§ 188
Verfügungen über das Arbeitsentgelt

(1) Soweit der Arbeitnehmer vor seinem Antrag auf Insolvenzgeld Ansprüche auf Arbeitsentgelt einem Dritten übertragen hat, steht der Anspruch auf Insolvenzgeld diesem zu.

(2) Von einer vor dem Antrag aus Insolvenzgeld vorgenommenen Pfändung oder Verpfändung des Anspruchs auf Arbeitsentgelt wird auch der Anspruch auf Insolvenzgeld erfaßt.

(3) Die an den Ansprüchen auf Arbeitsentgelt bestehenden Pfandrechte erlöschen, wenn die Ansprüche auf die Bundesanstalt übergegangen sind und sie Insolvenzgeld an den Berechtigten erbracht hat.

(4) Der neue Gläubiger oder Pfandgläubiger hat keinen Anspruch auf Insolvenzgeld für Ansprüche auf Arbeitsentgelt, die ihm vor dem Insolvenzereignis ohne Zustimmung des Arbeitsamtes zur Vorfinanzierung der Arbeitsentgelte übertragen oder verpfändet wurden. Das Arbeitsamt darf der Übertragung oder Verpfändung nur zustimmen, wenn Tatsachen die Annahme rechtfertigen, daß durch die Vorfinanzierung der Arbeitsentgelte ein erheblicher Teil der Arbeitsplätze erhalten bleibt.

§ 189
Verfügungen über das Insolvenzgeld

Nachdem das Insolvenzgeld beantragt worden ist, kann der Anspruch auf Insolvenzgeld wie Arbeitseinkommen gepfändet, verpfändet oder übertragen werden. Eine Pfändung des Anspruchs vor diesem Zeitpunkt wird erst mit dem Antrag wirksam.

III. Sozialgesetzbuch (SGB) XII (Sozialhilfe)

§ 17
Anspruch

(1) Auf Sozialhilfe besteht ein Anspruch, soweit bestimmt wird, dass die Leistung zu erbringen ist. Der Anspruch kann nicht übertragen, verpfändet oder gepfändet werden.

(2) Über Art und Maß der Leistungserbringung ist nach pflichtmäßigem Ermessen zu entscheiden, soweit das Ermessen nicht ausgeschlossen wird. Werden Leistungen auf Grund von Ermessensentscheidungen erbracht, sind die Entscheidungen im Hinblick auf die sie tragenden Gründe und Ziele zu überprüfen und im Einzelfall gegebenenfalls abzuändern.

IV. Beamtenversorgungsgesetz (BeamtVG)

§ 51
Abtretung, Verpfändung, Aufrechnungs- und Zurückbehaltungsrecht

(1) Ansprüche auf Versorgungsbezüge können, wenn gesetzlich nichts anderes bestimmt ist, nur insoweit abgetreten oder verpfändet werden, als sie der Pfändung unterliegen.

(2) Gegenüber Ansprüchen auf Versorgungsbezüge kann der Dienstherr ein Aufrechnungs- oder Zurückbehaltungsrecht nur in Höhe des pfändbaren Teils der Versorgungsbezüge geltend machen. Dies gilt nicht, soweit gegen den Versorgungsberechtigten ein Anspruch auf Schadenersatz wegen vorsätzlicher unerlaubter Handlung besteht.

(3) Ansprüche auf Sterbegeld (§ 18), auf Erstattung der Kosten des Heilverfahrens (§ 33) und der Pflege (§ 34), auf Unfallausgleich (§ 35) sowie auf eine einmalige Unfallentschädigung (§ 43) und auf Schadensausgleich in besonderen Fällen (§ 43a) können weder gepfändet noch abgetreten noch verpfändet werden. Forderungen des Dienstherrn gegen den Verstorbenen aus Vorschuß- oder Darlehnsgewährungen sowie aus Überzahlungen von Dienst- oder Versorgungsbezügen können auf das Sterbegeld angerechnet werden.

(Fortsetzung der Fußnote von S. 92)
dungsschutzkonto im Sinne von § 850k Abs. 7 der Zivilprozessordnung führt. Hat das Kreditinstitut keine Kenntnis von dem Bestehen eines Pfändungsschutzkontos, leistet es nach den Absätzen 1 bis 4 mit befreiender Wirkung an den Schuldner. Gegenüber dem Gläubiger ist das Kreditinstitut zur Leistung nur verpflichtet, wenn ihm das Bestehen des Pfändungsschutzkontos nachgewiesen ist."

V. Bundesbesoldungsgesetz (BBesG)

§ 11
Abtretung von Bezügen, Verpfändung, Aufrechnungs- und Zurückbehaltungsrecht

(1) Der Beamte, Richter oder Soldat kann, wenn gesetzlich nichts anderes bestimmt ist, Ansprüche auf Bezüge nur abtreten oder verpfänden, soweit sie der Pfändung unterliegen.

(2) Gegenüber Ansprüchen auf Bezüge kann der Dienstherr ein Aufrechnungs- oder Zurückbehaltungsrecht nur in Höhe des pfändbaren Teils der Bezüge geltend machen. Dies gilt nicht, soweit gegen den Beamten, Richter oder Soldaten ein Anspruch auf Schadenersatz wegen vorsätzlicher unerlaubter Handlung besteht.

VI. Soldatenversorgungsgesetz (SVG)

§ 48

(1) Ansprüche auf Versorgungsbezüge können, wenn bundesgesetzlich nichts anderes bestimmt ist, nur insoweit abgetreten oder verpfändet werden, als sie der Pfändung unterliegen.

(2) Ansprüche auf Übergangsbeihilfe, Sterbegeld, einmalige Unfallentschädigung, einmalige Entschädigung und auf Schadensausgleich in besonderen Fällen können weder gepfändet noch abgetreten oder verpfändet werden. Ansprüche auf einen Ausbildungszuschuss, auf Übergangsgebührnisse und auf Grund einer Bewilligung einer Unterstützung nach § 42 können weder abgetreten noch verpfändet werden. Forderungen des Dienstherrn gegen den Verstorbenen aus Vorschuss- oder Darlehensgewährungen sowie aus Überzahlungen von Dienst- oder Versorgungsbezügen können auf das Sterbegeld angerechnet werden.

VII. Berufliches Rehabilitierungsgesetz (BerRehaG)

§ 9
Anrechnungsfreiheit, Unpfändbarkeit

(1) Ausgleichsleistungen nach diesem Abschnitt werden bei Sozialleistungen, deren Gewährung vom Einkommen abhängig ist, nicht als Einkommen angerechnet.

(2) Der Anspruch auf die Ausgleichsleistungen ist unpfändbar.

VIII. Heimarbeitsgesetz (HAG)

§ 27
Pfändungsschutz

Für das Entgelt, das den in Heimarbeit Beschäftigten oder den Gleichgestellten gewährt wird, gelten die Vorschriften über den Pfändungsschutz für Vergütungen, die auf Grund eines Arbeits- oder Dienstverhältnisses geschuldet werden, entsprechend.

IX. Insolvenzordnung (InsO)

§ 21
Anordnung von Sicherungsmaßnahmen

(1) Das Insolvenzgericht hat alle Maßnahmen zu treffen, die erforderlich erscheinen, um bis zur Entscheidung über den Antrag eine den Gläubigern nachteilige Veränderung in der Vermögenslage des Schuldners zu verhüten. Gegen die Anordnung der Maßnahme steht dem Schuldner die sofortige Beschwerde zu.

(2) Das Gericht kann insbesondere

1. einen vorläufigen Insolvenzverwalter bestellen, für den § 8 Abs. 3 und die §§ 56, 58 bis 66 entsprechend gelten;

2. dem Schuldner ein allgemeines Verfügungsverbot auferlegen oder anordnen, daß Verfügungen des Schuldners nur mit Zustimmung des vorläufigen Insolvenzverwalters wirksam sind;

3. Maßnahmen der Zwangsvollstreckung gegen den Schuldner untersagen oder einstweilen einstellen, soweit nicht unbeweglich Gegenstände betroffen sind;

4. eine vorläufige Postsperre anordnen, für die die §§ 99, 101 Abs. 1 Satz 1 entsprechend gelten;

5. anordnen, dass Gegenstände, die im Falle der Eröffnung des Verfahrens von § 166 erfasst würden oder deren Aussonderung verlangt werden könnte, vom Gläubiger nicht verwertet oder eingezogen werden dürfen und dass solche Gegenstände zur Fortführung des Unternehmens des Schuldners eingesetzt werden können, soweit sie hierfür von erheblicher Bedeutung sind; § 169 Satz 2 und 3 gilt entsprechend; ein durch die Nutzung eingetretener Wertverlust ist durch laufende Zahlungen an den Gläubiger auszugleichen. Die Verpflichtung zu Ausgleichszahlungen besteht nur, soweit der durch die Nutzung entstehende Wertverlust die Sicherung des absonderungsberechtigten Gläubigers beeinträchtigt. Zieht der vorläufige Insolvenzverwalter eine zur Sicherung eines Anspruchs abgetretene Forderung anstelle des Gläubigers ein, so gelten die §§ 170, 171 entsprechend.

Die Anordnung von Sicherungsmaßnahmen berührt nicht die Wirksamkeit von Verfügungen über Finanzsicherheiten nach § 1 Abs. 17 des Kreditwesengesetzes und die Wirksamkeit der Verrechnung von Ansprüchen und Leistungen aus Überweisungs-, Zahlungs- oder Übertragungsverträgen, die in ein System nach § 1 Abs. 16 des Kreditwesengesetzes eingebracht wurden.

(3) Reichen andere Maßnahmen nicht aus, so kann das Gericht den Schuldner zwangsweise vorführen und nach Anhörung in Haft nehmen lassen. Ist der Schuldner keine natürliche Person, so gilt entsprechendes für seine organschaftlichen Vertreter. Für die Anordnung von Haft gilt § 98 Abs. 3 entsprechend.

§ 22
Rechtsstellung des vorläufigen Insolvenzverwalters

(1) Wird ein vorläufiger Insolvenzverwalter bestellt und dem Schuldner ein allgemeines Verfügungsverbot auferlegt, so geht die Verwaltungs- und Verfügungsbefugnis über das Vermögen des Schuldners auf den vorläufigen Insolvenzverwalter über. In diesem Fall hat der vorläufige Insolvenzverwalter:

B. Sonstige pfändungsrechtliche Bestimmungen

1. das Vermögen des Schuldners zu sichern und zu erhalten;

2. ein Unternehmen, das der Schuldner betreibt, bis zur Entscheidung über die Eröffnung des Insolvenzverfahrens fortzuführen, soweit nicht das Insolvenzverfahren einer Stillegung zustimmt, um eine erhebliche Verminderung des Vermögens zu vermeiden;

3. zu prüfen, ob das Vermögen des Schuldners die Kosten des Verfahrens decken wird; das Gericht kann ihn zusätzlich beauftragen, als Sachverständiger zu prüfen, ob ein Eröffnungsgrund vorliegt und welche Aussichten für eine Fortführung des Unternehmens des Schuldners bestehen.

(2) Wird ein vorläufiger Insolvenzverwalter bestellt, ohne daß dem Schuldner ein allgemeines Verfügungsverbot auferlegt wird, so bestimmt das Gericht die Pflichten des vorläufigen Insolvenzverwalters. Sie dürfen nicht über die Pflichten nach Absatz 1 Satz 2 hinausgehen.

(3) Der vorläufige Insolvenzverwalter ist berechtigt, die Geschäftsräume des Schuldners zu betreten und dort Nachforschungen anzustellen. Der Schuldner hat dem vorläufigen Insolvenzverwalter Einsicht in seine Bücher und Geschäftspapiere zu gestatten. Er hat ihm alle erforderlichen Auskünfte zu erteilen und ihn bei der Erfüllung seiner Aufgaben zu unterstützen; die §§ 97, 98, 101 Abs. 1 Satz 1, 2, Abs. 2 gelten entsprechend.

§ 24
Wirkungen der Verfügungsbeschränkungen

(1) Bei einem Verstoß gegen eine der in § 21 Abs. 2 Nr. 2 vorgesehenen Verfügungsbeschränkungen gelten die §§ 81, 82 entsprechend.

(2) Ist die Verfügungsbefugnis über das Vermögen des Schuldners auf einen vorläufigen Insolvenzverwalter übergegangen, so gelten für die Aufnahme anhängiger Rechtsstreitigkeiten § 85 Abs. 1 Satz 1 und § 86 entsprechend.

§ 36
Unpfändbare Gegenstände

(1) Gegenstände, die nicht der Zwangsvollstreckung unterliegen, gehören nicht zur Insolvenzmasse. Die §§ 850, 850a, 850c, 850e, 850f Abs. 1, §§ 850g bis 850i, 851c und 851d der Zivilprozeßordnung gelten entsprechend.

(2) Zur Insolvenzmasse gehören jedoch

1. die Geschäftsbücher des Schuldners; gesetzliche Pflichten zur Aufbewahrung von Unterlagen bleiben unberührt;

2. die Sachen, die nach § 811 Abs. 1 Nr. 4 und 9 der Zivilprozeßordnung nicht der Zwangsvollstreckung unterliegen.

(3) Sachen, die zum gewöhnlichen Hausrat gehören und im Haushalt des Schuldners gebraucht werden, gehören nicht zur Insolvenzmasse, wenn ohne weiteres ersichtlich ist, daß durch ihre Verwertung nur ein Erlös erzielt werden würde, der zu dem Wert außer allem Verhältnis steht.

(4) Für Entscheidungen, ob ein Gegenstand nach den in Absatz 1 Satz 2 genannten Vorschriften der Zwangsvollstreckung unterliegt, ist das Insolvenzgericht zuständig. Anstelle eines Gläubigers ist der Insolvenzverwalter antragsberechtigt. Für das Eröffnungsverfahren gelten die Sätze 1 und 2 entsprechend.

§ 80
Übergang des Verwaltungs- und Verfügungsrechts

(1) Durch die Eröffnung des Insolvenzverfahrens geht das Recht des Schuldners, das zur Insolvenzmasse gehörende Vermögen zu verwalten und über es zu verfügen, auf den Insolvenzverwalter über.

(2) Ein gegen den Schuldner bestehendes Veräußerungsverbot, das nur den Schutz bestimmter Personen bezweckt (§§ 135, 136 des Bürgerlichen Gesetzbuchs), hat im Verfahren keine Wirkung. Die Vorschriften über die Wirkungen einer Pfändung oder einer Beschlagnahme im Wege der Zwangsvollstreckung bleiben unberührt.

§ 81
Verfügungen des Schuldners

(1) Hat der Schuldner nach der Eröffnung des Insolvenzverfahrens über einen Gegenstand der Insolvenzmasse verfügt, so ist diese Verfügung unwirksam. Unberührt bleiben die §§ 892, 893 des Bürgerlichen Gesetzbuchs, §§ 16, 17 des Gesetzes über Rechte an eingetragenen Schiffen und Schiffsbauwerken und §§ 16, 17 des Gesetzes über Rechte an Luftfahrzeugen. Dem anderen Teil ist die Gegenleistung aus der Insolvenzmasse zurückzugewähren, soweit die Masse durch sie bereichert ist.

(2) Für eine Verfügung über künftige Forderungen auf Bezüge aus einem Dienstverhältnis des Schuldners oder an deren Stelle tretende laufende Bezüge gilt Absatz 1 auch insoweit, als die Bezüge für die Zeit nach der Beendigung des Insolvenzverfahrens betroffen sind. Das Recht des Schuldners zur Abtretung dieser Bezüge an einen Treuhänder mit dem Ziel der gemeinschaftlichen Befriedigung der Insolvenzgläubiger bleibt unberührt.

(3) Hat der Schuldner am Tag der Eröffnung des Verfahrens verfügt, so wird vermutet, daß er nach der Eröffnung verfügt hat.

§ 88
Vollstreckung vor Verfahrenseröffnung

Hat ein Insolvenzgläubiger im letzten Monat vor dem Antrag auf Eröffnung des Insolvenzverfahrens oder nach diesem Antrag durch Zwangsvollstreckung eine Sicherung an dem zur Insolvenzmasse gehörenden Vermögen des Schuldners erlangt, so wird diese Sicherung mit der Eröffnung des Verfahrens unwirksam.

§ 89
Vollstreckungsverbot

(1) Zwangsvollstreckungen für einzelne Insolvenzgläubiger sind während der Dauer des Insolvenzverfahrens weder in die Insolvenzmasse noch in das sonstige Vermögen des Schuldners zulässig.

(2) Zwangsvollstreckungen in künftige Forderungen auf Bezüge aus einem Dienstverhältnis des Schuldners oder an deren Stelle tretende laufende Bezüge sind während der Dauer des Verfahrens auch für Gläubiger unzulässig, die keine Insolvenzgläubiger sind. Dies gilt nicht für die Zwangsvollstreckung wegen eines Unterhaltsanspruchs oder einer Forderung aus einer vorsätzlichen unerlaubten Handlung in den Teil der Bezüge, der für andere Gläubiger nicht pfändbar ist.

(3) Über Einwendungen, die auf Grund des Absatzes 1 oder 2 gegen die Zulässigkeit einer Zwangsvollstreckung erhoben werden, entscheidet das Insolvenzgericht. Das Gericht kann vor der Entscheidung eine einstweilige An-

ordung erlassen; es kann insbesondere anordnen, daß die Zwangsvollstreckung gegen oder ohne Sicherheitsleistung einstweilen einzustellen oder nur gegen Sicherheitsleistung fortzusetzen sei.

§ 114
Bezüge aus einem Dienstverhältnis

(1) Hat der Schuldner vor der Eröffnung des Insolvenzverfahrens eine Forderung für die spätere Zeit auf Bezüge aus einem Dienstverhältnis oder an deren Stelle tretende laufende Bezüge abgetreten oder verpfändet, so ist diese Verfügung nur wirksam, soweit sie sich auf die Bezüge für die Zeit vor Ablauf von zwei Jahren nach dem Ende des zur Zeit der Eröffnung des Verfahrens laufenden Kalendermonats bezieht.

(2) Gegen die Forderung auf die Bezüge für den in Absatz 1 bezeichneten Zeitraum kann der Verpflichtete eine Forderung aufrechnen, die ihm gegen den Schuldner zusteht. Die §§ 95 und 96 Nr. 2 bis 4 bleiben unberührt.

(3) Ist vor der Eröffnung des Verfahrens im Wege der Zwangsvollstreckung über die Bezüge für die spätere Zeit verfügt worden, so ist diese Verfügung nur wirksam, soweit sie sich auf die Bezüge für den zur Zeit der Eröffnung des Verfahrens laufenden Kalendermonat bezieht. Ist die Eröffnung nach dem fünfzehnten Tag des Monats erfolgt, so ist die Verfügung auch für den folgenden Kalendermonat wirksam. § 88 bleibt unberührt; § 89 Abs. 2 Satz 2 gilt entsprechend.

§ 286
Grundsatz

Ist der Schuldner eine natürliche Person, so wird er nach Maßgabe der §§ 287 bis 303 von den im Insolvenzverfahren nicht erfüllten Verbindlichkeiten gegenüber den Insolvenzgläubigern befreit.

§ 287
Antrag des Schuldners

(1) Die Restschuldbefreiung setzt einen Antrag des Schuldners voraus, der mit seinem Antrag auf Eröffnung des Insolvenzverfahrens verbunden werden soll. Wird er nicht mit diesem verbunden, so ist er innerhalb von zwei Wochen nach dem Hinweis gemäß § 20 Abs. 2 zu stellen.

(2) Dem Antrag ist die Erklärung beizufügen, daß der Schuldner seine pfändbaren Forderungen auf Bezüge aus einem Dienstverhältnis oder an deren Stelle tretende laufende Bezüge für die Zeit von sechs Jahren nach der Eröffnung des Insolvenzverfahrens an einen vom Gericht zu bestimmenden Treuhänder abtritt. Hatte der Schuldner diese Forderungen bereits vorher an einen Dritten abgetreten oder verpfändet, so ist in der Erklärung darauf hinzuweisen.

(3) Vereinbarungen, die eine Abtretung der Forderungen des Schuldners auf Bezüge aus einem Dienstverhältnis oder an deren Stelle tretende laufende Bezüge ausschließen, von einer Bedingung abhängig machen oder sonst einschränken, sind insoweit unwirksam, als sie die Abtretungserklärung nach Absatz 2 Satz 1 vereiteln oder beeinträchtigen würden.

§ 290
Versagung der Restschuldbefreiung

(1) In dem Beschluß ist die Restschuldbefreiung zu versagen, wenn dies im Schlußtermin von einem Insolvenzgläubiger beantragt worden ist und wenn

1. der Schuldner wegen einer Straftat nach den §§ 283 bis 283c des Strafgesetzbuchs rechtskräftig verurteilt worden ist,

2. der Schuldner in den letzten drei Jahren vor dem Antrag auf Eröffnung des Insolvenzverfahrens oder nach diesem Antrag vorsätzlich oder grob fahrlässig schriftlich unrichtige oder unvollständige Angaben über seine wirtschaftlichen Verhältnisse gemacht hat, um einen Kredit zu erhalten, Leistungen aus öffentlichen Mitteln zu beziehen oder Leistungen an öffentliche Kassen zu vermeiden,

3. in den letzten zehn Jahren vor dem Antrag auf Eröffnung des Insolvenzverfahrens oder nach diesem Antrag dem Schuldner Restschuldbefreiung erteilt oder nach § 296 oder § 297 versagt worden ist,

4. der Schuldner im letzten Jahr vor dem Antrag auf Eröffnung des Insolvenzverfahrens oder nach diesem Antrag vorsätzlich oder grob fahrlässig die Befriedigung der Insolvenzgläubiger dadurch beeinträchtigt hat, daß er unangemessene Verbindlichkeiten begründet oder Vermögen verschwendet oder ohne Aussicht auf eine Besserung seiner wirtschaftlichen Lage die Eröffnung des Insolvenzverfahrens verzögert hat,

5. der Schuldner während des Insolvenzverfahrens Auskunfts- oder Mitwirkungspflichten nach diesem Gesetz vorsätzlich oder grob fahrlässig verletzt hat oder

6. der Schuldner in den nach § 305 Abs. 1 Nr. 3 vorzulegenden Verzeichnissen seines Vermögens und seines Einkommens, seiner Gläubiger und der gegen ihn gerichteten Forderungen vorsätzlich oder grob fahrlässig unrichtige oder unvollständige Angaben gemacht hat.

(2) Der Antrag des Gläubigers ist nur zulässig, wenn ein Versagungsgrund glaubhaft gemacht wird.

§ 292
Rechtsstellung des Treuhänders

(1) Der Treuhänder hat den zur Zahlung der Bezüge Verpflichteten über die Abtretung zu unterrichten. Er hat die Beträge, die er durch die Abtretung erlangt, und sonstige Leistungen des Schuldners oder Dritter von seinem Vermögen getrennt zu halten und einmal jährlich auf Grund des Schlußverzeichnisses an die Insolvenzgläubiger zu verteilen, sofern die nach § 4a gestundeten Verfahrenskosten abzüglich der Kosten für die Beiordnung eines Rechtsanwalts berichtigt sind. § 36 Abs. 1 Satz 2, Abs. 4 gilt entsprechend. Von den Beträgen, die er durch die Abtretung erlangt, und den sonstigen Leistungen hat er an den Schuldner nach Ablauf von vier Jahren seit der Aufhebung des Insolvenzverfahrens zehn vom Hundert und nach Ablauf von fünf Jahren seit der Aufhebung fünfzehn vom Hundert abzuführen. Sind die nach § 4a gestundeten Verfahrenskosten noch nicht berichtigt, werden Gelder an den Schuldner nur abgeführt, sofern sein Einkommen nicht den sich nach § 115 Abs. 1 der Zivilprozessordnung errechnenden Betrag übersteigt.

(2) Die Gläubigerversammlung kann dem Treuhänder zusätzlich die Aufgabe übertragen, die Erfüllung der Obliegenheiten des Schuldners zu überwachen. In diesem Fall hat der Treuhänder die Gläubiger unverzüglich zu benachrichtigen, wenn er einen Verstoß gegen diese Obliegenheiten feststellt. Der Treuhänder ist nur zur Überwachung verpflichtet, soweit die ihm dafür zustehende zusätzliche Vergütung gedeckt ist oder vorgeschossen wird.

(3) Der Treuhänder hat bei der Beendigung seines Amtes dem Insolvenzgericht Rechnung zu legen. Die §§ 58 und 59 gelten entsprechend, § 59 jedoch mit der Maßgabe, daß die Entlassung von jedem Insolvenzgläubiger beantragt werden kann und daß die sofortige Beschwerde jedem Insolvenzgläubiger zusteht.

B. Sonstige pfändungsrechtliche Bestimmungen

§ 294
Gleichbehandlung der Gläubiger

(1) Zwangsvollstreckungen für einzelne Insolvenzgläubiger in das Vermögen des Schuldners sind während der Laufzeit der Abtretungserklärung nicht zulässig.

(2) Jedes Abkommen des Schuldners oder anderer Personen mit einzelnen Insolvenzgläubigern, durch das diesen ein Sondervorteil verschafft wird, ist nichtig.

(3) Gegen die Forderung auf die Bezüge, die von der Abtretungserklärung erfaßt werden, kann der Verpflichtete eine Forderung gegen den Schuldner nur aufrechnen, soweit er bei einer Fortdauer des Insolvenzverfahrens nach § 114 Abs. 2 zur Aufrechnung berechtigt wäre.

§ 295
Obliegenheiten des Schuldners

(1) Dem Schuldner obliegt es, während der Laufzeit der Abtretungserklärung

1. eine angemessene Erwerbstätigkeit auszuüben und, wenn er ohne Beschäftigung ist, sich um eine solche zu bemühen und keine zumutbare Tätigkeit abzulehnen;

2. Vermögen, das er von Todes wegen oder mit Rücksicht auf ein künftiges Erbrecht erwirbt, zur Hälfte des Wertes an den Treuhänder herauszugeben;

3. jeden Wechsel des Wohnsitzes oder der Beschäftigungsstelle unverzüglich dem Insolvenzgericht und dem Treuhänder anzuzeigen, keine von der Abtretungserklärung erfaßten Bezüge und kein von Nummer 2 erfaßtes Vermögen zu verheimlichen und dem Gericht und dem Treuhänder auf Verlangen Auskunft über seine Erwerbstätigkeit oder seine Bemühungen um eine solche sowie über seine Bezüge und sein Vermögen zu erteilen;

4. Zahlungen zur Befriedigung der Insolvenzgläubiger nur an den Treuhänder zu leisten und keinem Insolvenzgläubiger einen Sondervorteil zu verschaffen.

(2) Soweit der Schuldner eine selbständige Tätigkeit ausübt, obliegt es ihm, die Insolvenzgläubiger durch Zahlungen an den Treuhänder so zu stellen, wie wenn er ein angemessenes Dienstverhältnis eingegangen wäre.

§ 304
Grundsatz

(1) Ist der Schuldner eine natürliche Person, die keine selbständige wirtschaftliche Tätigkeit ausübt oder ausgeübt hat, so gelten für das Verfahren die allgemeinen Vorschriften, soweit in diesem Teil nichts anderes bestimmt ist. Hat der Schuldner eine selbstständige wirtschaftliche Tätigkeit ausgeübt, so findet Satz 1 Anwendung, wenn seine Vermögensverhältnisse überschaubar sind und gegen ihn keine Forderungen aus Arbeitsverhältnissen bestehen.

(2) Überschaubar sind die Vermögensverhältnisse im Sinne von Absatz 1 Satz 2 nur, wenn der Schuldner zu dem Zeitpunkt, zu dem der Antrag auf Eröffnung des Insolvenzverfahrens gestellt wird, weniger als 20 Gläubiger hat.

§ 305
Eröffnungsantrag des Schuldners

(1) Mit dem schriftlich einzureichenden Antrag auf Eröffnung des Insolvenzverfahrens (§ 311) oder unverzüglich nach diesem Antrag hat der Schuldner vorzulegen:

1. eine Bescheinigung, die von einer geeigneten Person oder Stelle ausgestellt ist und aus der sich ergibt, daß eine außergerichtliche Einigung mit den Gläubigern über die Schuldenbereinigung auf der Grundlage eines Plans innerhalb der letzten sechs Monate vor dem Eröffnungsantrag erfolglos versucht worden ist; der Plan ist beizufügen und die wesentlichen Gründe für sein Scheitern sind darzulegen; die Länder können bestimmen, welche Personen oder Stellen als geeignet anzusehen sind;

2. den Antrag auf Erteilung von Restschuldbefreiung (§ 287) oder die Erklärung, daß Restschuldbefreiung nicht beantragt werden soll;

3. ein Verzeichnis des vorhandenen Vermögens und des Einkommens (Vermögensverzeichnis), eine Zusammenfassung des wesentlichen Inhalts dieses Verzeichnisses (Vermögensübersicht), ein Verzeichnis der Gläubiger und ein Verzeichnis der gegen ihn gerichteten Forderungen; den Verzeichnissen und der Vermögensübersicht ist die Erklärung beizufügen, dass die enthaltenen Angaben richtig und vollständig sind;

4. einen Schuldenbereinigungsplan; dieser kann alle Regelungen enthalten, die unter Berücksichtigung der Gläubigerinteressen sowie der Vermögens-, Einkommens- und Familienverhältnisse des Schuldners geeignet sind, zu einer angemessenen Schuldenbereinigung zu führen; in den Plan ist aufzunehmen, ob und inwieweit Bürgschaften, Pfandrechte und andere Sicherheiten der Gläubiger vom Plan berührt werden sollen.

(2) In dem Verzeichnis der Forderungen nach Absatz 1 Nr. 3 kann auch auf beigefügte Forderungsaufstellungen der Gläubiger Bezug genommen werden. Auf Aufforderung des Schuldners sind die Gläubiger verpflichtet, auf ihre Kosten dem Schuldner zur Vorbereitung des Forderungsverzeichnisses eine schriftliche Aufstellung ihrer gegen diesen gerichteten Forderungen zu erteilen; insbesondere haben sie ihm die Höhe ihrer Forderungen und deren Aufgliederung in Hauptforderung, Zinsen und Kosten anzugeben. Die Aufforderung des Schuldners muß einen Hinweis auf einen bereits bei Gericht eingereichten oder in naher Zukunft beabsichtigten Antrag auf Eröffnung eines Insolvenzverfahrens enthalten.

(3) Hat der Schuldner die in Absatz 1 genannten Erklärungen und Unterlagen nicht vollständig abgegeben, so fordert ihn das Insolvenzgericht auf, das Fehlende unverzüglich zu ergänzen. Kommt der Schuldner dieser Aufforderung nicht binnen eines Monats nach, so gilt sein Antrag auf Eröffnung des Insolvenzverfahrens als zurückgenommen. Im Falle des § 306 Abs. 3 Satz 3 beträgt die Frist drei Monate.

(4) Der Schuldner kann sich im Verfahren nach diesem Abschnitt vor dem Insolvenzgericht von einer geeigneten Person oder einem Angehörigen einer als geeignet anerkannten Stelle im Sinne des Absatzes 1 Nr. 1 vertreten lassen. Für die Vertretung des Gläubigers gilt § 174 Abs. 1 Satz 3 entsprechend.

(5) Das Bundesministerium der Justiz wird ermächtigt, durch Rechtsverordnung mit Zustimmung des Bundesrates zur Vereinfachung des Verbraucherinsolvenzverfahrens für die nach Absatz 1 Nr. 1 bis 4 vorzulegenden Bescheinigungen, Anträge, Verzeichnisse und Pläne einzuführen. Soweit nach Satz 1 Formulare eingeführt sind, muß sich der Schuldner ihrer bedienen. Für Verfahren bei Gerichten, die die Verfahren maschinell bearbeiten, und für Verfahren bei Gerichten, die die Verfahren nicht maschinell bearbeiten, können unterschiedliche Formulare eingeführt werden.

§ 305a
Scheitern der außergerichtlichen
Schuldenbereinigung

Der Versuch, eine außergerichtliche Einigung mit den Gläubigern über die Schuldenbereinigung herbeizuführen, gilt als gescheitert, wenn ein Gläubiger die Zwangsvollstreckung betreibt, nachdem die Verhandlungen über die außergerichtliche Schuldenbereinigung aufgenommen wurden.

§ 312
Allgemeine Verfahrensvereinfachungen

(1) Öffentliche Bekanntmachungen erfolgen auszugsweise; § 9 Abs. 2 ist nicht anzuwenden. Bei der Eröffnung des Insolvenzverfahrens wird abweichend von § 29 nur der Prüfungstermin bestimmt. Wird das Verfahren auf Antrag des Schuldners eröffnet, so beträgt die in § 88 genannte Frist drei Monate.

(2) Die Vorschriften über den Insolvenzplan (§§ 217 bis 269) und über die Eigenverwaltung (§§ 270 bis 285) sind nicht anzuwenden.

§ 314
Vereinfachte Verteilung

(1) Auf Antrag des Treuhänders ordnet das Insolvenzgericht an, daß von einer Verwertung der Insolvenzmasse ganz oder teilweise abgesehen wird. In diesem Fall hat es dem Schuldner zusätzlich aufzugeben, binnen einer vom Gericht festgesetzten Frist an den Treuhänder einen Betrag zu zahlen, der dem Wert der Masse entspricht, die an die Insolvenzgläubiger zu verteilen wäre. Von der Anordnung soll abgesehen werden, wenn die Verwertung der Insolvenzmasse insbesondere im Interesse der Gläubiger geboten erscheint.

(2) Vor der Entscheidung sind die Insolvenzgläubiger zu hören.

(3) Die Entscheidung über einen Antrag des Schuldners auf Erteilung von Restschuldbefreiung (§§ 289 bis 291) ist erst nach Ablauf der nach Absatz 1 Satz 2 festgesetzten Frist zu treffen. Das Gericht versagt die Restschuldbefreiung auf Antrag eines Insolvenzgläubigers, wenn der nach Absatz 1 Satz 2 zu zahlende Betrag auch nach Ablauf einer weiteren Frist von zwei Wochen, die das Gericht unter Hinweis auf die Möglichkeit der Versagung der Restschuldbefreiung gesetzt hat, nicht gezahlt ist. Vor der Entscheidung ist der Schuldner zu hören.

X. Einführungsgesetz zur Insolvenzordnung (EGInsO)

Art. 103c
Überleitungsvorschrift zum Gesetz zur
Vereinfachung des Insolvenzverfahrens

(1) Auf Insolvenzverfahren, die vor dem Inkrafttreten des Gesetzes zur Vereinfachung des Insolvenzverfahrens vom 13. April 2007 (BGBl. I S. 509) am 1. Juli 2007 eröffnet worden sind, sind mit Ausnahme der §§ 8 und 9 der Insolvenzordnung und der Verordnung zu öffentlichen Bekanntmachungen in Insolvenzverfahren im Internet die bis dahin geltenden gesetzlichen Vorschriften weiter anzuwenden. In solchen Insolvenzverfahren erfolgen alle durch das Gericht vorzunehmenden öffentlichen Bekanntmachungen unbeschadet von Absatz 2 nur nach Maßgabe des § 9 der Insolvenzordnung. § 188 Satz 3 der Insolvenzordnung ist auch auf Insolvenzverfahren anzuwenden, die vor dem Inkrafttreten des Gesetzes zur Neuregelung des Rechtsberatungsrechts vom 12. Dezember 2007 (BGBl. I S. 2840) am 18. Dezember 2007 eröffnet worden sind.

(2) Die öffentliche Bekanntmachung kann bis zum 31. Dezember 2008 zusätzlich zu der elektronischen Bekanntmachung nach § 9 Abs. 1 Satz 1 der Insolvenzordnung in einem am Wohnort oder Sitz des Schuldners periodisch erscheinenden Blatt erfolgen; die Veröffentlichung kann auszugsweise geschehen. Für den Eintritt der Wirkungen der Bekanntmachung ist ausschließlich die Bekanntmachung im Internet nach § 9 Abs. 1 Satz 1 der Insolvenzordnung maßgebend.

XI. Rechtspflegergesetz (RPflG)[1]

§ 11
Rechtsbehelfe

(1) Gegen die Entscheidungen des Rechtspflegers ist das Rechtsmittel gegeben, das nach den allgemeinen verfahrensrechtlichen Vorschriften zulässig ist.

(2) Ist gegen die Entscheidung nach den allgemeinen verfahrensrechtlichen Vorschriften ein Rechtsmittel nicht gegeben, so findet die Erinnerung statt, die in Verfahren nach dem Gesetz über das Verfahren in Familiensachen und in den Angelegenheiten der freiwilligen Gerichtsbarkeit innerhalb der für die Beschwerde, im Übrigen innerhalb der für die sofortige Beschwerde geltenden Frist einzulegen. Der Rechtspfleger kann der Erinnerung abhelfen. Erinnerungen, denen er nicht abhilft, legt er dem Richter zur Entscheidung vor. Auf die Erinnerung sind im übrigen die Vorschriften über die Beschwerde sinngemäß anzuwenden.

(3) Gerichtliche Verfügungen, Beschlüsse oder Zeugnisse, die nach den Vorschriften der Grundbuchordnung, der Schiffsregisterordnung oder des Gesetzes über das Verfahren in Familiensachen und in den Angelegenheiten der freiwilligen Gerichtsbarkeit wirksam geworden sind und nicht mehr geändert werden können, sind mit der Erinnerung nicht anfechtbar. Die Erinnerung ist ferner in den Fällen der §§ 694, 700 der Zivilprozeßordnung und gegen die Entscheidungen über die Gewährung eines Stimmrechts (§§ 77, 237 und 238 der Insolvenzordnung) ausgeschlossen.

(4) Das Erinnerungsverfahren ist gerichtsgebührenfrei.

§ 20
Bürgerliche Rechtsstreitigkeiten

Folgende Geschäfte im Verfahren nach der Zivilprozeßordnung und dem Mieterschutzgesetz werden dem Rechtspfleger übertragen:

1. das Mahnverfahren im Sinne des Siebenten Buchs der Zivilprozeßordnung einschließlich der Bestimmung der Einspruchsfrist nach § 700 Abs. 1 in Verbindung mit § 339 Abs. 2 der Zivilprozeßordnung sowie der Abgabe an das für das streitige Verfahren als zuständig bezeichnete Gericht, auch soweit das Mahnver-

---

[1] Nachfolgender Gesetzestext stellt die ab 1. 9. 2009 gültige Rechtslage dar, gemäß FGG-Reformgesetz vom 17. 12. 2008, BGBl. I 2008, 2586.

fahren maschinell bearbeitet wird; jedoch bleibt das Streitverfahren dem Richter vorbehalten;

2. (aufgehoben)

3. die nach den §§ 109, 715 der Zivilprozeßordnung zu treffenden Entscheidungen bei der Rückerstattung von Sicherheiten;

4. im Verfahren über die Prozeßkostenhilfe

    a) die in § 118 Abs. 2 der Zivilprozeßordnung bezeichneten Maßnahmen einschließlich der Beurkundung von Vergleichen nach § 118 Abs. 1 Satz 3 zweiter Halbsatz, wenn der Vorsitzende den Rechtspfleger damit beauftragt;

    b) die Bestimmung des Zeitpunktes für die Einstellung und eine Wiederaufnahme der Zahlungen nach § 120 Abs. 3 der Zivilprozeßordnung;

    c) die Änderung und die Aufhebung der Bewilligung der Prozeßkostenhilfe nach § 120 Abs. 4, § 124 Nr. 2, 3 und 4 der Zivilprozeßordnung;

5. das Verfahren über die Bewilligung der Prozeßkostenhilfe in den Fällen, in denen außerhalb oder nach Abschluß eines gerichtlichen Verfahrens die Bewilligung der Prozeßkostenhilfe lediglich für die Zwangsvollstreckung beantragt wird; jedoch bleibt dem Richter das Verfahren über die Bewilligung der Prozeßkostenhilfe in den Fällen vorbehalten, in welchen dem Prozeßgericht die Vollstreckung obliegt oder in welchen die Prozeßkostenhilfe für eine Rechtsverfolgung oder Rechtsverteidigung beantragt wird, die eine sonstige richterliche Handlung erfordert;

6. im Verfahren über die grenzüberschreitende Prozesskostenhilfe innerhalb der Europäischen Union die in § 1077 der Zivilprozessordnung bezeichneten Maßnahmen sowie die dem Vollstreckungsgericht nach § 1078 der Zivilprozessordnung obliegenden Entscheidungen; wird Prozeßkostenhilfe für eine Rechtsverfolgung oder Rechtsverteidigung beantragt, die eine richterliche Handlung erfordert, bleibt die Entscheidung nach § 1078 der Zivilprozessordnung dem Richter vorbehalten;

7. das Europäische Mahnverfahren im Sinne des Abschnitts 5 des Elften Buchs der Zivilprozessordnung einschließlich der Abgabe an das für das streitige Verfahren als zuständig bezeichnete Gericht, auch soweit das Europäische Mahnverfahren maschinell bearbeitet wird; jedoch bleiben die Überprüfung des Europäischen Zahlungsbefehls und das Streitverfahren dem Richter vorbehalten;

8. (weggefallen)

9. (weggefallen)

10. (aufgehoben)

11. die Ausstellung, die Berichtigung und der Widerruf einer Bestätigung nach den §§ 1079 bis 1081 der Zivilprozessordnung sowie die Ausstellung der Bestätigung nach § 1106 der Zivilprozessordnung;

12. die Erteilung der vollstreckbaren Ausfertigungen in den Fällen des § 726 Abs. 1, der §§ 727 bis 729, 733, 738, 742, 744, 745 Abs. 2 sowie des § 749 der Zivilprozeßordnung;

13. die Erteilung von weiteren vollstreckbaren Ausfertigungen gerichtlicher Urkunden und die Entscheidung über den Antrag auf Erteilung weiterer vollstreckbarer Ausfertigungen notarieller Urkunden nach § 797 Abs. 3 der Zivilprozeßordnung und § 60 Satz 3 Nr. 2 des Achten Buches Sozialgesetzbuch;

14. die Anordnung, daß die Partei, welche einen Arrestbefehl oder eine einstweilige Verfügung erwirkt hat, binnen einer zu bestimmenden Frist Klage zu erheben habe (§ 926 Abs. 1, § 936 der Zivilprozeßordnung);

15. die Entscheidung über Anträge auf Aufhebung eines vollzogenen Arrestes gegen Hinterlegung des in dem Arrestbefehl festgelegten Geldbetrages (§ 934 Abs. 1 der Zivilprozeßordnung);

16. die Pfändung von Forderungen sowie die Anordnung der Pfändung von eingetragenen Schiffen oder Schiffsbauwerken aus einem Arrestbefehl, soweit der Arrestbefehl nicht zugleich den Pfändungsbeschluß oder die Anordnung der Pfändung enthält;

16a. die Anordnung, daß die Sache versteigert und der Erlös hinterlegt werde, nach § 21 des Anerkennungs- und Vollstreckungsausführungsgesetzes vom 19. Februar 2001 (BGBl. I S. 288, 436);

17. die Geschäfte im Zwangsvollstreckungsverfahren nach dem Achten Buch der Zivilprozeßordnung, soweit sie von dem Vollstreckungsgericht, einem von diesem ersuchten Gericht oder in den Fällen der §§ 848, 854, 855 der Zivilprozeßordnung von einem anderen Amtsgericht oder dem Verteilungsgericht (§ 873 der Zivilprozeßordnung) zu erledigen sind. Jedoch bleiben dem Richter die Entscheidungen nach § 766 der Zivilprozeßordnung vorbehalten.

XII. Bürgerliches Gesetzbuch (BGB)

§ 135
Gesetzliches Veräußerungsverbot

(1) Verstößt die Verfügung über einen Gegenstand gegen ein gesetzliches Veräußerungsverbot, das nur den Schutz bestimmter Personen bezweckt, so ist sie nur diesen Personen gegenüber unwirksam. Der rechtsgeschäftlichen Verfügung steht eine Verfügung gleich, die im Wege der Zwangsvollstreckung oder der Arrestvollziehung erfolgt.

(2) Die Vorschriften zugunsten derjenigen, welche Rechte von einem Nichtberechtigten herleiten, finden entsprechende Anwendung.

§ 136
Behördliches Veräußerungsverbot

Ein Veräußerungsverbot, das von einem Gericht oder von einer anderen Behörde innerhalb ihrer Zuständigkeit erlassen wird, steht einem gesetzlichen Veräußerungsverbot der in § 135 bezeichneten Art gleich.

§ 367
Anrechnung auf Zinsen und Kosten

(1) Hat der Schuldner außer der Hauptleistung Zinsen und Kosten zu entrichten, so wird eine zur Tilgung der ganzen Schuld nicht ausreichende Leistung zunächst auf die Kosten, dann auf die Zinsen und zuletzt auf die Hauptleistung angerechnet.

(2) Bestimmt der Schuldner eine andere Anrechnung, so kann der Gläubiger die Annahme der Leistung ablehnen.

§ 372
Voraussetzungen

Geld, Wertpapiere und sonstige Urkunden sowie Kostbarkeiten kann der Schuldner bei einer dazu bestimmten öffentlichen Stelle für den Gläubiger hinterlegen, wenn der Gläubiger im Verzug der Annahme ist. Das Gleiche gilt, wenn der Schuldner aus einem anderen in der Person des Gläubigers liegenden Grund oder infolge einer nicht auf Fahrlässigkeit beruhenden Ungewissheit über die Person des Gläubigers seine Verbindlichkeit nicht oder nicht mit Sicherheit erfüllen kann.

§ 374
Hinterlegungsort; Anzeigepflicht

(1) Die Hinterlegung hat bei der Hinterlegungsstelle des Leistungsorts zu erfolgen; hinterlegt der Schuldner bei einer anderen Stelle, so hat er dem Gläubiger den daraus entstehenden Schaden zu ersetzen.

(2) Der Schuldner hat dem Gläubiger die Hinterlegung unverzüglich anzuzeigen; im Falle der Unterlassung ist er zum Schadensersatz verpflichtet. Die Anzeige darf unterbleiben, wenn sie untunlich ist.

§ 394
Keine Aufrechnung gegen unpfändbare Forderung

Soweit eine Forderung der Pfändung nicht unterworfen ist, findet die Aufrechnung gegen die Forderung nicht statt. Gegen die aus Kranken-, Hilfs- oder Sterbekassen, insbesondere aus Knappschaftskassen und Kassen der Knappschaftsvereine, zu beziehenden Hebungen können jedoch geschuldete Beiträge aufgerechnet werden.

§ 398
Abtretung

Eine Forderung kann von dem Gläubiger durch Vertrag mit einem anderen auf diesen übertragen werden (Abtretung). Mit dem Abschluss des Vertrags tritt der neue Gläubiger an die Stelle des bisherigen Gläubigers.

§ 400
Ausschluss bei unpfändbaren Forderungen

Eine Forderung kann nicht abgetreten werden, soweit sie der Pfändung nicht unterworfen ist.

§ 406
Aufrechnung gegenüber dem neuen Gläubiger

Der Schuldner kann eine ihm gegen den bisherigen Gläubiger zustehende Forderung auch dem neuen Gläubiger gegenüber aufrechnen, es sei denn, dass er bei dem Erwerb der Forderung von der Abtretung Kenntnis hatte oder dass die Forderung erst nach der Erlangung der Kenntnis und später als die abgetretene Forderung fällig geworden ist.

XIII. Abgabenordnung (AO)

§ 46
Abtretung, Verpfändung, Pfändung

(1) Ansprüche auf Erstattung von Steuern, Haftungsbeträgen, steuerlichen Nebenleistungen und auf Steuervergütungen können abgetreten, verpfändet und gepfändet werden.

(2) Die Abtretung wird jedoch erst wirksam, wenn sie der Gläubiger in der nach Absatz 3 vorgeschriebenen Form der zuständigen Finanzbehörde nach Entstehung des Anspruchs anzeigt.

(3) Die Abtretung ist der zuständigen Finanzbehörde unter Angabe des Abtretenden, des Abtretungsempfängers sowie der Art und Höhe des abgetretenen Anspruchs und des Abtretungsgrundes auf einem amtlich vorgeschriebenen Vordruck anzuzeigen. Die Anzeige ist vom Abtretenden und vom Abtretungsempfänger zu unterschreiben.

(4) Der geschäftsmäßige Erwerb von Erstattungs- oder Vergütungsansprüchen zum Zweck der Einziehung oder sonstigen Verwertung auf eigene Rechnung ist nicht zulässig. Dies gilt nicht für die Fälle der Sicherungsabtretung. Zum geschäftsmäßigen Erwerb und zur geschäftsmäßigen Einziehung der zur Sicherung abgetretenen Ansprüche sind nur Unternehmen befugt, denen das Betreiben von Bankgeschäften erlaubt ist.

(5) Wird der Finanzbehörde die Abtretung angezeigt, so müssen Abtretender und Abtretungsempfänger der Finanzbehörde gegenüber die angezeigte Abtretung gegen sich gelten lassen, auch wenn sie nicht erfolgt oder nicht wirksam oder wegen Verstoßes gegen Absatz 4 nichtig ist.

(6) Ein Pfändungs- und Überweisungsbeschluss oder eine Pfändungs- und Einziehungsverfügung dürfen nicht erlassen werden, bevor der Anspruch entstanden ist. Ein entgegen diesem Verbot erwirkter Pfändungs- und Überweisungsbeschluss oder erwirkte Pfändungs- und Einziehungsverfügung sind nichtig. Die Vorschriften der Absätze 2 bis 5 sind auf die Verpfändung sinngemäß anzuwenden.

(7) Bei Pfändung eines Erstattungs- oder Vergütungsanspruchs gilt die Finanzbehörde, die über den Anspruch entschieden oder zu entscheiden hat, als Drittschuldner im Sinne der §§ 829, 845 der Zivilprozessordnung.

§ 249
Vollstreckungsbehörden

(1) Die Finanzbehörden können Verwaltungsakte, mit denen eine Geldleistung, eine sonstige Handlung, eine Duldung oder Unterlassung gefordert wird, im Verwaltungsweg vollstrecken. Dies gilt auch für Steueranmeldungen (§ 168). Vollstreckungsbehörden sind die Finanzämter und die Hauptzollämter; § 328 Abs. 1 Satz 3 bleibt unberührt.

(2) Zur Vorbereitung der Vollstreckung können die Finanzbehörden die Vermögens- und Einkommensverhältnisse des Vollstreckungsschuldners ermitteln. Die Finanzbehörde darf ihr bekannte, nach § 30 geschützte Daten, die sie bei der Vollstreckung wegen Steuern und steuerlicher Nebenleistungen verwenden darf, auch bei der Vollstreckung wegen anderer Geldleistungen als Steuern und steuerlicher Nebenleistungen verwenden.

§ 309
Pfändung einer Geldforderung

(1) Soll eine Geldforderung gepfändet werden, so hat die Vollstreckungsbehörde dem Drittschuldner schriftlich zu verbieten, an den Vollstreckungsschuldner zu zahlen, und dem Vollstreckungsschuldner schriftlich zu gebieten, sich jeder Verfügung über die Forderung, insbesondere ihrer Einziehung, zu enthalten (Pfändungsverfügung). Die elektronische Form ist ausgeschlossen.

(2) Die Pfändung ist bewirkt, wenn die Pfändungsverfügung dem Drittschuldner zugestellt ist. Die an den Dritt-

schuldner zuzustellende Pfändungsverfügung soll den beizutreibenden Geldbetrag nur in einer Summe, ohne Angabe der Steuerarten und der Zeiträume, für die er geschuldet wird, bezeichnen. Die Zustellung ist dem Vollstreckungsschuldner mitzuteilen.

XIV. Einkommensteuergesetz (EStG)

§ 32a
Einkommensteuertarif

(1) Die tarifliche Einkommensteuer bemisst sich nach dem zu versteuernden Einkommen. Sie beträgt vorbehaltlich der §§ 32b, 34, 34b und 34c jeweils in Euro für zu versteuernde Einkommen

1. bis 7 834[1] Euro (Grundfreibetrag): 0;

2. bis 5. ...;

(2) bis (6) ...

§ 76
Pfändung

Der Anspruch auf Kindergeld kann nur wegen gesetzlicher Unterhaltsansprüche eines Kindes, das bei der Festsetzung des Kindergeldes berücksichtigt wird, gepfändet werden. Für die Höhe des pfändbaren Betrages gilt:

1. Gehört das unterhaltsberechtigte Kind zum Kreis der Kinder, für die dem Leistungsberechtigten Kindergeld gezahlt wird, so ist eine Pfändung bis zu dem Betrag möglich, der bei gleichmäßiger Verteilung des Kindergeldes auf jedes dieser Kinder entfällt. Ist das Kindergeld durch die Berücksichtigung eines weiteren Kindes erhöht, für das einer dritten Person Kindergeld oder dieser oder dem Leistungsberechtigten eine andere Geldleistung für Kinder zusteht, so bleibt der Erhöhungsbetrag bei der Bestimmung des pfändbaren Betrages des Kindergeldes nach Satz 1 außer Betracht.

2. Der Erhöhungsbetrag nach Nummer 1 Satz 2 ist zugunsten jedes bei der Festsetzung des Kindergeldes berücksichtigten unterhaltsberechtigten Kindes zu dem Anteil pfändbar, der sich bei gleichmäßiger Verteilung auf alle Kinder, die bei der Festsetzung des Kindergeldes zugunsten des Leistungsberechtigten berücksichtigt werden, ergibt.

---

1) Ab 1. 1. 2010: 8 004,– €.

C. Berechnungsbogen zur Lohnpfändung

227

_____
(Firma)

Schuldner

Name: _____   Vorname: _____

Abteilung: _____

① Zahl der Unterhaltsberechtigten: _____   Pfändungsbeschluss vom _____

② Abrechnungszeitraum: _____   Gepfändeter Betrag: _____ €

③ Davon noch nicht getilgt: _____ €   Gläubiger: a) _____

b) _____

Arbeitseinkommen

④ in Geld _____ €

⑤ Wert der Naturalbezüge _____ €

⑥ Krankengeld _____ €

Gesamtarbeitseinkommen _____ €

Abzüge

⑦ Der Pfändung entzogene Bezüge

a) für Mehrarbeitsstunden (brutto) _____ €

b) _____ _____ €

c) _____ _____ €

d) _____ _____ €

e) _____ _____ €

f) _____ _____ €

⑧ Lohnsteuer _____ €

Kirchensteuer _____ €

Sozialversicherungsbeiträge _____ €

a) Krankenversicherung _____ €

b) Rentenversicherung
(evtl. auch Lebensversicherung) _____ €

c) Arbeitslosenversicherung _____ €

d) Solidaritätszuschlag _____ €

⑨ **Gesamtabzüge** (Ziffern 8 und 9) – _____ €

⑩ **Nettoeinkommen** (Ziffern 7 abzgl. 10) _____ €

⑪ **Pfändbarer Betrag** lt. Lohnpfändungs-Tabelle _____ €

⑫ Zu verteilen auf Gläubiger a) _____ €

b) _____ €

⑬ Zu tilgen bleiben noch _____ €

_____   _____
(Datum)   (Unterschrift)

C. Berechnungsbogen zur Lohnpfändung

Erläuterungen zum „Berechnungsbogen zur Lohnpfändung"

228 **❶** Zur **Zahl der Unterhaltsberechtigten** vgl. → Rz. 122 ff.

❷ Zum **Abrechnungszeitraum** vgl. → Rz. 138 ff.

❸ Der noch nicht getilgte Betrag ist dem vorhergehenden Berechnungsbogen zu entnehmen.

❹ Hier ist das gesamte **in Geld** zahlbare Brutto-Arbeitseinkommen einzutragen einschließlich Vergütung für Mehrarbeitsstunden, Weihnachtsgeld, Urlaubsgeld etc.; andere der Pfändung entzogene Bezüge (Auslösungsgelder, Schmutz- und Erschwerniszulagen usw.) brauchen hier nur hinzugerechnet zu werden, wenn sie den Rahmen des Üblichen übersteigen, dann jedoch in voller Höhe; vgl. → Rz. 116 ff.

Zahlungen für Lohnrückstände und Lohnnachzahlungen sind dagegen hier nicht hinzuzurechnen; für sie ist eine gesonderte Berechnung aufzustellen, weil sie für den Abrechnungszeitraum zu berücksichtigen sind, für den sie hätten gezahlt werden müssen; vgl. dazu → Rz. 142 ff.

❺ Hier ist der Wert der **Naturalleistungen** einzusetzen; vgl. → Rz. 181.

❻ An dieser Stelle ist das von der Krankenkasse gezahlte **Krankengeld** anzugeben, wenn für den Fall der Zahlung von Krankengeldzuschuss vom Gericht die Zusammenrechnung angeordnet worden ist. Das Krankengeld selbst ist nicht pfändbar und dient hier nur dazu festzustellen, in welcher Höhe der Krankengeldzuschuss gepfändet ist.

❼ Hier sind **die nicht der Pfändung unterliegenden Teile** der in Nr. 4 beim Brutto-Arbeitseinkommen eingerechneten Bezüge einzusetzen; vgl. → Rz. 99 ff. Abzuziehen sind Bruttobeträge.

❽ Die **gesetzlichen Abzüge** sind vom Gesamt-Bruttoeinkommen zu berechnen und abzuziehen; vgl. → Rz. 116 ff.

Bei den gesetzlichen Abzügen sind der **Solidaritätszuschlag** (hinter der Lohnsteuer) und die **Pflegeversicherung** (unter Sozialversicherungsbeiträge) zusätzlich zu berücksichtigen.

❾ Für die **Feststellung der Gesamtabzüge** müssen die Beträge aus Nr. 8 und 9 zusammengezählt werden.

❿ Das für die Pfändung **maßgebliche Netto-Arbeitseinkommen** ist der nach Abzug der unpfändbaren Bezüge um die gesetzlichen Abzüge geminderte Bruttolohn.

⓫ Der **pfändbare Betrag** ist aus der Lohnpfändungstabelle abzulesen (→ S. 13 ff.) bzw. dem diesem Ratgeber beiliegenden Software-Programm zu entnehmen, das insbesondere bei Nettolöhnen, die nicht mehr in den Tabellen enthalten sind, Hilfe leistet. Dabei ist von dem Netto-Arbeitseinkommen und der Zahl der unterhaltsberechtigten Personen auszugehen. Ergibt sich hierbei ein höherer pfändbarer Betrag als der in Geld zahlbare Lohn (bei Berücksichtigung von Naturalleistungen und Krankengeld möglich), so ist selbstverständlich nur der gesamte zur Auszahlung kommende Geldbetrag gepfändet.

⓬ Muss der pfändbare Betrag auf **mehrere Gläubiger** verteilt werden (→ Rz. 165 ff.), so kann die Verteilung hier vermerkt werden.

⓭ Um eine **Übersicht über den noch zu tilgenden Betrag** zu bekommen, ist hier die Rest-Tilgungssumme einzutragen. Diese Summe ist bei einer späteren neueren Berechnung zur Lohnpfändung unter Nr. 3 zu übertragen.

Die Erstschrift des Formulars bleibt im Lohnbüro, eine Zweitschrift kann dem Arbeitnehmer ausgehändigt werden.

Stichwortverzeichnis

Die Ziffern des Stichwortverzeichnisses verweisen auf die Textziffern am Seitenrand.

A

Abänderung
– Pfändungsbeschluss 87

Abgabenordnung
– Gesetzestext (Auszug) 225

Abschlagszahlung 140 f.

Abtretbarkeit 6

Abtretung 27.8, 63, 175
– Pfändung 136

Altenteil
– Bezüge 114

Altersteilzeit 109.1

Altersvorsorge 109.3

Altersvorsorgevertrag 109.3

Anhörungsverbot 32 ff.

Annahmeanordnung
– Hinterlegungsstelle 21

Arbeitgeber
  s. auch Drittschuldner
– Fragerecht bei Einstellung 90

Arbeitgeberwechsel 91.1

Arbeitnehmer
– Auskunftspflicht 75

Arbeitnehmersparzulage 97

Arbeitseinkommen 116 ff.
  s. auch Bezüge
  s. auch Sonstiges Einkommen
  s. auch Vergütung
– gleichwertige 177 f.
– Kindergeld 120, 180
– mehrere 176 ff.
– Naturalleistungen 181
– Nebenverdienst 179
– pfändbares 92 ff.
– Pfändung 91 ff.

Arbeitsförderung
– SGB III (Auszug) 216

Arbeitsrecht
– Pfändung 90

Arbeitsverhältnis
– Unterbrechung 91.1, 91.3
– vorzeitige Beendigung 138 f.

Arrestbefehl 7

Aufhebung
– Pfändungsbeschluss 62
– Zwangsvollstreckungsmaßnahme 24 ff.

Aufrechnung
– Pfändung 133 ff.

Aufstockungsbetrag 109.1

Aufwandsentschädigung 92, 103

Auskunft
– Arbeitnehmer 75
– Drittschuldner 66 ff.
– eidesstattliche Versicherung 75.1 f.
– Nichterfüllung des Auskunftsanspruchs 73 f.

Auskunftsanspruch 67 ff., 75

Auslösungsgeld 103 f.

Auszahlungszeitraum
– für die Pfändung maßgeblicher 138 ff.

B

Bankbürgschaft 22

Beamtenversorgungsgesetz
– Gesetzestext (Auszug) 216

Bekanntmachung vom 25. 2. 2005 211

Berechnungsbogen
– zur Lohnpfändung 227
– Erläuterungen 228

Berichtigungsbeschluss 89

Berufliches Rehabilitationsgesetz
– Gesetzestext (Auszug) 219

Beschwerde
– Rechtsbeschwerde 83
– sofortige 83

Betriebliche Altersversorgung 109.2

Bevorrechtigter Gläubiger 144 ff., 165 ff.

Bezüge
  s. auch Arbeitseinkommen
– Altenteil 114
– bedingt pfändbare 111 ff.
– Hilfsversicherung 115
– Insolvenzeröffnung 27.6 f.
– Krankenkassenversicherung 115
– Lebensversicherung 115
– Stiftung 114
– unpfändbare 98 ff., 110
– Waisenversicherung 115
– Witwenversicherung 115

Blankettpfändung 88

Blindenzulage 109

Bürgerliches Gesetzbuch
– Gesetzestext (Auszug) 224

Bundesbeamtengesetz
– Gesetzestext (Auszug) 215

Bundesbesoldungsgesetz
– Gesetzestext (Auszug) 217

D

Deliktsgläubiger
– Vollstreckungsverbot 27.7

Dienstbezug 92

Direktversicherung 109.2

Stichwortverzeichnis

Drittschuldner
s. auch Bevorrechtigter Gläubiger
- gesetzliche Unterhaltpflichten 188 ff.
- Kosten bei -auskunft 70 ff.
- Pflichten 60
- Rechtsbehelfe 85 f.
- Rechtsstellung bei Pfändung und Überweisung 60 ff.
- Schuldentilgung 182 ff.
- Zustellung 48

Drittschuldnerauskunft
- Anspruch 67 ff.
- Aufforderung 66
- Kosten 70 ff.
- Nichterfüllung 73 f.

Drittwiderspruchsklage 82

E

Eidesstattliche Versicherung 75.1 f.

Einführungsgesetz zur Insolvenzordnung
- Gesetzestext (Auszug) 222

Einführungsgesetz zur Zivilprozessordnung
- Gesetzestext (Auszug) 211.1

Einkommensteuergesetz
- Gesetzestext (Auszug) 226

Einmaliger Bezug
- Pfändung 199 ff.

Einstweilige Einstellung
- Zwangsvollstreckung 27, 86

Einstweilige Verfügung 7

Einzelzwangsvollstreckung
- nach Insolvenzeröffnung 27.3 f.

Endurteil 7

Entgeltumwandlung 109.1

Ergänzungsbeschluss 89

Erinnerung 84 ff., 164

Erwerbsunfähigkeitsrente 112

Erziehungsgeld 107

F

Forderung
- künftige 91

Forderungspfändung 4

Fragerecht
- Arbeitgeber 90

Freibeträge 118 ff.

Freier Mitarbeiter 92

G

Geburtsbeihilfe 106

Gehaltsabtretung 27.8

Gesetzestexte (Auszüge) 211 ff.
- Abgabenordnung 225
- Beamtenversorgungsgesetz 216
- Berufliches Rehabilitationsgesetz 219
- Bürgerliches Gesetzbuch 224
- Bundesbeamtengesetz 215
- Bundesbesoldungsgesetz 217
- Einkommensteuergesetz 226
- Einführungsgesetz zur Insolvenzordnung 222
- Einführungsgesetz zur Zivilprozessordnung 211.1
- Heimarbeitsgesetz 220
- Insolvenzordnung 221
- Rechtspflegergesetz 223
- Soldatenversorgungsgesetz 218
- Sozialgesetzbuch (SGB) I 212
- Sozialgesetzbuch (SGB) III 213
- Sozialgesetzbuch (SGB) XII 214
- Zivilprozessordnung 211

Gläubiger
s. auch Rangfolge
- bevorrechtigter 144 ff., 165 ff.
- mehrere 76
- nicht bevorrechtigter 165
- Rechtsbehelfe 83
- Rechtsstellung bei Pfändung und Überweisung 57 f.
- Verzicht auf Rechte 81
- Zustellung 50

Gläubigerschutz
- Lohnschiebung 197 f.
- Lohnverschleierung 197 f.

Gnadenbezüge 108

H

Heimarbeiter 202

Heimarbeitsgesetz
- Gesetzestext (Auszug) 220

Heiratsbeihilfe 106

Hinterbliebenenbezüge 94

Hinterlegung 175
- mehrfache Pfändung 64 f.
- Pfändung und Abtretung 137, 175

Hinterlegungsstelle
- Annahmeanordnung 21

I

Insolvenz
- Vollstreckungshindernis 24, 27.2 f.

Insolvenzeröffnung 27 ff.
- Bezüge 27.6 f.
- Restschuldbefreiung 27.6., 27.8 ff.
- Rückschlagsperre 27.5
- Sicherungsmaßnahme 27 ff.
- Vollstreckungsverbot 27.3 f.

Insolvenzgeld 208

Insolvenzordnung
- Gesetzestext (Auszug) 221

Insolvenzverwalter 27.1

K

Kahlpfändung 5

Kalendertag
- Fälligkeit 20

Karenzentschädigung 96

Kinderfreibetrag 118 ff.

Kindergeld 120, 180

Kirchensteuer 67, 116 ff., 207

Klausel
s. Vollstreckungsklausel

Kontenpfändung
- Pfändungsschutz 205 f.
- Pfändungsschutzkonto 206.2

Kosten
- Drittschuldner 70 ff.

Kostenfestsetzungsbeschluss 7

Krankenkasse 115

Kündigungsgrund 90

L

Lebensversicherung 115

Leistung Zug um Zug 23

Leistungsurteil 7

Lohnabrechnung 58

Lohnnachzahlung 142 f.

Lohnpfändung
- Berechnungsbogen 227

Lohnpfändungstabelle
s. Erster Teil, S. 13 ff.

Lohnrückstand 142 f.

Lohnschiebung 197 f.

Lohnsteuer 67, 116 ff., 207

Lohnsteuerjahresausgleich 207

Lohnsteuerkarte
- Inhalt 118
- Kinderfreibetrag 118

Lohnverschleierung 197 f.

M

Mehrarbeit 100, 179 f.

N

Naturalleistungen 181

Nebenverdienst 179

Notarielle Urkunde 7

P

Pfändbare Beträge
s. Tabelle, Erster Teil, S. 13 ff.

Pfändbares Arbeitseinkommen
- Errechnung 116 ff.

Pfändung 63
s. auch Bevorrechtigter Gläubiger
- Abtretung 63, 136 f.
- arbeitsrechtliche Konsequenzen 90
- Aufrechnung 133 ff.
- einmalige Bezüge 199 ff.
- gleichzeitige 132

- maßgebliches Arbeitseinkommen 91 ff.
- mehrere getrennte 131
- mit nachfolgend bevorrechtigter Pfändung 166 ff.
- sonstige Vergütung 199 ff.
- Umfang 162 ff.
- Umfang und Wirkung 92 ff.
- Wirkung 51

Pfändungs- und Überweisungsbeschluss 28 ff.
s. auch Überweisungsbeschluss
- Abänderung des Pfändungsbeschlusses 87 ff.
- Abtretung 63
- Anhörungsverbot 32 ff.
- Antrag 30 f.
- arbeitsrechtliche Konsequenzen 90
- Aufhebung des Pfändungsbeschlusses 62
- Auskunftsanspruch gegenüber Arbeitnehmer 75
- befristete Erinnerung 83
- Drittschuldnerauskunft 66 ff.
- Drittwiderspruchsklage 82
- einstweilige Einstellung der Zwangsvollstreckung 86
- Hinterlegung 64 f.
- Inhalt 35 ff.
- Kosten 70 ff.
- Mustervordruck 30 f.
- Nichterfüllung der Auskunftspflicht 73 f.
- Pfändung 63
- rechtliches Gehör 32 ff.
- Rechtsbehelfe/Rechtsmittel 82 ff.
- Rechtsstellung des Drittschuldners 60 ff.
- Rechtsstellung des Gläubigers 57 f.
- Rechtsstellung des Schuldners 59
- Überweisungsbeschluss 52 ff.
- Verzicht des Gläubigers 81
- Vollstreckungsabwehrklage 82
- Vollstreckungserinnerung 82 ff., 164
- vorläufiges Zahlungsverbot (Mustervordruck) 77
- Vorpfändung 76 ff.
- Wirkung der Pfändung 51
- Zuständigkeiten 28 f.
- Zustellung an Drittschuldner 48
- Zustellung an Gläubiger 50
- Zustellung an Schuldner 49

Pfändungsfreigrenzen
- Pfändung durch bevorrechtigten Gläubiger (Unterhaltsgläubiger) 144 ff.
- Pfändung durch gewöhnlichen Gläubiger 118 ff.
- Unterhaltpfändung 145

Pfändungspfandrecht 51

Pfändschutz 5 f.
- nach § 850f ZPO 185 ff.
- Kontenpfändung 205 f.

Pfändungsschutzkonto 206.1

Pflegegeld 105, 187

Prioritätsprinzip 76

Prozessvergleich 7

R

Rangfolge
- Unterhalt 146 ff.

Rechtsbehelf 82 ff.
- Rechtsbeschwerde 83

Stichwortverzeichnis

Rechtsgrundlagen 1 ff.

Rechtsmittel 82 ff.

Rechtspflegergesetz
– Gesetzestext (Auszug) 223

Rente 96, 111 ff.

Restschuldbefreiung 27.8 ff.

Rückschlagsperre 27.5
– Verbraucherinsolvenz 27.5

Ruhegeld 93

S

Schuldentilgung durch Drittschuldner
– bevorrechtigte Pfändung 183 f.
– nicht bevorrechtigte Pfändung 182

Schuldner
– Rechtsbehelfe 84
– Rechtsstellung bei Pfändung und Überweisung 59
– Zustellung 49

Schuldnerfreibetrag
– Einschränkung 191 ff.
– erhöhter 186 ff.
– Sozialhilfeleistung 186

Selbständige 199 f.

Sicherheitsleistung 18, 21 f.

Sicherungsmaßnahme
– Insolvenzeröffnung 27 ff.

Sicherungsvollstreckung 18

Sofortige Beschwerde 27.1, 83

Soldatenversorgungsgesetz
– Gesetzestext (Auszug) 218

Solidaritätszuschlag 67, 116 ff., 207

Sonstige Vergütung 95
– Pfändung 199 ff.

Sonstiges Einkommen 201
s. auch Arbeitseinkommen
s. auch Vergütung

Sozialgesetzbuch (SGB) I
– Gesetzesbuch (Auszug) 212

Sozialgesetzbuch (SGB) III
– Gesetzestext (Auszug) 213

Sozialgesetzbuch (SGB) XII 214
– Gesetzestext (Auszug) 214

Sozialversicherung 67, 116 ff.

Spesen 104

Sterbebezüge 108

Steuerklasse 116

Stiftung
– Bezüge 114

Streitverhinderung 73

T

Tabelle
s. Erster Teil, S. 13 ff.

Taschengeldanspruch 113

Taschenpfändung 3

Titel
– arbeitsgerichtlicher 1
– Zustellung 14 ff.

Titelergänzende Klausel 11

Titelübertragende Klausel 12

Treuegeld 102

Treuhänder 27.8

U

Überweisungsbeschluss 28 ff., 52 ff.
s. auch Pfändungs- und Überweisungsbeschluss
– an Zahlungs statt 53
– zur Einziehung 53 ff.

Unpfändbare Bezüge 98 ff.
– Unterhaltspfändung 110

Unpfändbarer Betrag
– Änderung 185 ff.

Unterhaltsabänderungsbeschluss 7

Unterhaltsbedarf
– Höchstgrenze 151
– notwendiger 145

Unterhaltsberechtigte
– mehrere Pfändungs- und Überweisungsbeschlüsse 129 f.
– Nichtberücksichtigung 122 ff.
– teilweise Nichtberücksichtigung 128
– Unterhaltsfestsetzungsbeschluss 17
– Wegfall 127

Unterhaltsgewährung 124

Unterhaltsgläubiger
s. auch Bevorrechtigter Gläubiger
– Insolvenz 27.7, 27.13
– Pfändungsfreigrenzen (Mustervordruck) 144 ff.

Unterhaltspfändung 144 ff.
– Berechnung des Nettoeinkommens 152
– Berechnung des pfändbaren Betrags 153
– mehrere Unterhaltspfändungsbeschlüsse 157 ff.
– mehrere Unterhaltspfändungsbeschlüsse verschiedener Ranggläubiger 160
– unpfändbare Bezüge 110

Unterhaltspflicht 123

Unterhaltsrangfolge 146 ff.

Unterhaltsrente 113

Unterhaltsrückstände 150

Urkunde
– Herausgabe 58
– notarielle 7

Urlaubsabgeltungsanspruch 101

Urlaubsgeld 101

V

Verbraucherinsolvenz 27.3
– Rückschlagsperre 27.5

Stichwortverzeichnis

Vergütung
- sonstige 95, 199 ff.

Vermögenswirksame Leistungen 98, 116

Verrechnungsantrag
- vorrangige, bevorrechtigte Pfändung 171 ff.

Versorgungsbezug 92

Verwaltungsvollstreckung 1.1

Verzicht
- Gläubigerrechte 81

Vollstreckbare Ausfertigung 9

Vollstreckungsabwehrklage 82

Vollstreckungsbescheid 7

Vollstreckungserinnerung 84 ff., 164

Vollstreckungsfähiger Inhalt 8

Vollstreckungsgegenklage 82

Vollstreckungshindernis 24 ff.

Vollstreckungsklausel 9 ff.
- einfache 10
- qualifizierte 11
- titelergänzende 11
- titelübertragende 12
- Zustellung 16

Vollstreckungsreife 9

Vollstreckungstitel 7 ff.
- Zustellung 14 ff.

Vollstreckungsverbot
- Deliktsgläubiger 27.7
- Insolvenzeröffnung 27.3 f.
- Unterhaltsgläubiger 27.7

Vorläufiges Zahlungsverbot
- Mustervordruck 77

Vorpfändung
- Insolvenz 79
- mehrere 80

- Prioritätsprinzip 76
- Rückwirkung 79
- Unterhaltsforderung 161
- Zustellung 15, 76 ff.

Vorratspfändung 162 f.

W

Waisenversicherung 115

Wartefristen 17

Weihnachtsgeld 105

Witwenversicherung 115

Wohnungseigentümergemeinschaft 8

Z

Zahlungsverbot
- vorläufiges 77

Zivilprozessordnung
- Gesetzestext (Auszug) 211

Zug-um-Zug-Leistung 23

Zulage 104

Zustellung
- Drittschuldner 48
- Gläubiger 50
- öffentliche 49
- Schuldner 49
- Titel 14 ff.
- Vollstreckungsklausel 16
- Vorpfändung 15, 76 ff.

Zuwendung (Betriebsereignis) 101 f.

Zwangsvollstreckung
- allgemeine Voraussetzungen 7 ff.
- besondere Voraussetzungen 18 ff.
- einstweilige Einstellung 27, 86

Zwangsvollstreckungsmaßnahme
- Aufhebung 26